괴짜의사 Dr. Araw의
쉽고 바르게 읽는 갈라디아서 장편(掌篇) 강의, 개정판

예수 믿음과 하나님의 계명을 붙들라

οἱ τηροῦντες τὰς ἐντολὰς τοῦ Θεοῦ, καὶ
τὴν πίστιν Ἰησοῦ
Obey God's commandments and remain faithful to Jesus

예수 믿음과 하나님의 계명을 붙들라

2022년 7월 22일 1판 1쇄 발행

지은이 이선일 황의현
펴낸이 조금현
펴낸곳 도서출판 산지
전화 02-6954-1272
팩스 0504-134-1294
이메일 sanjibook@hanmail.net
등록번호 제309-251002018000148호

@ 이선일 2022
ISBN 979-11-91714-15-9 03230

D. M. Lloyd Jones를 꿈꾸는 괴짜의사 Dr. Araw의
쉽고 바르게 읽는 장편(掌篇) 강해서 1 - 갈라디아서

예수 믿음과
하나님의 계명을
붙들라

이선일 · 황의현 지음

산지

추천사

....

바른 복음을 위한 네이게이션이 되어 줄 책

하상선 목사 | GEM세계교육선교회 대표, 마성침례교회

COVID-19가 가져온 사회적, 종교적 문제가 있다면 엉망으로 뒤틀어진 '굴절(屈折)'이라고 생각된다. 그 결과 사회적, 개인적 도덕과 윤리는 무너져 내렸고 믿음과 예배조차도 허물어졌다. 어느새 진리가 비 진리인 양, 비 진리가 진리인 양 왜곡된 흐름이 만연하다. 교회 지도자들의 책임이 크다. 한국교회는 일관되게 '예배'와 '바른 복음의 진리'와 '소망(엘피스)'을 바탕으로 한 올바른 믿음에 대해 제 소리내지 못하는 것이 아주 심각하다.

이러한 때에 이선일 박사께서 사위와 함께 갈라디아서 장편(掌篇) 주석 〈개정판, 예수믿음과 하나님의 계명을 붙들라〉를 통해 '다른 복음'으로 치닫고 있는 한국교회를 향해 '오직 말씀'이라는 성령의 검 곧 공격용 무기를 던졌다.

오래전 헬라어로 된 갈라디아서 원전을 공부할 때 '자유의 서신, 해방

의 서신'이라 불린 이 책을 통해 그리스도인의 모습에 대해 묵상한 적이 있다. 그것은 놀랍게도 얽매였던 죄의 종에서 진정한 자유자인 아들에로의 삶의 회복이었다.

우리가 익히 알듯 종교개혁(the Reformation)은 마틴 루터가 바로 이 갈라디아서를 연구하다가 '종교개혁의 불씨'를 던지게 되었다라는 것이다. 추천자인 나는 즐거움으로 기대한다. 동일하게 이번에 다시 출간되는 이선일 박사와 황의현 전도사의 갈라디아서 장편(掌篇) 주석 〈개정판, 예수 믿음과 하나님의 계명을 붙들라〉는 책이 '제 2의 종교개혁'의 불씨가 될 것을…….

그리하여 지난 몇 년 전부터 복잡하게 얽히고설킨 '오직 믿음', '바른 복음의 진리'가 정립되고 시들어져버린 예배의 회복과 예수 믿음과 하나님의 계명을 붙드는 신앙이 굳건하게 뿌리내리기를 기원한다.

우리 주변에는 '바른 복음의 진리'를 아예 알지 못해 덧없이 살아가는 사람들이 있다. 어떤 이들은 희미하게 알다가 이단사이비 종파의 함정에 빠진 이들도 있다. 이들이 이 책 〈개정판, 예수믿음과 하나님의 계명을 붙들라〉를 통해 '진리'를 바로 알아가고 그럼으로써 온전히 회복되기를 다시 기원한다.

추전자인 나는 갈라디아서 장편(掌篇) 주석 〈개정판, 예수믿음과 하나님의 계명을 붙들라〉가 한국교회 내에서 목사와 성도 간에 자주 일어나는 상처들을 회복시키고 세대 간의 갈등을 해결하며 장차 이 나라와 민족을 짊어지고 갈 지도자의 오른 손에 들려진 '성령의 검'이 되길 소망한다.

'바른 복음의 진리'를 잃어버리고 인생을 방황하는 이들에게 이 책은 예방 백신으로서 역할과 함께 확실한 네비게이션이 되어 줄 것이다. 더 나아가 상한 마음과 잘못된 이단사이비 사상을 치료하는 치료제 역할을 감당할 것이라 확신한다.

광야에서 외치던 세례 요한의 목소리!

신구약 중간기 400년 동안 영적인 깊은 잠에 빠져있던 영혼들을 세례 요한이 요단강으로 이끌었던 것처럼 이번에 다시 출간되는 갈라디아서 장편(掌篇) 주석 〈개정판, 예수믿음과 하나님의 계명을 붙들라〉가 저자와 공저자의 바람대로 이 땅에 잠들어 있던 모든 성도들을 깨우리라 확신한다. 또한 이 책이 열방으로 흘러 나가 선교사들의 성경말씀 공부의 교과서가 되어 절망 가운데 죽어가는 영혼에 소망의 빛이 전하여지길 간절히 기도한다.

예수 그리스도의 십자가 앞으로 친절히 안내하고 있다

이철종 목사 | YWAM 부산 가덕베이스 간사, 고신대 복음병원 DTS 리더

이선일 선교사님과 그 가족을 만나 교제한 지 벌써 20여 년이 지났다. 처음 만난 그 때가 바로 2,000년 하와이 코나 DTS에서였다.

그의 첫인상은 독특했고 약간 의아하기도 했다. 정형외과 의사였던 그는 가족들을 위해 무작정 코나에 왔었다. 그리고는 주말이 되어 오래전 약속한 환자의 수술을 위해 잠시 한국으로 귀국해버렸다. 그의 특이한

태도가 모든 지체들에게 금방 눈에 띄었다. 그로부터 강산이 두 번이나 변한 지금까지 친밀한 교제를 이어오고 있다.

2019년! 그는 아내 김정미 선교사의 급작스러운 암 투병을 함께 해야만 했다. 당시 그런 복잡한 마음 가운데 고신대 복음병원의 첫 번째 DTS에 와서 '복음과 십자가'를 강의하며 자랑했다. 그의 순수한 열정은 지체들에게 고스란히 전해졌다. 나 역시 그때의 열기가 아직도 생생하다.

저자과 공저자는 율법에서 해방되어 '오직 믿음'으로 참 자유를 누리는, '기독교 자유의 대헌장'이라 불리는 갈라디아서 장편(掌篇) 주석 〈개정판, 예수믿음과 하나님의 계명을 붙들라〉에서 독자들을 '바른 복음의 본질'인 예수 그리스도의 십자가 앞으로 친절히 안내하고 있다.

혼돈과 불안의 비대면 코로나 시대에 사위와 함께 공저한 이 책 갈라디아서 장편(掌篇) 주석 〈개정판, 예수믿음과 하나님의 계명을 붙들라〉는 명쾌한 원어 해석과 함께 알기 쉽게 요약한 도표를 통해 예수 그리스도의 '바른 복음의 진리'를 때로는 단호하고 때로는 전투적으로 선명하게 제시해 주고 있다.

한국교회가 작금의 거대한 탁류 속에서 허우적거리는 모습에 악한 세상은 큰 소리로 조롱과 멸시를 거칠게 보내고 있다. 교회 내부에서조차 '실력 없음(성경과 교리)'에 대한 자조(自嘲) 섞인 한숨과 함께 우려의 목소리가 흘러나오고 있다.

안타깝기 그지없는 현실이고 사실이다. 이러한 때에 저자와 공저자는 믿음의 사람들에게 도전하며 갈라디아서 장편(掌篇) 주석 〈개정판, 예수믿음과 하나님의 계명을 붙들라〉를 통해 성경과 교리의 실력자가 되라고 외치고 있다.

이 책을 찬찬히 읽고 말씀을 통해 가르쳐 주시고 깨닫게 하시는 성령님의 인도하심을 따라 하나님의 성품, 성령의 풍성한 열매(갈 5:22-23)를 맺어 주변의 지체들을 아름답게 섬길 수 있게 되길 기도한다. 그런 의미에서 나는 이 책의 필독을 권한다.

짧은 서신서 속에 넓고 깊은 풍성한 은혜가 담겨져 있다

이종삼 목사 | 서산 꿈이있는교회, 티엔미션 대표

이선일 박사님과 황의현 전도사님의 공저, 곧 갈라디아서 장편(掌篇) 주석 〈개정판, 예수믿음과 하나님의 계명을 붙들라〉의 재출간을 축하드린다.

나는 갈라디아서를 읽을 때마다 바울의 신앙고백과 십자가 복음을 향한 뜨거운 마음을 가장 먼저 느끼곤 한다. 특히 "내가 그리스도의 함께 못 박혔나니~~"로 시작되는 2장 20절의 말씀은 읊조릴 때마다 벅찬 감동의 눈물이 저절로 흘러내린다. 또한 이방인을 상징하는 헬라인으로서의 추천자인 내게 "예수 그리스도 십자가 외에는 결코 자랑할 게 없고, 할례나 무할례나 아무 것도 아니라"고 했던 사도 바울의 그 고백은 복음에 대한 벅찬 소망을 갖게 한다.

저자와 공저자의 말 그대로 이 책은 6장 149절로 된 짧은 논쟁적인 서신서이기는 하나 갈라디아서 장편(掌篇) 주석 〈개정판, 예수믿음과 하나님의 계명을 붙들라〉에는 넓고 깊은 풍성한 은혜가 담겨져 있다. 먼저 성경의 한 절 한 절을 찬찬히 읽고 묵상한 후 해석을 읽어 내려가면 달고 오묘한 진리의 말씀의 맛을 새록새록 느끼게 될 것이다.

종교개혁의 불씨를 지핀 마틴 루터에게 깊은 영감을 주어 인류의 역사에 획을 긋게 한 책 갈라디아서. 그 풍성한 은혜를 경험하길 바라며 특별히 바울의 복음을 향한 열정을 맛보기 원하는 소중한 분들께 이 책 갈라디아서 장편(掌篇) 주석 〈개정판, 예수믿음과 하나님의 계명을 붙들라〉를 강력하게 추천한다. 보너스도 있다. 이 책에는 중요한 헬라어 단어에 대한 설명이 많다. 이를 통해 말씀의 깊이와 넓이가 더하여질 것이라 확신한다.

시대적 상황과 배경을 통해 전체 흐름을 이해하게 된다

백길 목사 | M국 선교사

지금으로부터 십 수 년 전, 척박한 선교지에서 언어와 문화가 완전히 달랐던 외국인 청년들에게도 자신이 받은 하나님의 은혜의 말씀을 조금이라도 더 많이 나누고자 온몸을 던지며 전심으로 열정적으로 강의하던 저자가 생생하게 기억난다. 그때로부터 우리의 교제는 시작되었다.

저자의 이력은 독특하다. 그는 정형외과 의사이기도 하지만 성경교사요 청년사역자라는 확고한 사역적 정체성을 인식하고 있다. 그렇기에 자신에게 주어진 촌음을 아껴가며 하나님의 말씀을 깊이 연구하고 그를 더 많이 나누고자 몸부림친다. 그런 하나님을 향한 그의 열정을 대할 때마다 선교사로서 추천인인 나는 큰 감동과 새로운 도전을 받게 된다.

그는 이미 다방면의 여러가지 책을 출간했다. 〈인체의 신비〉, 〈유방암, 아내는 아프고 남편은 두렵다〉, 〈자칫하면 대충 살 뻔했다〉, 〈자칫하면 얼렁뚱땅 살 뻔했다〉, 그리고 많은 주석들……

그동안은 자신이 가르치는 신대원생들을 위한 책을 주로 만들었다. 그러나 이번에는 공저자와 함께 모든 한국교회 성도들의 성경공부에 도움이 되도록 다시 갈라디아서 장편(掌篇) 주석 〈개정판, 예수믿음과 하나님의 계명을 붙들라〉를 집필했다.

먼저 책에 이미 있는 성경의 한 구절을 읽고 그를 묵상한 후 해석을 읽어 내려가면 이해가 아주 잘 되며 묵상의 풍요로움을 느낄 수가 있다. 간혹 어려운 부분도 있을 수 있고 낯선 부분도 있을 것이다. 그러나 끝까지 공부하며 즐겁게 인내함으로 읽어 내려가라. 그러면 종국적으로 갈라디아서의 전체 흐름과 중요 부분이 확실하게 이해가 될 것이다.

저자와 공저자의 모든 관심은 청년이다. 특별히 그의 사위인 황의현 전도사가 청년사역자로서 더욱 그렇다. 그렇기에 이 책은 청년들에게 한 구절씩 순서대로 중요한 헬라어 원어를 비롯하여 당시의 상황과 배경 (Historical & Cultural background)에 대해 상세히 설명을 달아 놓았다.

이 책 갈라디아서 장편(掌篇) 주석 〈개정판, 예수믿음과 하나님의 계명을 붙들라〉에서 저자와 공저자는 바울과 동일한 마음으로 '바른 복음과 다른 복음', '십자가 은혜의 복음과 율법'을 확실히 구별하여 주지시키기 위해 큰 노력을 기울이고 있다.

이 책을 읽는 모든 성도들과 한국교회의 다음 세대인 청년들이 이 책을 구입하여 끝까지 일독할 것을 권하며 성경공부의 지침서로 삼길 바란다. 그런 모든 지체들에게 늘 함께하시며 뒤에서 밀어주시고 앞에서 인도하시는 삼위 하나님의 은혜를 경험하게 되기를 간절히 기도한다.

모든 부분 부분에 '바른 복음의 진리'를 녹여 부어 놓았다

김형남 목사 | 멜번 한마음장로교회

이선일 박사를 알고 교제해 온 지도 어언 십수 년이 지났다. 그는 참으로 한결같은 사람이자 초지일관된 사람이다. 그런 그를 한마디로 표현한다면 '복음과 십자가에 미쳐있는 자'라고 말할 수 있겠다.

그는 복음을 전하고 싶어하는 자요 또한 복음을 더욱더 바르게 알고자 하는 자이다.

모든 성경말씀이 '복음'이지만, 특별히 복음이란 '예수 그리스도 생명'을 가리킨다. 그러므로 복음의 깊이는 무한하며 복음은 기독교의 요체로서 전부이다. '복음'은 '모든 믿는 자에게 구원을 주시는 하나님의 능력'이며 또한 계시로 주시는 '하나님의 신비'이다.

이선일 박사는 그의 사위와 함께 이번에 다시 갈라디아서 장편(掌篇) 주석 〈개정판, 예수믿음과 하나님의 계명을 붙들라〉를 썼다. 이 책의 특징은 단순히 성경을 해석만 한 것이 아니다. 모든 부분 부분에 '바른 복음의 진리'를 녹여 부어 놓았다. 왜냐하면 그 자신 역시 아직도 복음에 갈급하고, 매 순간 복음으로 살아나고 또한 복음에 목숨을 거는 사람이기 때문이다.

이 박사와 공저자는 또 하나의 주석을 쓴 것이 아니다. 이 갈라디아서 장편(掌篇) 주석 〈개정판, 예수믿음과 하나님의 계명을 붙들라〉를 통해 모든 읽는 독자에게 복음만이 허락되는 계시의 비밀을 알고 복음을 통해 구원을 주시는 하나님의 능력을 맛보기를 바라는 마음으로 썼다.

내가 아는 이선일 박사는 대대로 정통 장로교 집안에서 자랐다. 그는 '복음주의'를 뛰어넘어 '개혁주의 신학'으로 훈련된 자다. 헬라어와 히브리어에 능통하다. 어려서부터 말씀과 교리로 복음에 접근하도록 훈련을 받고 은혜를 받은 자이다. 그런 그에게는 수많은 체험과 헤아릴 수 없는 간증들이 있지만 결코 성경 밖으로 넘어가지 않으려는 절제가 있다. 자신을 하나님의 말씀 안에 가두는, 하나님의 능력을 덧입은 자임을 감히 밝히는 바이다.

나는 오랫동안 곁에서 그를 보아온 친구이자 동역자로서 이 책 갈라디아서 장편(掌篇) 주석 〈개정판, 예수믿음과 하나님의 계명을 붙들라〉는 현재형 하나님나라의 확장과 장차 주어질 미래형 하나님나라를 소망하는데 큰 도움이 될 것으로 여겨 기쁘게 강권하며 일독을 권한다.

복음 안에서 진정한 자유를 체험하는 길을 안내하는 길잡이

이홍남 목사 | 벨국제학교 교장

얼마 전, 이선일 박사로부터 추천사를 부탁 받았다. 늘 삼위 하나님만을 찬양하던 그가 다시 갈라디아서 장편(掌篇) 주석 〈개정판, 예수믿음과 하나님의 계명을 붙들라〉를 출간하게 되었다는 말에 목사로서 적잖은 충격과 함께 그 믿음과 복음의 열정에 깊이 감동되었다. 나는 그의 일상을 제법 잘 알고 있는 사람이다. 그렇기에 고개가 갸우뚱거려진다.

"어떻게 그 바쁜 일정 중에 그 많은 분량의 책들을 써낼 수 있을까?"

조그만 학교를 운영하면서도 늘 바쁨에 허덕이는 나로서는 도저히 따라갈 수 없는 그 열정이 너무 부럽다. 나는 그와 함께 동시대를 살아가며 그와 동행하는 것이 마냥 기쁘고 그저 자랑스럽다.

사실 그는 매우 바쁜 사람이다. 정형외과 의사로서 수술과 진료를 감당하고 있다. 성경교사로서 그 주변에 많은 목회자, 전도사, 전문인들과 성경공부 모임을 인도한다. 청년리더들과 멘토링을 한다. 최근에는 아내 김정미 선교사의 암 진단과 수술, 항암치료, 방사선치료, 호르몬치료 및 면역치료 등등 함께 투병의 길을 걸었다.

그런 그가 이번에 공저자와 함께 다시 갈라디아서 장편(掌篇) 주석 〈개정판, 예수믿음과 하나님의 계명을 붙들라〉를 출간하면서 '바른 복음의 능력'을 외치며 자유의 함성을 내질러 버렸다. 사실 오늘의 아픔은 코로나로 인한 아픔보다 복음의 능력을 상실한 데서 온 아픔이 훨씬 크다.

이선일 박사와 그의 사위 황의현 전도사가 쓴 책 갈라디아서 장편(掌

篇) 주석 〈개정판, 예수믿음과 하나님의 계명을 붙들라〉는 한 절 한 절 헬라어 원어에 충실하게 문자적으로 해석하면서도 상징과 의미를 분리하지 않으며 당시 상황과 배경(Historical & Cultural background)까지도 일목요연하게 제시하고 있다. 그렇기에 이 책에는 '바른 복음의 진리'로서의 힘이 있다. 추천자인 나는 이 책이야말로 복음 안에서 진정한 자유를 체험하는 길을 안내하는 길잡이라고 확신한다.

또한 이 책은 코로나의 두려움에서 자유롭지 못한 우리에게 '바른 복음'의 능력을 회복시키며 '오직 믿음'을 가진 자로서 '이 시대를 어떻게 살 것인가'를 제시하고 있어 더욱 아름답다. 이 책은 단순한 성경 주석에 머물러 있지 않다. 그에게 펼쳐졌던 결코 만만치 않던 상황들 속에서도 성부·성자·성령 하나님만 의지하며 걷는 모습을 지금 그와 공저자가 글로 보여주고 있는 것이다. 부디 이선일 박사와 황의현 전도사의 이 책 갈라디아서 장편(掌篇) 주석 〈개정판, 예수믿음과 하나님의 계명을 붙들라〉가 우리에게도 동일하게 성령의 깨달음으로 인하여 복음의 능력을 되찾아 주는 귀한 보물이 되기를 기도한다.

저자를 통해 '예수, 그리스도, 생명'을 보게 되는 책

김철민 대표 | 미국 CMF선교원장

이선일 선교사님을 처음으로 만나게 된 것은 2018년이다. 박수웅 장로님 소개로 미주 가정선교단체인 CMF에서 실시한 성경특강 세미나에서였다.

그는 성경교사, 청년사역자, 의료사역자라는 정체성대로 살아오며 청년리더들을 누구보다도 사랑해 온 선교사이다. 당시 신구약을 히브리어 헬라어 원문을 통해 성경의 흐름을 역동적으로 강의해 주었고 선교사님의 저서인 〈복음은 삶을 단순하게 한다〉라는 책의 직강을 통해 큰 도전을 주었다. 그때 나는 동역자들의 삶을 변화시키는 영적 능력을, 하나님께서 부어 주시는 놀라운 기적의 신비를 생생하게 볼 수 있었다.

당시 세미나에 참석했던 한 선교사님은 선교지에서 탈진되어 미주를 방문 중에 그 세미나에 참석했다가 완전히 회복했다. 그분은 하나님께서 본인을 위해 이선일 선교사님을 보내셨다라고 간증하며 기뻐했다. 참석했던 많은 분들의 고백도 거의 모두가 비슷했다. 그 강의를 들은 후 우리 모두는 삶에 큰 변화가 생겼음을 확인했다.

우리 모두는 그때 '오직 말씀(Sola Scriptura)', '오직 믿음(Sola Fide)', '오직 은혜(sola Gratia)'를 뜨겁게 체험했다. 당시 저자는 죽기를 각오하고 순교하듯 3일 동안 오전 9시부터 오후 11시까지 시차 등 여러 가지 불편한 몸에도 마다하지 않고 열정적으로 강의를 했다. 그런 그의 뜨거운 열정은 우리들에게 고스란히 전해졌는데 그것은 온전히 성령님의 능력이었다.

그는 '바른 복음의 삶'을 '선명하게' 그리고 '당당하게' 살라고 강조했다. '복음과 십자가로' 살아가고 '복음과 십자가만' 자랑하라고 했다.

'로마서, 히브리서, 갈라디아서'를 '믿음 삼총사'라고 소개하며 이를 붙들고 세상 속에서 세상과 타협하지 않고 세상에 동화되지 말라고 했다. 또한 그리스도인으로서의 냄새를 풍기며 '예수쟁이답게' 살라고 설파했다.

당시 워낙 방대한 내용인지라 시간 관계상 다루지 못한 부분에 대한 아쉬움이 있었다. 따라서 2020년에 다시 오기로 약속했으나 COVID-19 때문에 무산되어 아깝기 그지없다. 그러던 차에 여러 책들과 더불어 이번에는 다시 갈라디아서 장편(掌篇) 주석 〈개정판, 예수믿음과 하나님의 계명을 붙들라〉는 책이 출간된다는 소식을 듣고 너무 기뻤다.

세상에 이미 출간된 많은 주석들이 서로서로 경쟁하듯 성경 지식을 공유하며 뽐낸다. 저자들도 모르는 어렵고도 깊은 지식들을 쏟아내기도 한다. 그러다 보니 대부분의 주석 책들은 엇비슷해 보인다.

그러나 이 책 갈라디아서 장편(掌篇) 주석 〈개정판, 예수믿음과 하나님의 계명을 붙들라〉는 독특하다. 확실히 다른 점은 저자를 통해 '예수, 그리스도, 생명'을 보게 되는 것이다. 저자는 이 책을 쓰며 "십자가의 보혈에 눈물을 많이 흘렸다. 복음의 감동과 진정한 복음의 맛도 느꼈다"라고 고백했기 때문이다. 추천자인 나는 이선일 박사야말로 '복음과 십자가만'을 자랑하며 그날까지 묵묵히 계속할 것이라고 확신이 든다.

혹시라도 어떤 주석을 선택할까 망설이고 있는, 진정 말씀만을 사모하는 청년들이여!

나는 당신들에게 지난 30여 년 동안 청년들과 더불어 기독교의 핵심과 바른 진리의 복음을 고민하고 연구했던 것을 토대로 주석을 쓴 이 책 갈라디아서 장편(掌篇) 주석 〈개정판, 예수믿음과 하나님의 계명을 붙들라〉를 강추하는 바이다.

갈라디아서의 흐름을 쉽게 이해할 수 있어

최영식 교수 | 고신대학교 복음병원 병원장

"내가 그리스도와 함께 십자가에 못 박혔나니 그런즉 이제는 내가 산 것이 아니요 오직 내 안에 그리스도께서 사신 것이라 이제 내가 육체 가운데 사는 것은 나를 사랑하사 나를 위하여 자기 몸을 버리신 하나님의 아들을 믿는 믿음 안에서 사는 것이라"_갈 2:20

평소에 늘 존경하던 성경교사인 이선일 박사께서 다시 갈라디아서 장편(掌篇) 주석 〈개정판, 예수믿음과 하나님의 계명을 붙들라〉를 출간하셨다.

내가 아는 저자 이선일 박사는 최근까지 다양한 어려움의 한가운데 있었다. 그럼에도 불구하고 복잡다단한 힘든 과정들을 말씀만을 붙들고 묵묵히 이겨 나가는 것을 보여주었다. 그런 복잡한 상황 속에서도 매 순간 순간을 헛되이 보내지 않고 다시 아름다운 책, 갈라디아서 장편(掌篇) 주석 〈개정판, 예수믿음과 하나님의 계명을 붙들라〉를 집필하심에 박수를 보낸다. 그런 그가 마냥 자랑스럽다.

나는 이선일 박사와 황의현 전도사가 공동 집필한 갈라디아서 장편(掌篇) 주석 〈개정판, 예수믿음과 하나님의 계명을 붙들라〉를 통해 사도 바울이 갈라디아서를 쓰게 된 배경뿐만 아니라 전체 6장 149절로 구성된 갈라디아서의 흐름을 쉽게 이해할 수 있어 너무 좋았다.

COVID-19 대유행으로 어려운 시기를 이제 겨우 지났다. 그 과정은 험난했고 그 결과는 참담하다. 특히 한국교회에 미친 영향력은 너무 크다. 이때 재 출간한 갈라디아서 장편(掌篇) 주석 〈개정판, 예수믿음과 하나님의 계명을 붙들라〉를 통해 한국교회가 회복되길 간절히 바란다.

이선일 박사와 그의 사위 황의현 전도사가 공저한 이 책을 보며 '예수 그리스도와 십자가만' 자랑했던 사도 바울의 믿음을 돌아보았다. 그런 이후 추천자는 권하고 싶다. 오직 믿음으로 살아가기를 원하는 모든 이들이여! 꼭 이 책을 일독할 것을 권한다.

폭 넓게 해석한 모든 그리스도인들의 가이드북

김창성 목사 | 마천삼정교회, 지리산 수양관

공저자 황의현 전도사와 함께 갈라디아서 장편(掌篇) 주석 〈개정판, 예수믿음과 하나님의 계명을 붙들라〉를 다시 출간하게 된 것에 큰 박수와 함께 축복을 전한다.

갈라디아 교인들은 '다른 복음'으로 미혹되어 다시 율법의 종노릇하며 소금으로서의 맛을 잃어버렸다. 그뿐 아니라 빛의 역할도 사라져버렸다. 이는 오늘의 한국교회 성도의 안타까운 현실이기도 하다.

그들은 주여! 주여! 말로는 잘도 외쳤다. 그러나 정작 하나님의 뜻(델레마 데우)에는 관심도 없고 아예 분별력마저 상실해 버렸다. 결국 그리스도의 형상을 잃어버린 유대주의적 율법주의자들이 되고 말았다. 이런 가운데 COVID-19라는 전대 미문의 역병을 허락하셔서 '회개하라, 천국이 네 앞에 있다, 돌아오라'며 안타깝게 말씀하시는 주님의 음성을 듣게 된다. 저자 이선일 박사와 공저자 황의현 전도사에게서 발견하게 된다.

오늘의 한국교회는 예수 그리스도의 사랑을 잃은 지 오래다. 아예 차디차게 식어버려 이제는 신앙인이 아니라 한낱 종교인에 불과해 보인다. 종말의 끝을 보는 듯하다.

이러한 때 이선일 박사와 황의현 전도사는 하나님의 비밀인 예수 그리스도를 믿고 주인으로 모시면서 세상을 향해 이 책 갈라디아서 장편(掌篇) 주석 〈개정판, 예수믿음과 하나님의 계명을 붙들라〉를 던졌다.

"내가 그리스도와 함께 십자가에 못 박혔나니 그런즉 이제는 내가 사는 것이 아니요 오직 내 안에 그리스도께서 사시는 것이라 "_갈 2:20

이처럼 자기를 부인하고 자기 십자가를 지고 주님을 따르는 지체들을 주님은 찾고 계신다. 이러한 때에 성령님은 하나님의 사랑을 저자와 공저자의 마음에 부으시고 지혜를 주셔서 그들을 통해 갈라디아서 장편(掌篇) 주석 〈개정판, 예수믿음과 하나님의 계명을 붙들라〉를 출간하게 하셨다. 지극한 하나님의 은혜이다. 그저 감사할 것밖에 없다.

나는 저자를 안 지 그리 오래되지는 않았다. 그러나 하나님은 정확한 때에 그를 만나게 하셨다. 나는 이선일 박사를 사랑하고 존경한다. 그의 성경을 사모하는 마음과 잠 못 이루는 열정은 사도 바울의 갈라디아 교회의 교인들을 향한 마음이다. 더하여 그들이 그리스도의 형상을 이루기까지 그들을 향한 해산의 수고를 연상케 한다.

바라기는 폭 넓게 해석한 이 책이 모든 그리스도인들에게 가이드북으로서 그리고 성경을 가르치는 교사들에게 복음의 능력으로 작용하여 진정 그리스도 안에서 참 자유를 누리게 되길 기대하며 강력히 추천한다.

동시에 성령의 9가지 열매가 심령과 삶 가운데 풍성하게 열매맺기를 축복하고 또 축복한다. 그리스도 예수의 사람들은 육체와 함께 그 정욕과 탐심을 십자가에 못 박았으므로 이제 후로는 새로운 피조물로서 주인 되신 성령님의 질서 하에서 살아가길 소망한다.

"자기의 육체를 위하여 심는 자는 육체로부터 썩어질 것을 거두고 성령을 위하여 심는 자는 성령으로부터 영생을 거두리라"는 바울의 외침이 우리 모두의 심장을 두드리게 되길 기대한다.

이 책 갈라디아서 장편(掌篇) 주석 〈개정판, 예수믿음과 하나님의 계명을 붙들라〉를 통해 모든 이들이 풍성한 은혜누리길 바란다. 예수 그리스도의 사랑으로 '오직 믿음'과 '바른 복음의 진리' 곧 예수 그리스도의 십자가만 자랑하는 제자가 되길 축복하며 간절히 기도한다.

'다른 복음'이 판치는 시대에 '바른 복음'을 전하는 책

김상철 목사 | 파이오니아21연구소장, 베델회복공동체 대표
영화 제작, 감독 〈제자 옥한흠〉, 〈부활 그 증거〉

2021년에 캐나다 밴쿠버 기독교영화제의 워크숍에 초청을 받았다. 그때 영화제 공동위원장으로 계셨던 최영태 목사님으로부터 반갑고도 뜻밖의 이야기를 들었다.

"유학을 하고 있을 때 이선일 선생님께 큰 은혜를 입었습니다."

그 순간 이선일 박사님의 청년 사랑과 사람을 키워내는 열정과 헌신이 짐작되었다. 의학박사 정형외과 전문의로서 의료선교사이신 이선일 박사님은 내가 아는 한 이 땅에서 누구보다도 더 청년들을 사랑하는, 그들의 멘토이자 실력있는 성경교사이다.

그는 끊임없이 주어진 시간 너머를 사용하여 말씀을 연구하고 가르쳐 왔으며 책으로 출간하는 열정을 보여주셨다. 그는 나와 믿음 안에서 한 형제된 나의 형이기도 하다.

코스타를 함께 섬기면서 느낀 점이 있다면 히브리어 헬라어 원어를 직접 읽으며 성경 연구를 깊이 하고, 정확하게 많이 알며, 말씀을 기준과 원칙으로 살아가기 위해 몸부림치며 말씀대로 가르치려 끊임없이 노력을 하는 분이라는 점이다.

개인적으로 〈제자 옥한흠〉이라는 영화를 감독하면서 제자의 길, 제자의 삶, 제자의 도에 대해 많은 고민을 했다. 그러다가 떠오른 인물이 바로 이선일 박사이다. 그를 지켜보노라면 어제도 오늘도 여전하게 그 길

을 뚜벅뚜벅 걸어가고 있음을 목도하게 된다.

예수 그리스도를 '오직 믿음'으로 영적 죽음에서 영적부활로 새 삶을 얻게 된 갈라디아 교인들에게 주인 되신 성령님의 통치 하에서 전인적이고 총체적인 삶을 살라는 의미를 더 상세히 풀어낸 갈라디아서 장편(掌篇) 주석 〈개정판, 예수믿음과 하나님의 계명을 붙들라〉에서는 저자과 공저자의 숨소리가 더 세미하게 느껴진다. 인생에서 나의 주인이 누구인지 분명히 알게 되는 시점은 예수님의 죽음과 부활에 대한 믿음이 견고히 설 때라고 생각한다.

"이를 위하여 그리스도께서 죽었다가 다시 살아나셨으니 곧 죽은 자와 산 자의 주가 되려 하심이라" _롬 14:9

이 책 갈라디아서 장편(掌篇) 주석 〈개정판, 예수믿음과 하나님의 계명을 붙들라〉에는 '바른 복음'이 아닌 '다른 복음'이 이 땅을 휘젓고 있는 시점에 예수 그리스도의 십자가 사랑과 부활의 소망. 곧 진실된 '바른 복음'을 전하기 위한 이선일 박사님과 황의현 전도사의 땀과 눈물이 고스란히 담겨 있다.

지난날 우리의 고결하고 순결하며 정직했던 신앙은 오늘날에 이르러 마치 2,000년 전의 '다른 복음'에 미혹되었던 갈라디아 교회의 교인들의 모습과 크게 다르지 않아 보인다. 그렇기에 당시 갈라디아 교인들을 향한 큰 외침이 오늘의 우리에게도 동일하게 필요함을 느끼게 한다. 그렇기에 이 책 갈라디아서 장편(掌篇) 주석 〈개정판, 예수믿음과 하나님의 계명을 붙들라〉가 더욱더 소중하게만 여겨진다.

바야흐로 현 시대는 상대적인 박탈감과 더불어 감정조절의 어려움, 영적 정신적 고갈, 온갖 종류의 중독들과 씨름하는 세대이다. 그런 와중에 독버섯 같은 이단 사이비가 '다른 복음'을 거세게 밀어부치고 있다. 그래서 저자와 공저자가 다시 쓰게 된 이 책 갈라디아서 장편(掌篇) 주석 〈개정판, 예수믿음과 하나님의 계명을 붙들라〉가 소중하다. 이 책을 찬찬히 묵상하게 되면 '오직 말씀', '오직 믿음', '오직 복음'을 붙들게 되며 하나님께 나아가게 한다. 그렇기에 비록 이 세대가 아무리 엉망이라 하더라도 결코 희망이 없는 것이 아님도 알게 된다.

최근 제작한 〈부활 그 증거〉에서 이선일 박사님의 장녀인 이성혜 배우님(2011년 미스코리아 진)과 함께 작업했다. 진행 과정 중에 느낀 것은, 내가 아는 배우 중에서 성경에 대한 해박한 지식과 바른 이해 그리고 탁월한 영성에서 가장 돋보였다는 것이다. 그래서 작업 내내 은혜스러웠고 아주 의미 있는 작품을 만들 수 있었다.

이 책 갈라디아서 장편(掌篇) 주석 〈개정판, 예수믿음과 하나님의 계명을 붙들라〉는 사위 황의현 전도사가 여전히 공저자로 참여했는데 역시 사람을 키우는 이선일 박사님의 또 다른 열매를 느끼고 있다.

특별히 저자는 문화 사역에 깊은 애정을 갖고 계신다. 기독교적 세계관과 성경적 가치관의 중요성 알고 지도하시는 분이라서 그럴까? 이 책을 읽으면 텍스트로도 읽히지만 이미지로 떠오르는 무엇으로도 설명하기 어려운 힘이 담겨 있다. 그래서 본서 갈라디아서 장편(掌篇) 주석 〈개정판, 예수믿음과 하나님의 계명을 붙들라〉를 꼭 필독해 보시기를 추천하고 싶다.

'무엇을 읽어야 바로 이해할 수 있을까'를 고민할 때 추천

정성철 목사 | 안양중부교회

구원자이신 초림의 예수님은 성부하나님의 섭리(구속 계획)하심을 따라 때가 되매 인간으로 오셔서 십자가 보혈을 통해 우리를 죄로부터, 죽음으로부터, 율법과 관습으로부터 해방시키셨다.

'죄로부터의 자유'라는 것은 성령의 인도하심으로 더 이상 죄에 휘둘리며 끌려 다니지 않게 된 것을 말한다. '죽음으로부터의 자유'라는 것은 예수님의 부활로 더 이상 죽음을 두려워하지 않게 된 것을 말한다. '율법과 관습으로부터의 자유'라는 것은 규례가 또 다른 굴레가 되지 않는다라는 뜻이다. 우리는 이런 자유를 누리고 있는 사람들이다.

"그리스도께서 우리로 자유케 하려고 자유를 주셨으니 그러므로 굳세게 서서 다시는 종의 멍에를 메지 말라"_갈 5:1

당시 유대주의적 율법주의자들의 미혹으로 인해 자유의 자리 곧 '바른 복음의 진리'를 떠나 종의 멍에를 다시 메려고 하는 성도들에게 쓴 이 편지는 신앙이 또 하나의 종교로 전락하고 있는 오늘날의 성도들에게 주는 안타까움의 동일한 외침이다.

이 세상에는 갈라디아서 주석에 관한 책이 많고 많지만 우리는 모두를 다 읽을 수는 없다. 개혁주의적 관점으로 쓰신 이선일 박사와 황의현 전도사의 갈라디아서 장편(掌篇) 주석 〈개정판, 예수믿음과 하나님의 계명을 붙들라〉는 "무엇을 읽어야 바로 이해할 수 있을까"를 절절이 고민하는 우리들에게 그 수고를 확- 덜어줄 것이다.

우리는 '오직 믿음'으로 구원을 얻었다. 그리하여 이 땅에서도 하나님 나라(영적부활 후 현재형 하나님나라)를 누리게 되었고 주님 부르시는 그 날에는 변화된 몸(부활체, 고전 15:42-44)으로 미래형 하나님나라를 누리게 될 것이다. 그렇게 믿음 안에서 한 형제된 모든 동역자들에게 이 귀한 책 갈라디아서 장편(掌篇) 주석 〈개정판, 예수믿음과 하나님의 계명을 붙들라〉를 추천한다.

제2의 종교개혁의 불씨를 당기는 책

박상춘 목사 | 앤아버 대학촌교회

"잃어버린 복음의 불씨를 살리는 책"

이 책 갈라디아서 장편(掌篇) 주석 〈개정판, 예수믿음과 하나님의 계명을 붙들라〉는 교회 기초의 반석이시요 교회의 머리이신 예수가 그리스도시요 살아계신 하나님의 아들이라는 '오직 예수'의 '바른 복음'을 치열하게 부둥켜잡고 오늘도 씨름하는 한 선교사의 눈물과 헌신의 결정체이다. 더 나아가 교회의 진정한 정체성을 다시 회복케하는 제 2의 종교개혁의 불씨로서 광야의 외치는 자의 소리이기도 하다.

면면이 이어져 온 교회를 흔드는 음부의 권세들 곧 바리새인과 사두개인들의 '누룩'으로 얼룩진 오늘, 건축자의 버린 돌 같은 교회들로 하여금 다시 건강한 교회로 회복시키는 그 일에 이 책 갈라디아서 장편(掌篇) 주석 〈개정판, 예수믿음과 하나님의 계명을 붙들라〉는 혼신의 힘을 다한 머릿돌이자 모퉁이돌의 이야기이다.

오늘날 한국교회의 현실은 선택의 기로에 서 있다. 선택은 각자의 몫이다. 그렇기에 그 결과는 고스란히 자신이 책임져야 한다.

'바른 복음'이냐 '다른 복음'이냐.

우리는 지금까지 변질된 이벤트나 효율적인 마케팅으로, 심지어는 '다른 복음'으로 교회 성장과 부흥을 찾고자 했다. 그 결과 본질은 잃어버렸고 겉모양만 남아 역기능적인 교회가 되어버렸다.

저자 이선일 박사와 공저자 황의현 전도사는 2,000년 전 갈라디아 교인들이 겪었던 당시와 오늘날의 교회들에게 갈라디아서 장편(掌篇) 주석 〈개정판, 예수믿음과 하나님의 계명을 붙들라〉를 통해 제2의 종교개혁의 불씨를 당기고 있다. 그런 의미에서 이 시대의 목회자들과 진정한 교회의 갱신을 소망하는 모든 교회 지도자들이 주목해야 하는 책이다.

저자과 공저자의 책 갈라디아서 장편(掌篇) 주석 〈개정판, 예수믿음과 하나님의 계명을 붙들라〉에는 어느 학자 못지않은 통찰력이 배어있다. 그것은 성령님께서 가르치시고 생각나게 하신 것(요 14:26)을 기록했기 때문이다.

동시에 그들은 건강한 성경해석을 통한 폭넓은 원리와 깊은 성령의 감동으로 이 책을 기록하였기에 퍼 올린 말씀 말씀에는 지혜의 실천적 균형의 미(美)가 내재되어 있다.

이 책 갈라디아서 장편(掌篇) 주석 〈개정판, 예수믿음과 하나님의 계명을 붙들라〉를 통해 '바른 복음'으로 나아가려는, 몸부림치고 있는 모든 분들에게 권한다. 제2의 종교개혁을 꿈꾸는가?

그렇다면 이 책을 읽으라. '바른 복음'을 향한 눈을 뜨게 하는 큰 외침을……

현재 펼쳐지는 무기력한 상황 아래 잠 못 이루는 목회자들과 신학생들과 선교지 동역자들에게 나는 나의 자랑스러운 친구 이선일 박사와 그의 사위 황의현 전도사의 이 책을 적극 추천하는 바이다.

'예수, 그리스도, 생명!'을 전하는 갈라디아서 주석

장순재 대표 | KAS Holdings, CEO

오래전에 나는 기독교 신앙을 시작할 때 한 발은 교회에, 다른 한 발은 세상에 두며 좌충우돌하던 때가 있었다. 그때 나의 멘토 이선일 선생님을 만났다. 그는 고뇌하던 한 청년을 온몸으로 끌어안았고 길이요 진리요 생명이신 예수님을 전해주었다. 그리하여 오늘의 나는 지금 이곳에 서 있다.

그렇게 30여 년이 흘렀다. 아직도 선생님은 여전히 그 자리에 서 계신다. 그의 주변에는 여전히 많은 청년리더들이 있다. 의료선교사로서 의학박사 정형외과 전문의이기도 한 선생님은 성경과 교리, 히브리어 헬라어에 박식한 성경교사요 사람을 키워내는 청년사역자이다. 지난날부터 지금까지 선생님은 줄기차게 청년들에게 관심을 가졌다. 언제나 그의 관심은 청년이었던 것이다.

선생님은 삶의 거의 전부를 청년들과 함께 했다. 그들 앞서서 예수쟁이다운 삶을 사셨고 지금도 그렇게 살아가고 계신다.

그의 포용은 고뇌하는 청년들을 감싸안고 해방시킨다. 그의 뜨거운 열정은 차디찬 청년들의 가슴을 녹여 뜨겁게 만들어버린다. 그의 해박한 성경 지식과 실천적 삶은 청년들로 하여금 세상을 쉽게 살아가지 못하도록 하는 힘이 있다. 그와 함께 살아 온 나의 고백이기도 하다.

한국을 떠나 먼 이방 땅에 있는 내게는 아직도 30여 년 전의 기억들이 생생하다. 많은 기억들이 새롭다. 당시 외치던 그의 음성은 지금도 곁에서 말씀하시듯 생생하게 들린다.

Sola Scriptura (오직 말씀)

Sola Fide (오직 믿음)

Sola Gratia (오직 은혜)

Solus Christus (오직 예수)

Solus Spiritus (오직 성령)

Soli Deo Gloria (삼위 하나님께만 영광)

세월이 흘러 그래서 나도 청년사역자가 되었다. 어느덧 동일한 소리를 주변의 청년들에게 외치고 있다.

진리는 영원하다. 예수 그리스도는 어제나 오늘이나 영원토록 동일하다. 그런 진리의 말씀이 갈라디아서에 녹아 있다.

선생님은 그의 사위 황의현 전도사와 함께 다시 갈라디아서 장편(掌篇) 주석 〈개정판, 예수믿음과 하나님의 계명을 붙들라〉를 쓰셨다.

소중한 청년들이여!

지난날 나 역시 격동의 청년 시절을 보냈다. 지금도 제법 격변의 시대 한복판에 들어와 있기는 하다. 그러나 제 아무리 상황과 환경이 변하고 시대와 세대가 변할지라도 변하지 않는 한 가지가 있다. 그것은 '복음과 십자가'이다. '예수, 그리스도, 생명!'이다.

나는 여러분들에게 자신있게 갈라디아서 장편(掌篇) 주석 〈개정판, 예수 믿음과 하나님의 계명을 붙들라〉를 적극적으로 추천한다.

프롤로그
. . . .

2022년 4월 4일!

힘들고 어려웠던, 그래서 매 순간순간이 숨막히던 지난 5년 간의 암울한 시간이 지났다. 2022년 3월 9일에 있었던 20대 대통령 선거 역시 '부정선거'였음에도 불구하고 성령님의 강권적인 개입하심으로 좌파는 몰락했다. 물론 지난 2017년 19대 대선과 2020년 21대 4.15총선, 그리고 이번의 20대 대선 등등 아직도 부정과 불법은 숨죽인 채 수면 아래에서 나오지 않고 있다. 언젠가는 백일하에 드러나게 될 것이다.

되돌아보니 갈라디아서 장편(掌篇) 주석 〈오직 의인은 믿음으로 말미암아 살리라〉를 출판(2021. 3. 31, 탐구출판사)한 지 햇수로는 2년이 지났다.

2020년 10월 31일!

당시 요한복음 장편(掌篇) 주석 〈은혜 위에 은혜러라, 도서출판 산지, 2022. 4. 20출간〉의 초고를 마칠 즈음 갈라디아서는 퇴고를 마쳤었다. 성령님의 인도하심과 강권적인 역사하심에 감사했다. 모든 것은 하나님의 은혜였다. 비록 나 스스로는 무척이나 대견하기도 했었지만……

당시 계절적으로는 꽃보다도 영롱한 단풍이 무르익어 온 산을 수놓던 가을이었다. 언제부터인가 분명하지는 않지만 노년을 지나는 중인 필자는 가을을 좋아하기 시작했다. 아름답고 화려한 꽃보다도 햇빛에 반짝이는 영롱한 빨강, 노랑, 주황, 녹색이 어우러진 단풍잎이 훨씬 더 정겨워지기 시작한 것이다. 가을 하늘을 수놓은 듯한 멋드러진 높은 산을 바라보다 보면 어느새 넋이 나가곤 했다. 멍하니 산을 바라보다가 어느덧 정신을 차려 보면 그 속에 내가 있었다. 어느덧 그 속에서 영롱한 단풍이 되어 이는 바람에 흔들리고 있었던 것이다.

최근에는 좀더 노년으로 들어가다 보니 '단풍'을 좋아하는 것에 약간 미안함을 느낀다. 그래도 아직은 '낙엽'은 아닌 듯하다. 곧 떨어지는 잎이 될 것이라는 말에는 극히 손사래까지 친다.

2022년 3월 9일!

20대 대통령 선거의 결과로 인해 분위기가 많이 바뀐 듯하다. 왠지 포근한 느낌과 더불어 뭔가 불편하던 것이 비로소 제자리를 잡은 것만 같다. 조석(朝夕)으로 불어오는 바람이 정겹기까지 하다. 간절한 소원을 이루어주신 좋으신 하나님께 그저 감사할 뿐이다.

돌이켜보면 2019년 여름부터 오늘 2022년 4월에 이르기까지 나는 특별히 긴긴 암흑의 터널을 지나왔다. 그 가운데 아내의 암(malignant tumor) 진단과 수술, 항암치료, 방사선치료, 호르몬치료 및 면역치료 등등이 포함되어 있다. 그리고 골절, 폐 병변까지⋯⋯.

더 짙고 깊었던 어두웠던 터널은 알듯 모를 듯 조여오던 '시대적 상황'

이었다. '신앙의 자유'와 진정한 '인권'에서 맥없이 속절없이 허물어져가던 대한민국을 그냥 물끄러미 쳐다보아야만 하는 무기력한 내가 더욱더 힘들었다. 그들의 몰염치가 많이 힘들었다. 그들의 두껍디 두꺼운 뻔뻔함뿐만 아니라 죄에 대한 무감각이 나를 몸서리치게 했다. 하나님 앞에서의 내 모습 또한 그렇다면……

나는 2022년 20대 대선 몇 개월 전부터 하나님께 죽어라고 매어 달리며 간절히 기도하고 또 기도했다. 주변에 적극적으로 알리고 또 알렸다. 아무리 인간적으로 잘 준비하고 철저히 대비를 한다고 하더라도 부정선거의 결과는 불 보듯 뻔할 것이기 때문이었다. 투표는 내가 하지만 개표는 그들이 깜깜이로 하기에 그래서 성령님께서 개입해 주셔서 이번에 한 번만 더 기회를 달라고 읍소하고 또 읍소했다.

많은 날들이 온통 먹장 구름(Black or inky clouds)뿐이었다. '먹장 구름 심술보' 그 자체였다. 그래서 침울했다. 내게 덮친 칠흙같이 어두운 하늘은 아예 걷히려고도 하지 않았다. 매일같이 어마어마한 먹구름들이 나를 짓눌렀다. 긴장하지 않고 정신차리지 못하고 있는 예수님 안에서 한 형제 된 그리스도인들이 야속했다. 동역하던 목회자들과 선교사들의 안일함에는 분노마저 느끼기도 했다. 그래서 나는 매일매일 죽기를 각오하고 기도했다. 나 하나를 위해서라도 예수님은 이 땅에 오셨을 것이라고 확신하면서……

필자에게는 어떤 느낌이 있었다. 그것은 지난 수년 전부터 한국교회에 대해 알 듯 모를 듯한 불길한 무엇인가가 다가오고 있다라는 것이었다. 그러던 것이 선명하게 드러났는데 바로 갈라디아 교회를 뒤흔들던 "다른 복음"이었다. 너무나 흡사했다. 그래서 갈라디아서 장편(掌篇) 주석 〈오직 의인은 믿음으로 말미암아 살리라〉의 개정판인 〈예수 믿음과 하나님의 계명을 붙들라〉를 쓰기 시작했다. 나의 멘티이자 사위인 황의현 전도사(이롬 글로벌 사장)와 함께. 여기서 '예수 믿음'이란 '예수 그리스도의 복음(행 6:7, 살후 3:2)'을 의미하며 '하나님의 계명'이란 '오직 말씀'을 가리킨다.

이미 요한계시록 장편(掌篇) 주석 〈예수 그리스도 새 언약의 성취와 완성〉과 히브리서 장편(掌篇) 주석 〈오직 믿음, 믿음, 그리고 믿음〉, 로마서 장편(掌篇) 주석 〈살아도 주를 위하여, 죽어도 주를 위하여〉, 요한복음 장편(掌篇) 주석 〈은혜 위에 은혜러라〉를 연달아 출간했던 터였다.

나는 지난 몇 년간 오로지 성경연구에만 몰두했다. 물론 정기적인 그룹 성경말씀 공부모임과 줌 강의를 진행해왔고 간헐적인 부흥회 및 목회자 세미나를 인도했다. 그러면서 느낀 것은 점점 더 말씀을 사모하는 무리와 그렇지 않은 무리가 확연하게 나눠지는 것을 목도한 것이다. 그런 현실이 아팠다. 많이 아팠다. 앞서 책에서 밝혔지만 나는 그런 두 갈래의 물줄기를 알곡과 쭉정이(마 3:12, 눅 3:17)를 가르는 하나님의 손길이요 양과 염소(마 25:32), 참 믿음과 거짓 믿음을 가르는 역사의 주관자 하나님의 섭리(攝理, Providence) 하(下) 경륜(經綸, Dispensation, Administration)임을 확신하고 있다.

현재 여섯 번째 사도행전 장편(掌篇) 주석 〈오직 성령이 너희에게 임하시면〉의 초고 또한 마쳤다. 그리고 나의 마지막 주석 책인 일곱 번째 창세기 장편(掌篇) 주석 〈태초에 하나님이 천지를 창조하시니라〉의 원고(1권 창세기의 파도타기, 2권 창세기의 디테일 누리기〉를 쓰고 있는 중이다.

거북스러웠던 상황과 엄위했던 환경이 많이 바뀐 가운데 나는 지난날보다 훨씬 더 치열하게 순간순간을 살아가고 있다. 어쩌면 이전보다도 훨씬 더 강력한 긴장 속에서 고통 가운데 나 자신과의 싸움을 하는 중이다. 정형외과 의사와 의료선교사로서, 성경교사로서, 청년사역자로서의 정체성을 잃지 않으려고 몸부림치고 있다. 그러다 보니 하루를 25시간으로 살아간다. 어느 것 하나 놓칠 수 없기에 알찬 순간순간을 보내고 있다.

정형외과 의사로서 월, 화, 목, 금요일 주 4일은 진료와 시술, 수술에 정신이 없을 정도이다. 특히 화, 목, 금요일 저녁에는 병원 7층 성경연구소에서 전문인 그룹, 목회자 그룹, 전도사들과의 성경공부 모임을 인도하고 있다. 수요일은 일대일 멘티 성경공부와 의과대학 교수들과의 성경공부 모임을 인도하고 있다. 나머지 요일에도 비는 시간을 빌어 한 달에 한 번 정도 소중한 멘티들과 '성경말씀과 기독교 교리'에 관한 집중토론을 하고 있다. 그리고 짬이 날 때마다 아내와 함께 소위 '산소통' 안에 들어가기 위해 나즈막한 산을 찾는다. 그리하여 평생 처음으로 제대로 된 등산화와 트래킹화를 구입하기도 했다.

최근에 마지막 일곱 번째 창세기 장편(掌篇) 주석 〈태초에 하나님이 천지를 창조하시니라〉의 원고를 쓰는 중이었다. 그때 갈라디아서를 강의하다가 개정판 〈예수 믿음과 하나님의 계명을 붙들라〉를 쓰라는 강력한 마음을 받았다. 평생에 7권의 장편(掌篇) 주석 후에는 멘티들에게 업그레이드를 부탁하며 조금 쉬려고 했는데…….

그래서, 지금 "듣고, 쓰고, 기록"하고 있는 중이다.

나는 가만히 앉아서 몇 시간이고 참고서적들을 뒤적이고 무엇인가를 골똘히 생각하며 읽고 연구하는 것을 즐긴다. 글 쓰는 것은 더 좋아한다. 아니 정확하게 말하면 좋아하게 되었다. 나의 친구이자 〈가시고기〉〈가시고기 우리 아빠〉의 조창인 작가 덕분이다.

특별히 나는 어려서부터 암송해왔던 수많은 성경구절들을 매일 매 순간 반복하여 읊조리며 말씀의 '맛'에 취하는 때가 아주 잦다. 앞서가는 신앙선배들의 책들은 모조리 구매하여 밤새도록 책 속에 파묻혀 지내기도 한다. 한 달에 거의 100여 권의 책을 구입하여 읽는다. 나는 속독에 아주 능하다. 그런 달란트를 허락하신 하나님을 찬양한다. 그저 감사할 것밖에 없다.

내게는 언제나 간섭하시고 늘 함께(אֵת, 임마누엘)하시며 뒤에서 밀어주시고(הָלַךְ, 프락세이스 프뉴마토스) 앞서서 이끌어 가시며 인도(엑사고, ἐξάγω, נָחָה)하시는 삼위하나님이 있다. 나의 든든한 뒷배이다.

나하흐(ἐξάγω, נָחָה)의 성부하나님!

에트(אֵת, Ἐμμανουήλ)의 성자하나님!

할라크(הָלַךְ, Πράξεις Πνεύματος)의 성령하나님!

갈라디아서의 장편(掌篇) 주석 〈개정판, 예수 믿음과 하나님의 계명을 붙들라〉를 처음부터 다시 쓸 생각은 추호도 없었다. 그러나 성령님의 강권적인 역사하심이 있어서 절충하여 지난 구판(舊版)의 결정적인 오류를 잡고 더하여 미진한 부분과 불확실한 부분, 부족한 부분에 대해 쉽게 고

쳐쓰고 추가하고 필요없는 부분은 삭제하기로 마음먹었다.

전체의 흐름은 목차의 소제목에 그 요약이 담겨있다.

'1장 다른 복음, 바른 복음'에 관하여는 날카로운 대조를 통하여 율법적인 행위나 자기 의가 아니라 '오직 믿음'으로 의롭다 칭함을 받아 '받은 은혜', 곧 '구원'에 감사해야 함을 강조할 예정이다.

'2장 그리스도와 함께 살고, 그리스도와 함께 죽고'에서는 연합과 대표의 교리를 설명함과 동시에 2,000년 전 '예수 그리스도와 함께 십자가에서 나는 확실하게 죽었다'라는 것을 고백하고 동시에 '예수님의 부활과 함께 다시 살아났음'을 천명할 것이다. 이후 '살아도 주를 위하여, 죽어도 주를 위하여'라는 결단과 고백을 하려 한다.

'3장 그리스도 예수 안에서 하나이니라'에서는 구원자이신 예수님을 그리스도 메시야로 받아들인 예수님 안에서의 모든 형제 자매들은 이미 하나라는 것을 선명하게 밝힐 것이다. 이방인이든 유대인이든 예수 그리스도를 믿음으로 받아들이면 모두가 다 지체인 것이다.

'4장 너희 속에 그리스도의 형상이 이루기까지"에서는 예수를 믿어 이미 우리 안에 예수님의 심장(빌 1:8)을 지니게 된 우리는 그 심장박동으로 인한 예수의 피가 우리 온몸 구석구석에 흐르게 되므로 인체의 모든 세포(약 100조개)가 새롭게 태어날 것임을 자신있게 증언할 것이다. 이후 그런 그리스도인들은 신의 성품(벧후 1:4)을 갖게 될 뿐만 아니라 예수 그리스도의 장성한 분량이 충만한 데까지(엡 4:13) 나아가게 되어 우리에게서 그리스도의 형상(image of God, 쩨렘, 데무트)이 선명하게 드러나게 될 것을 알리고자 한다.

'5장 그리스도 예수의 사람들은 육체와 함께 그 정욕과 탐심을 십자가에 못 박았느니라'에서는 2,000년 전 예수님과 함께 십자가에 못 박혔고 예수님의 부활과 더불어 함께 다시 살아났기에 이제 후로는 '옛 사람은 온전히 죽었음'을 강하게 천명하고자 한다. 더 나아가 결단을 통해 '새로운 피조물로서의 삶'을 선포하며 '풍성한 성령의 열매'를 맺는 그 일에 전력하자라고 권하고 싶다.

'6장 내 몸에 예수의 흔적을 지녔노라'에서는 그때 예수님께서 우리를 대신하여(휘페르) 당하셨던 '수치와 멸시', '조롱(嘲弄, mockery, ridicule)', '천대(賤待, be treated contemptuously)', '침뱉음', '뺨맞음', '머리에 가시관', '가슴과 등에 채찍질', '손과 발에 대 못자국', '허리에 창자국' 등 예수님의 흔적들(스티그마타)을 지니고 이후로는 '복음과 십자가로' 살아가고 '복음과 십자가만' 자랑하자는 권면을 하고자 한다.

결언 부분인 6장 11-18절을 가리켜 많은 학자들은 '갈라디아서의 전체 요약' 혹은 갈라디아서를 이해하는 '해석학적인 열쇠'라고[1] 했다. 즉 예수를 믿어 영적 죽음에서 영적부활로 새 삶(영생)을 얻게 된 갈라디아 교인들은 주인 되신 성령님의 통치 하에서 하나님의 백성답게 전인적이고도 총체적인 삶을 살라는 것이다.

그리스도인들은 오직 믿음의 바탕 위에서 현재형 하나님나라를 누리고 미래형 하나님나라에 대한 소망(엘피스)을 가지고 '예수 믿음과 하나님의 계명'을 붙들고 예수 그리스도의 사랑을 실천하며 살아가야 할 것이다.

---

1 How 주석 42권, 갈라디아서 어떻게 설교할 것인가, p282, 305 재인용

갈라디아서 전체를 통해 특별히 율법적 행위와 하나님의 은혜를 비교한 것을 표로 나타내면 다음과 같다.

성경 구절	율법적 행위	하나님의 은혜의 복음
1:6-9	다른 복음, 거짓 복음 유사 복음	예수, 그리스도, 생명 하나님의 은혜의 복음
1:10	사람들에게 좋게 함 사람의 눈치를 살핌	하나님께 좋게 함 하나님의 눈치와 기쁨에 주목
1:11-14	사람(조상, 장로)의 유전 ; 구전율법 ※ (관습, 판례법, 막 7:2-13) -미드라쉬+탈무드 -사람의 뜻	예수 그리스도의 계시 -하나님의 뜻
2: 3:1-5 5:16-17 15-20	믿음 + 행위 자기의 의(義), 자기 노력 할례, 계명 준수, 절기 준수 ->육체의 소욕	오직 믿음(바른 복음의 진리) 주권자 HS의 능력, 인도하심 (주권, 통치, 질서, 지배) ->성령의 소욕
3:6-14 3:18	율법행위에 속한 자 ->율법에서 남	믿음으로 말미암은 자 ->약속(언약, 택정함)에서 남
4:1-7 5:1	종, 청지기, 후견인 ->종의 멍에를 멘 자	아들, 유업을 이을 자(후계자) ->자유인
4:10-31	육체의 자녀 계집종의 자녀	약속의 자녀 자유하는 여자의 자녀
6:8 5:19-24	육체를 위하여 심는 자 ->썩어진 것을 거두게 됨 ->육체의 일(15가지)	성령을 위하여 심는 자 ->영생을 누리게 됨 ->성령의 열매(9가지)
6:13-14	육체의 자랑	십자가의 자랑

※ 미드라쉬(Midrash)는 할라까(실생활 법규, Halachah)와 하까다(이야기 교훈, Haggadah)로 이루어져 있고 탈무드(Talmud)는 미쉬나(Mishna, 정결법, 농사, 결혼, 이혼, 안식일, 금식법, 형사-민사소송법, 성소, 희생제사법)와 게마라(Gemara, 미쉬나의 완결작)로 이루어져 있다.

나는 매번 주석을 시작할 때마다 학자들의 깊고 해박한 지식에 짓눌려 주눅이 들곤 했다. 그때마다 성령님은 내게 가까이 다가와 친히 나를 이끌고 가셨다. 그저 네가 하여야 할 일은 '잘 듣고 기록하는 것, 그리고 그 일을 끝까지 감당하는 것'뿐이라고 하셨다.

"그 일에 내가 너를 쓰고 싶다."

나는 이런 나의 실상을 당당히 밝히는 것에 전혀 부끄러움이 없다. 오히려 자랑스럽다. 나의 장편(掌篇) 주석은 그저 손바닥만 한 지식의 '얕고 넓은 강의'로서의 역할일 뿐이다. 마치 장풍(掌風)의 허풍(虛風)처럼……

더 넓고 깊은 지식을 원한다면 미주에 기록된 참고도서의 목록들을 살핀 후 구매하여 그런 학자들의 책들을 찬찬히 읽게 되면 넓고 깊은 이해가 뒤따르게 될 것이라 확신한다.

매번 주석을 쓸 때마다 정해놓은 5가지 대원칙이 있다. 이 원칙만큼은 결코 흔들지 않으려고 무척이나 애를 써 왔다.

첫째는 문자를 면밀하게 세심히 살핀다. 한글번역과 영어, 헬라어, 히브리어를 모두 다 찾아 비교해본다. 어려서부터 익숙한 개역한글판 성경을 사용한다. 그러나 개역개정이나 공동번역조차도 터부시하지는 않는다. 더하여 표준새번역성경, 킹 제임스성경, 유진 피터슨의 메시지성경도 참고한다.

둘째, 다음 단락을 떼어 읽지 않고 전후 맥락을 늘 함께 읽는다. 그리고 왜 지금 이 사건을 그 부분에 기록했는지를 고민하며 이전 사건과 이후 사건의 연결고리를 파악하려고 애를 쓴다. 동시에 성경의 다른 부분을 찾아 그 부분을 해석하려고 노력한다.

셋째, 말씀이 상징(Symbolical)하고 의미(Meaning)하는 바나 예표(Typological)하는 바가 무엇인지를 세심하게 살핀 후 곰곰이 생각하고 또 생각한다. 성령님의 음성을 들을 때까지 묵상한다.

넷째, 배경(background)을 면밀하게 살핀다. 특히 역사적 배경(Historical background)이나 문화적 배경(Cultural background)을 찾아 성경의 원저자이신 성령님께서 당시의 기록자들을 통해(유기영감, 완전영감, 축자영감) 하시고자 했던 말씀의 원뜻을 파악하려고 노력한다. 더 나아가 오늘의 나에게 주시는 말씀에 귀를 기울인다.

마지막 다섯 번째는 성경의 원저자이신 성령님께 무릎을 꿇고 가르쳐 주시고 깨닫게 해주시라(요 14:26)고 간절히 기도한다. 아버지 하나님의 마음을 정확하게 알게 해달라고 간구한다.

갈라디아서의 개요를 시작함에 앞서 그 기록연대는 학자들마다 분분하다. 나는 1차 선교여행(AD 46-48) 후 수리아 안디옥에서 재충전(AD 48-50년경)하고 있을 때 갈라디아 지역의 여러 교회에서 들려온 '다른 복음'에 대한 소식을 듣고 '열불'이 나서 최고조의 논쟁으로 기록하였다라고 생각하고 있다. 그러나 정확한 연대는 알 수 없으며 사실 정확한 연대를 추적하는 일에 그다지 관심도 없다.

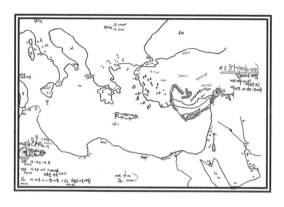

1차 (AD46~48)
갈라디아 지역

히브리서를 포함(나는 그렇게 생각하고 있다)하여 '14권의 바울서신' 가운데 갈라디아서는 '4대 서신(고전, 고후, 롬, 갈)' 중 하나인데 특별히 이 책은 아주 논쟁적이다. 종교개혁자 마틴 루터는 자신의 아내인 '케티 폰 보라(Katie von Bora)'로 부를 만큼 갈라디아서를 중요하게 생각했다.

갈라디아서는 문체의 성격상 '우뢰 서신'이라는 별명을 가지고 있다. 이외에도 '개신교 교회의 모퉁이 돌', '종교개혁의 선언문', '기독교 신앙의 대헌장(자유와 권리, Magna Carta)', 유대주의적 율법주의자들(학자들은 유대주의자, Judaizers라고 칭함)에 대한 선전포고문'이라고도 부른다. 여기에다 나는 '믿음 3총사'라는 별명을 하나 더 지어주었다.

한편 "오직 의인은 믿음으로 말미암아 살리라"는 말씀을 나누어 구분하면, 이신득의(以信得義, justification by faith) 혹은 이신칭의(以信稱義)는 로마서(장편 주석, 〈살아도 주를 위하여, 죽어도 주를 위하여〉, 도서출판 산지)를, 믿음(피스티스, 피스튜오, 피스토스)에 관하여는 히브리서(장편 주석 〈오직 믿음, 믿음, 그리고 믿음〉, 도서출판 산지)

를, 그렇게 '오직 믿음으로 살아가라'에 관하여는 갈라디아서(장편 주석 개정판, 〈예수 믿음과 하나님의 계명을 붙들라〉, 도서출판 산지)를 지칭할 수 있는데 나는 이들 3권을 하나로 묶어 '믿음 3총사'라고 불러왔다.

이들 3총사는 현재형 하나님나라를 살아가는 그리스도인들의 바른 삶의 태도인 'Six Sola(6 솔라)'로 자연스럽게 인도해 간다.

Sola Scriptura (오직 말씀)

Sola Fide (오직 믿음)

Sola Gratia (오직 은혜)

Solus Christus (오직 예수)

Solus Spiritus (오직 성령)

Soli Deo Gloria (성 삼위하나님께만 영광)

우리는 유한된 한 번 인생을 살며 '본질'만큼은 목숨을 걸고 지키며 살아야 한다. 본질을 잃어버리면 비 본질이 되고 말기 때문이다. 악한 세상 속에서 구별되게 살아가노라면 우리가 붙들고 있는 본질에 대해 정말 많은 도전을 받게 될 뿐더러 악한 영의 거대세력들로부터 무시무시한 공격을 받기도 한다. 이러한 때 움츠려들지 말고 당당하게 나아가야 한다. 비겁하게 숨죽이거나 뒤로 물러나면 결국은 필패(必敗)일 뿐이다. 역사는 루터교 목사 프리드리히 구스타프 에밀 마르틴 니묄러(Friedrich Gustav Emil Martin Niemoller, 1892-1984)가 썼던 〈나치가 그들을 덮쳤을 때〉라는 시를 통해 생생한 역사의 현장을 보여주었다.

나치가 공산주의자들을 덮쳤을 때,

나는 침묵했다.

나는 공산주의자가 아니었다.

그 다음에 그들이 사회민주당원들을 가두었을 때,

나는 침묵했다.

나는 사회민주당원이 아니었다.

그 다음에 그들이 노동조합원들을 덮쳤을 때,

나는 아무 말도 하지 않았다.

나는 노동조합원이 아니었다.

그 다음에 그들이 유대인들에게 왔을 때,

나는 아무 말도 하지 않았다.

나는 유대인이 아니었다.

그들이 나에게 닥쳤을 때는,

나를 위해 말해 줄 이들이

아무도 남아 있지 않았다.

그렇기에 근신하고 깨어 있어서 당당하게 담대하게 굳게 서서 악의 세
력들과 맞서야 한다. 한 발짝이라도 뒤도 물러서면 낭떠러지로 떨어질

뿐이다. 이 책은 함께 살아가는 이 땅의 교회들과 복음과 십자가에 대해 궁금히 여기는 모든 사람들에게, 특히 크리스천 청년리더들에게 비슷한 수준의 저자와 공저자가 드리는 갈라디아서에 관한 장편(掌篇) 주석으로서의 팁(TIP)이다.

어눌한 표현과 문맥의 미숙함, 그리고 일천한 지식에도 불구하고 감히 주석을 쓰려고 매번 도전하는 이유는 분명하다. 나 같은 사람도 시도하고 도전하며 고민한다는 것을 보여주고 싶은 것이다. 그리하여 독자들로 하여금 많이 자주 자극하고 싶다. 주석을 쓰고 싶은 마음의 불씨에 불을 당겨줌으로 이제는 독자들이 거대한 불꽃을 만들라는 일종의 선동이기도 하다.

어차피 나는 디딤돌, 마중물의 역할이다

오직 말씀! 오직 복음! 오직 예수! 다시 말씀으로 돌아가자!

늘 감사하는 것은 암투병을 하며 끝까지 의연하게 대처해주었던 소중한 아내 김정미 선교사의 마음씀씀이다. 그녀(Sarah)는 내가 일천한 지식으로 낙망하며 포기하려 할 때마다 나를 격려하며 내게 용기를 주었던 내 인생길의 친구이다. 그 친구로 인해 다시 일어서곤 했다.

"당신은 영적 싸움을, 나는 암과의 싸움을."

사랑하는 아내에게 감사와 사랑, 그리고 존중을 전하며 이 책을 헌정한다. 어설픈 주석을 쓰느라 끙끙거리며 앓을 때마다 그녀는 용기를 주었고 격려와 위로를 아끼지 않았다. 아내 김정미 선교사를 아는 모든 사람들은 그런 그녀에 대해 나의 고백을 자신있게 증언할 것이라 확신한다. 아울러 외동 딸 성혜(국제기독영화제 위원장, 주, 리빔 대표)와 사위 황의현(공저자, 주, 이룸 글로벌 사장, 전도사)에게, 큰 아들 성진(요한계시록, 요한복음 공저자, 카페 팔레트 대표, 전도사), 막내 성준(사도행전 공저자, 예비의사)에게 감사와 사랑을 전한다.

또한 이 책이 나오기까지 함께해 준 모든 이들에게 감사를 전한다. 특히 도서출판 산지의 대표 김진미 소장(빅픽처가족연구소)과 친구 조창인 작가(가시고기, 가시고기 우리 아빠)에게 감사를 전한다. 또한 삽화나 일러스트로 도움을 준 나의 아내 김정미 선교사(작가, 대한민국 여성 미술대전 장려상)에게 감사를 전한다. 매번 책을 출간할 때마다 추천사를 마다하지 않는 친구 목회자들, 전문인들이 있었다. 멘티들의 도움이 있었다. 이번에도 그들은 바쁜 시간을 쪼개어 이 책이 출간되는 그 일에 도움을 주었다. 감사를 전한다. 또한 음으로 양으로 도움을 준 모두에게 감사를 전한다.

샬롬! 오직 하나님께만 영광!

울산의 소망정형외과 진료실에서
Dr Araw 이선일(hopedraraw@hanmail.net)

괴짜의사 Dr. Araw의
쉽고 바르게 읽는 갈라디아서 장편(掌篇) 강의, 개정판

예수 믿음과 하나님의 계명을 붙들라

CONTENTS......목차

괴짜의사 Dr. Araw의
쉽고 바르게 읽는 갈라디아서 장편(掌篇) 강의, 개정판

예수 믿음과 하나님의 계명을 붙들라

레마 이야기 1

다른 복음, 바른 복음

이제 갈라디아서의 장편(掌篇) 주석 개정판인 〈예수 믿음과 하나님의 계명을 붙들라〉를 써 내려가려 한다. 극히 논쟁적인 책인 만큼 그 성격에 맞추어 유대교와 기독교를 비교하며 '다른 복음'에 대해 보다 더 '쎄게' 질타하고 '바른 복음'에 대하여는 목소리를 더 크게 높일 것이다.

서신서(바울서신)인 갈라디아서를 언급하기 전에 이의 주해에 꼭 필요한 역사서인 사도행전에 대해 잠시 나누고자 한다. 사도행전은 28장 1,007 구절로 된 책이다. 나는 13장에서 처음으로 바울의 선교가 시작(PACER)[2]

---

2 PACER는 바울의 선교여행을 주요도시 중심으로 개념정리하기 위해 기술한 것으로 P는 Paul을, A는 Antioch of Syria를, C는 Corinth를, E는 Ephesus를, R은 Rome를 나타내는 이니셜이다. 각각 1, 2, 3, 4차 선교여행의 Main city이며 로마의 경우 1, 2차 투옥이 있었고 2차 투옥인 하옥에서 AD 68년에 순교하였다.

되었기에 이를 분수령으로 전후(前後)를 나누어 강해하여 왔다. 지금 막 사도행전 장편(掌篇) 주석 〈오직 성령이 너희에게 임하시면〉의 원고를 마쳤다.

선교를 위해 안디옥 교회(수리아)는 성령님의 인도하심을 따라 담임목사인 바나바(Barnabas, Βαρνάβας, 요셉, 위로의 아들, (בֵּן son, and נְבָא; according to Luke's interpretation υἱός παρακλήσεως))와 교육 전도사격인 바울(행 13:9이후 사울이 바울로 불려짐, Παῦλος, the name of a Roman and of an apostle)에게 안수하고 1차 선교여행(AD 46-48년)을 위해 그들을 파송했다. 지금으로부터 2,000여 년 전이었으니 상상만 해도 움찔거린다.

그들은 수리아 안디옥을 출발하여 실루기아 항구에서 배를 타고 구브로섬의 동쪽 살라미에 이르렀다. 거기서 도보로 서쪽 바보에 이르렀고 다시 배를 타고 앗달리아 항구를 거쳐 밤빌리아의 버가에서 남 갈라디아 지역(비시디아 안디옥, 이고니온, 루스드라, 마지막 기착지 더베)을 다니며 복음을 전한 후 그곳에 여러 교회들을 세웠다. 이후 갈라디아지역의 여러 교회들은 '오직 복음, 오직 은혜, 오직 믿음' 위에 '오직 말씀'으로 든든히 서 갔다.

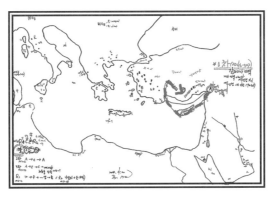

1차 (AD46~48)

1차 전도여행(AD 46-48) 후 수리아 안디옥에 돌아와 재충전을 하던 시기(AD 48-50)에 예루살렘 교회의 장로 야고보[3]에게서 왔다라고 칭했던 당시 거짓 순회전도자들이 남 갈라디아 지역에서 복음을 혼탁하게 한다는 소식이 들려왔다. 문제는 그들에 의해 아직은 연약했던 갈라디아 교인들이 '바른 복음'이 아닌 '유사(類似) 복음 혹은 다른 복음', 즉 '유대주의적 율법주의'에 흔들리고 있다라는 것이었다.

처음에 갈라디아 교회는 거짓 순회전도자들의 '다른 복음'에 대해 '아니다'라고 단호하게 거절했다. 그러다가 점차 '긴가민가'하기 시작했고, '그럴수도 있겠다'라고 기울더니 종국적으로는 잡초의 생명력 만큼이나 질긴 '다른 복음'에 너도나도 조금씩 '물들어가기' 시작했다. 즉 구원에 있어서 예수 그리스도에 대한 믿음 외에도 율법의 행위(할례, 계명 준수, 절기 준수 등등), 곧 자기의 의를 추가해야만 '구원이 완성'된다라는 것이었다. 유대인 디아스포라들이나 이방인 그리스도인들에게는 그들의 교묘한 말이 귀에 쏙 들어왔던 것이다.

"믿음으로 구원이 되는 것은 맞는데 거기에 할례를 행하여야 구원이 완성된다."

듣기에도 그럴싸했고 상식적으로도 더 타당해 보였다. 안 그래도 아무 것도 하지 않고 '공짜로' 구원을 얻은 것에 약간 미안함이 있었는데…….

사탄은 언제나 이렇게 속삭인다. 그럴 듯한 말로……. 연약한 인간을

---

3 예수님의 동생 야고보와 달리 사도 요한의 형제 야고보가 있다. 그는 AD 44년에 H. 아그립바 1세에게 순교당했다(행 12:1-2). 제자 중에서는 최초의 순교자였다. 한편 헤롯왕은 하나님의 영광을 가로채다가 충에 먹혀 죽었던 인물이다(행 12:20-23).

흔드는 사탄의 전략은 거의 대동소이(大同小異)하다.

처음에 그리스도인들은 사탄의 속삭임에 '아니다'로 거절한다. 시간이 흐르며 사탄의 속삭임이 반복되면 '긴가민가'하게 된다. 그러다가 '그럴 수도 있겠다'라고 하다가 종국적으로는 조금씩 물들어가게 되는 것이다.

오늘날의 이단들이 그렇다. 신천지를 비롯한 하나님의 교회, JMS, 통일교, 기쁜소식 선교회, 여호와의 증인, 사랑하는 교회 등등…….

언젠가 이동원 목사님의 설교를 들은 적이 있다. 그 내용 중 '좋은 소식, 나쁜 소식, 환장할 소식'에 관한 유머가 있었다. 나는 그것을 차용하여 갈라디아서를 이렇게 한마디로 요약한다.

'좋은 소식'이란 갈라디아 교인들이 바울과 바나바가 전했던 '바른 복음'을 통해 예수 그리스도의 믿음(피스티스)과 하나님의 계명(약속의 말씀)을 소유함으로 은혜의 선물, 구원을 얻은 것이다. 결국 최고의 '좋은 소식'은 아무 대가 없이, 아무 공로 없이 '오직 은혜'로 '오직 믿음'으로 구원을 얻은 것이다.

반면에 '나쁜 소식'이란 복음에 슬쩍 율법의 행위(할례 등 자기의 의)를 첨가함으로 자칫하면 교회의 분열과 몰락을 초래할 뻔했던 일이다. 마지막 '환장할 소식'이란 나쁜 소식인 '다른 복음'에 더하여 거짓 순회전도자들은 바울의 사도권마저 도마에 올려 난도질함으로 바울이 전했던 '바른 복음'이 흔들리게 된 것이다.

1차 전도여행 후 수리아 안디옥 교회에서 재충전을 하고 있던 바울이 이러한 소식을 전해 듣자마자 격한 마음으로 썼던 글이 갈라디아서이다. 바울은 그런 거짓 선동가들을 향해 거침없이, 조금의 망설임도 없이 '적

그리스도들'이라고 일갈(-喝, roar, bellow, thunder)했다. 그러면서 그들의 정체는 '요란케 하는 자들(갈 1:7)'이요 '요동케 하는 자들(갈 5:10)이며 '어지럽게 하는 자들(갈 5:12)'이라고 폭로했다. 그만큼 바울은 '다른 복음'을 전하는 가만히 들어온 거짓(가짜) 형제(갈 2:4), '유대로부터 내려온 어떤 사람들(행 15:1)'의 못된 행태에 '열(熱)불'[4]이 났던 것이다.

그리하여 유일한 독생자이신 예수의 하나님의 아들 되심, 예수의 주 (主)되심, 아버지 하나님의 뜻인 택정함을 입은 자녀들의 구원 섭리(providence)와 경륜(administration), 작정(decree)과 예정(predestination)에 따른 그리스도 메시야이신 예수님의 대속적 죽음(십자가 보혈)과 그 예수를 살리신 하나님으로 말미암는 부활, 이로 인한 성부하나님의 구원사역의 충분성을 설파(說破)했다.

동시에 그리스도 메시야이신 '오직 예수, 오직 믿음'만을 큰 목소리로 외쳤다. 더 나아가 율법의 행위[5]가 아니라 '예수 그리스도 안에' 그리고 '예수를 통해서만' 나타나는 성부하나님의 역사하심을 다시 강조했다. 그 예수님을 통한 '오직 믿음, 오직 은혜, 오직 복음'을 붙들라고 외쳤다.

하나님의 은혜로 인한 믿음과 율법적 행위는 결코 양립(兩立)할 수가 없다(3장; 5:2-6). 그리하여 바울은 예수님만이 구원자이시며 죄와 사망, 율법의 멍에로부터 자유케(갈 5:1, 롬 8:1-2)하셔서 참 기쁨을 주시는 성부하나님의 유일한 기름부음 받은 자(크리스토스, 마쉬아흐)라고 계속하여 강한 목소리

---

4 몹시 흥분되고 화가 나다.

5 바른 신앙이란 율법을 부정하는 것이 아니다. 율법주의가 문제인 것이다. 더 나아가 반율법주의나 무율법주의도 바른 신앙이 아니다. 율법폐기론은 더 더욱 아니다.

를 냈다.

목소리는 더욱더 강해져서 갈라디아서 1장에는 초반부에 4번씩이나 '다른 복음'을 언급(6, 7, 8, 9)한다. 바울은 강한 어조로 "다른 복음을 전하면 저주를 받을 찌어다(1:8, 9)"라며 강하고 단호하게 '저주'를 외치고 있다.

참고로 갈라디아서란 헬라어로는 프로스 갈라테스(πρός Γαλάτης, sg, Γαλάται, pl, to Galatians)라고 한다. 이는 '갈라디아인들에게'라는 의미로서 갈라디아 지역에 흩어져 있던 여러 교회들에게 보낸 아주 '쎈' 논쟁적인 큰 목소리의 서신으로서 '우뢰 서신'이라고도 칭한다.

당시 갈라디아 지역의 대표 도시는 비시디아 안디옥(Antioch of Pisidia), 이고니온('양의 가슴', Iconium), 루스드라('양무리', Lystra), 그리고 1차 선교여행의 마지막 기착지인 더베(Derbe) 등이다. 바울은 상기 지역의 교회들에 대한 애정과 열정이 있었기에 '바른 복음'에 대한 그의 마음을 갈라디아서를 통해 발송했던 것이다.

앞서 프롤로그에서 갈라디아서의 전체 개요를 목차를 통해 전체 순서와 내용을 나의 관점으로 밝혔다. 이제 본론으로 들어가는 이곳 1장에서 약간 더 구체적으로 그 내용을 중복하여 기술하고자 한다. 굳이 그렇게 하려는 이유는 갈라디아서 전체의 흐름을 놓치지 않고 계속 기억하기를 바라는 나의 마음이다.

모든 그리스도인들은 얼핏 '복음'인 듯 보이기는 하나 성경이 말하지 않는 다른 구원자(요 14:6, 행 4:12)를 말하거나 성경이 전하지 않는 다른 구원 방법 곧 율법적 행위 등 자기의 의를 첨가하는 것은 결단코 '바른 복음'이 아닌 '다른 복음'임을 알고 경계해야 한다. 그리스도인에게는 '오직 복음'인 '오직 예수, 십자가 보혈, 오직 믿음, 오직 은혜'뿐이다. 그렇기에 그리스도인이라면 당연히 '6 Sola'를 붙들고 살아가야 한다.

Sola Scriptura (오직 말씀)

Sola Fide (오직 믿음, 믿음, 그리고 믿음)

Sola Gratia (오직 은혜)

Solus Christus (오직 예수 그리스도의 복음)

Solus Spiritus (진리의 영, 예수의 영이신 오직 성령)

Soli Deo Gloria (오직 삼위하나님께만 영광)

갈라디아서는 전체 6장 149구절로 되어 있다.

1장에서는 바울 자신의 사도권(사도직)에 대한 변호와 자신이 전했던 '바른 복음'에 대한 정당성과 정통성을 강하게 어필하고 있다. 이는 사도권에 대한 애착이 있어서가 아니라 사도권이 부인됨으로 자신이 전했던 '바른 복음'마저 흔들릴까 염려되었기 때문이다.

사실 바울은 갈라디아서 6장 14절의 말씀대로 "우리 주 예수 그리스도의 십자가 외에 결코 자랑할 것이 없음"이라고 천명한 후 그렇게 한평생을 앞만 보고 달려가며 살았던 인물이다. 복음과 십자가 외에는 그 어떤 것도 배설물로 여기던 사람(빌 3:7-14)이었다. 그렇기에 구태여 사도권이라는 직책에 대한 애착을 보일 리는 전혀 만무(萬無)한 사람이었다.

1장 1-9절에서 바울은 스스로를 변호하며 자신의 사도권(사도직)에 대한 신적기원(神的基源, 하나님의 권위)을 강조했고, 1장 11-12절에서는 자신이 전했던 복음의 정통성과 정당성을 강조하며 '바른 복음'임에 대한 신적기원(神的基源, 하나님의 권위)을 단호하게 천명했다. 그렇기에 자신이 전한 복음만이 지극히 정당하다(1:11-2:21)라고 주장하고 있는 것이다.

그리고는 자신이 전했던 '바른 복음', 곧 '예수 그리스도의 은혜로 너희를 부르신 하나님'을 버리고 '다른 복음'으로 너무나 쉽게 떠나버린 갈라디아 교인들(1:6)에게 다시 제자리로 돌아와 바른 '복음의 진리(갈 2:16)'를 따라 살 것을 촉구(2:14, 4:12-6:10)했다.

1장 10절에서는 적어도 그리스도의 종(그리스도인)이라면 사람의 눈치를 보지 않고 '하나님의 눈치'를 살펴야 하며 사람의 기쁨을 구하는 것이 아니라 '하나님의 기쁨'을 구하여야 함을 강조했다. 그런 태도가 바로 '참된 그리스도인' 곧 '그리스도의 종'의 모습이라고 설파했다. 반면에 계속적으로 사람의 눈치를 살피게 되면 하나님을 기쁘시게 할 수도 없을 뿐만 아니라 그리스도의 종이 아님을 강력하게 경고하고 있다.

상기 구절의 배경에는 사도행전 14장에서 있었던 루스드라 지역에서의 초현실적인 기적의 이야기가 숨어있다. 그곳에서 바울과 바나바는 '나면서부터 앉은뱅이 된 자'를 고쳤다. 이때 그 지역의 사람들은 너무 놀라서 "신들이 사람의 형상으로" 저들 가운데 내려왔노라고 외쳤다. 그리고는 바나바는 쓰스(제우스), 바울은 허메(헤르메스, 제우스의 아들)라고 했다. 만약 이때 바울이 복음을 '효과적으로' 전하기 위해 모른 척하고 신(神)으로 가장했다면 복음을 훨씬 쉽게 전할 수 있었을 것이고 영향력 또한 엄청났을 것이다.

그러나 바울과 바나바는 하나님의 입장을 견지한 후 단호하게 '아니다'라고 했다. 그러면서 그들에게 그러지 말라고 극구 말리며 하나님의 시각과 판단 하에서 그들에게 '바른 복음'만을 전했던 것이다(행 14:8-18).

바울은 갈라디아 지역의 여러 교회 지체들에게 그리스도의 종은 사람의 눈치를 보지 않고 하나님만을 기쁘게 해야 한다라고 강조했다. 그렇게 하는 것이 하나님의 종으로서 마땅한 일이라고 했다. 반면에 사람의 눈치를 살피면 하나님을 기쁘게 할 수도 없을 뿐만 아니라 그리스도의 종이 아니라고 강력하게 경고했다.

뒤이어 1장 13절에서는 자신의 출생 배경과 회심(conversion, AD 35년) 전 잘못된 과거를 고백한 후 2장 21절까지 '사도직'과 '바른 복음'에 대한 변증(apologia)으로의 긴 이야기(narrative)를 서술하고 있다.

특히 1장 13-14절에는 바울이 회심(conversion, AD 35년)하기 전(前) 유대교(바리새파 중 힐렐학파, Hillel the Elder, BC 60-AD 20, 가말리엘 문하)에 열심일 때 하나님의 교회를 잔해하고 잔멸(행 8:3, 뤼마이노마이, λυμαίνομαι, v, I outrage, maltreat, corrupt, defile)하기까지 자신이 저질렀던, 방향이 한참이나 엇나갔던, 지나친 열심들(빌 3:5-6, 행 7:58-8:3)에 대해 아픈 마음과 회개하는 마음이 기술되어있다. 여기서 '잔멸'이란 '가루로 만들어 훅~불어버리는 것'으로 '흔적조차 남기지 않는다'라는 말로서 '지독한 핍박'이라는 의미이다.

바울의 배경은 대략 이러하다. 그는 길리기아 다소의 유대인 디아스포라였던 바리새파 가문에서 태어나 부모 아래에서 엄한 교육을 받다가 당시 교육 관습대로 10대 때에 예루살렘에서 유학을 했다. 당시 유대인들은 일반적으로 14세까지는 부모 슬하에서 배우고 양육되다가 15-25세가 되면 멘토(후견인과 청지기) 아래에서 교육을 받았다.

당시 예루살렘에는 두 바리새파가 유명했다. 하나는 보수를 지향하고 다른 하나는 진보를 주창했다. 개중 보수를 지향하던 샴마이[6](Schammai) 학파 대신에 바울은 진보 성향을 띠었던 힐렐(Hillel the Elder, BC 60-AD 20) 학파의 가말리엘 문하로 들어갔던 것이다.

1장 15절-16절 상반절에서는 바울 자신을 택정하고 부르신(소명, Calling) 성부하나님께서 그리스도 예수를 이방에 전하라는 사명(Mission)을 주신 것을, 16절 하반절-24절까지는 그 소명(Calling, 부르심)과 사명(Mission, 보내심)에 대한 즉각적인 반응으로 회심하자마자 3년(AD 35-38년) 동안 다메섹에서 치열하게 복음을 전했던 일을 기술하고 있다.

2장에 들어가서는 1-10절에 바울의 예루살렘 방문에 대해 적고 있다. 그는 생전에 예루살렘을 5차례 방문(갈 1:18절 설명 참조)했는데 이곳은 그중 2번째인 바나바와 함께 디도를 데리고 갔을 당시를 회상하고 있는 것이다. 이때는 수리아 안디옥 교회가 헌신한 구제헌금을 가지고(행 11:28-29, 12:25) 예루살렘을 방문했다가 돌아왔다. 그 당시 예루살렘에서 자신이 지금까지 전했던 '복음에 대한 검증'과 '자신의 사도직을 예루살렘 교회(베드로, 요한, 예수님의 동생 야고보 장로)로부터 인정받았던 것'을 말하고 있다.

당시 예루살렘 교회에는 사도 베드로와 요한, 그리고 예수님의 동생 야고보 장로가 있었다. 참고로 요한의 형제, 세베대의 아들인 사도 야고

---

6 랍비 샴마이는 〈샴마이파〉를 창시했으며 일상생활, 제의, 의례행위등에 있어서 힐렐학파보다는 보수적인 성향으로 보다 더 엄격한 입장을 취했던 학파이다. 종교학대사전, 지식백과

보('대 야고보'라 칭함, '소 야고보'는 알패오의 아들)는 AD 44년에 이미 헤롯 아그립바 1세에게(행 12:2) 순교를 당했다. 그는 사도(예수님의 제자) 중에서 가장 최초로 순교를 당했다.

2장 11-21절까지에는 수리아 안디옥에서 있었던 일을 기록하고 있다. 당시 신앙의 대선배격인 게바가 그곳을 방문했는데 그때 "복음의 진리를 따라 바로 행하지 아니함을 보고" 면전(面前)에서 책망했던 것을 적고 있다. 바울은 시간과 장소를 가리지 않고 '바른 복음의 진리'를 위해서라면 상대를 가리지 않았던 것이다.

사도행전 15장에는 그 일화가 소개되어 있으며 그로 인해 개최된 제1차 예루살렘 종교회의도 소개되고 있다. 당시, 수리아 안디옥 교회의 담임 목사격인 바나바조차도 베드로와 유대인들의 외식(할례받지 않은 자와 식탁 공동체를 하지 않던 외식)에 흔들려 자빠짐을 보게 되자 바울은 엄청 분개했던 것이다. 그리고는 바로 그 자리에서 베드로를 직격했다. 이로 인해 예루살렘 총회가 열렸고 그 결과는 아름답게 잘 마무리되었다(행 15:1-21).

바울은 '바른 복음, 복음의 진리'를 강조하며 "사람이 의롭게 되는 것은 율법의 행위에서 난 것이 아니요 오직 예수 그리스도를 믿음으로 말미암는다(갈 2:16)"라는 것을 다시 힘있게 상기시켰다. 동시에 거짓 순회전도자들에게 미혹되어 '다른 복음'에의 길에 아직 서 있다면 그런 어리석은 판단과 행위에서 즉시 돌이키라고 외쳤다.

바울은 '아브라함의 믿음'을 예로 들어 설명하고 있다.

'아브라함의 믿음'이라는 것은 아브라함이라는 특정인이 할례 곧 율법적 행위를 통해 주어진 믿음(on account of Abraham)이 아니라는 것이다. 오히려 할례 등 율법적 행위를 하지 않았으나 하나님께서 무조건적으로 인정해주시며 그렇다라고 여겨주신 믿음(in Abraham) 때문이었다라는 것이다. 결국 '아브라함의 믿음'은 '아브라함'에 방점이 있는 것이 아니라 '믿음'에 방점이 있다라는 것이다.

결국 아브라함의 율법적 행위(할례)가 아니라 아브라함을 믿음이 있노라고 여겨주신 '하나님의 은혜'를 강조한 것이다. 이를 가리켜 '아브라함의 믿음' 혹은 '아브라함과 같은 믿음 안에서'라고 표현하고 있다.

곧 아브라함이 '믿음'으로 복을 받게 된 것이지 할례로 인한 혈통으로 유대인의 국부가 된 것이 아니라는 것이다. 더 나아가 '할례받은 유대인'이든 '할례 없는 이방인'이든 상관없이 율법의 행위(롬 3:19-20)가 아닌 아브라함처럼 동일하게 하나님이 여겨주신 '믿음으로 의롭게 된다'라는 것을 강조하고 있다. 그러므로 3장 9절은 그렇게 결론을 내고 있다.

"그러므로 믿음으로 말미암은 자는 믿음이 있는 아브라함과 함께 복을 받느니라"_갈 3:9

3장 11절에서도 반복하여 강조하고 있는데 이는 하박국 2장 4절의 인용이다.

"또 하나님 앞에서 아무나 율법으로 말미암아 의롭게 되지 못할 것이 분명하니 이는 의인이 믿음으로 살리라 하였음이니라"_갈 3:11

"보라 그의 마음은 교만하며 그의 속에서 정직하지 못하니라 그러나 의인은 그 믿음으로 말미암아 살리라"_합 2:4

계속하여 3-4장에서는 바울 자신이 전했던 '복음의 진리 즉 바른 복음'의 정당성을 설파하고 있다. 이때 '율법과 언약(약속)', '약속대로 유업을 이을 자와 몽학선생(초등교사, 후견인과 청지기)', '자유하는 여인 사라와 계집종 하갈', '약속의 자녀, 곧 자유하는 여자의 아들 이삭과 육체를 따라 난 자, 곧 계집종의 자녀 이스마엘'을 비유를 들어 대조 비교하면서 갈라디아 교인들에게 하나님의 아들, 곧 그리스도 예수만을 붙들라고 권면하고 했다. 동시에 "다시 약하고 천한 초등학문 곧 율법"으로 돌아가 율법에 종노릇하도록 미혹하는 무리들인 유대주의적 율법주의자들에게 강한 경고를 보내고 있다.

특별히 4장에서는 '누가 진정한 아브라함의 후손인가'라는 문제에 대하여 기술하고 있다.

4장 1-11절까지에는 '아들이라 할지라도 어린 시절에는 종의 지도와 보호 하에 지내야만 한다'라고 하며 '때'가 되어 장성해져야 진정한 아들에로의 신분이 회복되어 온전히 유업을 이을 자가 된다라고 했다. 이는 당시 사회의 교육에 대한 관습을 이해해야만 알 수 있는 것이다. 당시의 교육은 어렸을 때(15-25세경)에는 주인의 아들이라도 몽학선생인 후견인과 청지기의 지도 아래 있었다. 그러다가 '때'가 되어 성숙하게 되면 유업을 이을 자가 되었다. 이를 비유로 들면서 '율법' 역시 '예수 그리스도가 오시기까지'의 초등교사 역할일 뿐임을 설명한 것이다.

4장 12-20절에는 이전에 나와 막역한 관계에 있던 너희가 비록 지금은 거짓 순회전도자에 의해 잠시 미혹되어 떠났다 할지라도 반드시 다시 돌아올 것을 확신한다라며 바울은 진심을 다해 설득하고 있다.

마지막 4장 21-31절에는 사라와 하갈의 논증을 통해 율법의 행위를 지켜 구원(의롭게 됨)에 이르고자 하는 것은 그저 율법 아래 있고자 하는, 약속의 유업을 얻지 못하는, 육체를 따라 난 자 곧 계집종의 자녀일 뿐임을 드러내고 있다. 한편 믿음으로 의롭게 되어 구원을 얻는 것은 유업을 얻을 약속의 자녀, 자유하는 여자의 자녀라고 말씀하고 있다.

사라-하갈의 비유적인 이야기에 대해 갈라디아에 갔던 거짓 순회전도 자들인 유대주의적 율법주의자들의 관점과 관심, 바울의 구속사적 관점과 관심을 옆 페이지의 표를 통해 비교하면서 찬찬히 묵상을 하면 도움이 될 것이다.

5-6장은 갈라디아서의 결론 부분으로 하나님의 백성으로서의 합당한 삶, 즉 분명한 정체성(Identity; Calling & Mission)을 가지고 부르심과 보내심에 합당하게 살아갈 것을 권면하고 있다.

소명과 사명에 대해 고린도전서에도 "각 사람을 부르신 그대로 행하라(고전 7:17)", "각 사람이 부르심을 받은 그 부르심 그대로 지내라(고전 7:20)", "형제들아 각각 부르심을 받은 그대로 하나님과 함께 거하라(고전 7:24)" 고 말씀하셨다. 이때 '행하라, 지내라, 거하라'에 해당하는 헬라어가 바로 페리파테오(περιπατέω, v, (from 4012 /perí, "comprehensively around," which intensifies 3961 /patéō, "walk") – properly, walk around, i.e. in a complete circuit (going "full circle"))이다. 곧 정체성, 즉 소명과 사명에 따라 맡은 바 그 일에 충성되게 살아갈 것을 권면하고 있는 것이다. 다시 갈라디아서의 결론 부분을 네 부분으로 나누면 다음과 같다[7].

---

7 갈라디아서 어떻게 설교할 것인가, How주석, 최갑종교수

사라(이삭) – 하갈(이스마엘)의 이야기	
유대주의적 율법주의자들 관점 거짓 순회전도자들의 관심	구속사적 관점 바울의 관심
아브라함의 첫째 아들인 이스마엘은 유업을 잇지 못했다. – 이방인의 조상이 됨	사라: 아브라함 아내이며 '택정함'을 입어 자유를 얻은 여인 이삭: 아브라함의 둘째 아들이나 '택정함'을 입어 유업을 이음
아브라함의 둘째 아들인 이삭은 유업을 이었다. – 그 이삭은 유대인의 조상이 됨	하갈: 아브라함 아내이나 '유기'되어 자유를 얻지 못한 여인(계집종) 이스마엘: 아브라함의 첫째 아들이나 '유기'되어 유업을 잇지 못함
유대교 중심의 정체성에 관심 (할례와 율법, 계명, 절기 준수, 제사법) 이방인을 향한 바울의 복음 : '이스마엘 계통의 복음'이라 치부함	이삭: 약속의 자녀, 하나님의 성령으로 난 사람(갈 4:29) 이스마엘: 육체의 자녀, 육신으로 난 사람 –〉 하나님의 언약(약속)이 중요
창 21:10 "쫓아내라"를 오역 바울이 이방에 전했던 복음을 이스마엘, 하갈에 비유–이방 기독교라고 치부하며 쫓아내라고 속임	위에 있는 예루살렘; 하나님의 약속을 '믿음으로' 의지하는 모든 그리스도인들 (영적 이스라엘)의 참 어머니, 거룩한 성 새 예루살렘
사라, 이삭, 유대인들, 유대주의자들, 모세율법, 시내산, 예루살렘, 예루살렘 모교회; 이들이 아브라함의 유업을 잇는 구속사의 합법적인 본류라고 주장	지금 있는 예루살렘; 율법과 혈통을 중시하는 혈통적 유대인들의 어머니 예루살렘 모교회

바울이 전한복음: 1)자유와 약속에 기초
　　　　　　　　 그러므로, 갈라디아 지역의 이방교인 또한 약속의 자녀,
　　　　　　　　 자유하는 여인의 후손들이 영적인 아브라함의 후손임
　　　　　　　　 2)유대주의자들의 육신적 혈통과 인간적 전승에 기초한 것들은
　　　　　　　　 모두 다 거짓임

첫째, 5장 1-12절까지는 그리스도께서 십자가 대속 죽음을 통해 우리로 자유케 하려고 율법의 멍에로부터 우리를 자유케 하셨으니 그러므로 이제 후로는 굳세게 서서 다시는 종의 멍에를 메지 말 것을 당부하셨다.

둘째, 5장 13-24절까지는 그리스도 예수의 사람들은 예수 그리스도와 함께 2,000년 전 그때에 자신의 육체와 함께 그 정욕과 탐심을 이미 십자가에 못 박았다라는 사실에 대해 반드시 기억할 것을 당부하셨다.

세째, 5장 25절-6장 10절까지에는 그리스도인 된 너희는 성령을 주인으로 모시고 살되 주인 되신 성령님의 주권, 통치, 질서, 지배하에서만 움직일 것을 명하셨다. 그렇기에 이제 후로는 총체적인 삶에 대해 성령님께 매인바 된 삶을 살아갈 뿐만 아니라 그분보다 말씀보다 앞서나가지 말아야 할 것과 더 나아가 사랑, 희락, 화평, 인내, 자비, 양선, 충성, 온유, 절제의 삶을 살 것까지도 당부하고 있다.

마지막 결언 부분인 넷째는 6장 11-18절이다. 많은 학자들은 이 부분을 가리켜 '갈라디아서 전체의 요약' 혹은 갈라디아서를 이해하는 '해석학적 열쇠'라고 했다.[8] 곧 '예수 믿음과 하나님의 계명을 붙들고 살아갈 것'을 당부하셨다. 또한 예수를 믿어 영적 죽음에서 영적부활로 새 삶(영생)을 얻게 된 갈라디아 교인들에게 주인 되신 성령님의 통치 하에서 하나님의 백성답게 전인적이고도 총체적인 삶을 살라고 하셨다.

참고로 갈라디아서의 결언 부분인 5-6장에 나타난 "하라(Do) 계명(미쯔바 아쎄, Mitzvot aseh, posirive commandments, 248)"과 "하지 말라(Do Not) 계명(미

---

8 How 주석 42권, 갈라디아서 어떻게 설교할 것인가, p282, 305 재인용

쯔바 로 타아쎄, Mitzvot lo taaseh, negative commandments, 365)"을 요약하면 다음과 같다.

'미쯔바(מצות, Mitzvot)'란 율법학자에 의해 규정된 계율(commandments)인데 이는 선행, 자선행위, 바른 행동들에 관한 규정으로서 613계명(Hebrew: תרי"ג מצות, romanized: taryag mitzvot, 타리야그 미쯔바, Gematria '타리야그'의 숫자값 613, (tav = 400, raish = 200, yud = 10, and gimel = 3))이 있다.

하라(미쯔바 아쎄) Mitzvot aseh Doing Good	하지 말라(미쯔바 로 타아쎄) Mitzvot lo taaseh Do Not
사랑으로 서로 종노릇하라(5:13) 성령을 좇아 행하라(5:16) 성령의 인도를 받으라(5:18) 자신을 돌아보라(6:1) 짐을 서로 지라(6:2) 그리스도의 법을 성취하라(6:2) 자기의 일을 살피라(6:4) 좋은 것을 함께 하라(6:6) 기회 있는 대로 착한 일을 하라(6:10)	율법에 매이지 말라(5:1) 멸망으로 이끄는 죄를 짓지 말라 (5:15) 서로 격동하고 투기하지 말라(5:26) 시험받지 말라(6:1) 스스로 속이지 말라(6:7) 선을 행하다가 낙심하지 말라(6:9)

모든 그리스도인들은 '오직 믿음'의 바탕 위에 현재형 하나님나라를 누리며 미래형 하나님나라에의 소망(엘피스, ἐλπίς, nf, (from elpō, "to anticipate, welcome") – properly, expectation of what is sure (certain); hope)을 가지고 예수 그리스도의 사랑을 실천하며 살아가야 한다. 교회를 지속적으로 위협하는 악한 영적 세력들에 대하여는 늘 긴장하고 근신하며 깨어 기도해야 한다(벧전 4:7-8, 5:8-10). 동시에 물러서지 말고 말씀으로 대적하면서 위축되지

말고 당당하게 '선한 싸움(딤후 4:7)'을 싸워나가야 한다. '그날까지'.

"만물의 마지막이 가까웠으니 그러므로 너희는 정신을 차리고 근신하여 기도하라 무엇보다도 열심으로 서로 사랑할찌니 사랑은 허다한 죄를 덮느니라"_벧전 4:7-8

"근신하라 깨어라 너희 대적 마귀가 우는 사자같이 두루 다니며 삼킬 자를 찾나니 너희는 믿음을 굳게 하여 저를 대적하라 이는 세상에 있는 너희 형제들도 동일한 고난을 당하는 줄 앎이니라 모든 은혜의 하나님 곧 그리스도 안에서 너희를 부르사 자기의 영원한 영광에 들어가게 하신 이가 잠간 고난을 받은 너희를 친히 온전케 하시며 굳게 하시며 강하게 하시며 터를 견고케 하시리라"_벧전 5:8-10

"내가 선한 싸움을 싸우고 나의 달려갈 길을 마치고 믿음을 지켰으니"_딤후 4:7

특히 '사망의 권세(고후 1:10)', '흑암의 권세(골 1:13)', '간사하고 불의한 자들(시 43:1)', '사악을 행하는 자들(시 59:2)', '거짓되고 궤사한 자들(시 120:2)' 등에 대하여는 항상 긴장의 끈을 늦추지 말아야 한다.

한편 율법에 대한 오해가 그리스도인들에게 만연해 있는데 크게 두 가지를 꼽을 수 있겠다.

첫째는 율법만이 하나님의 계시로 이를 지킴으로 구원을 얻을 수 있다라고 하는 주장이다. 유대주의적 율법주의자들(Judaizers)의 생각으로 온전한 착각이다. 둘째는 율법은 예수님 오신 이후로 더 이상 필요 없다라는 율법폐기론이나 율법 무용론, 심지어는 반(反) 율법적, 무(無) 율법적 태도이다. 결론부터 얘기하면 둘 다 올바른 태도가 아니다.

바울의 시각을 통한 율법에 대한 부정적인 측면과 긍정적인 측면을 묵상해보면 다음과 같다.[9] '부정적'이라고 하여 '나쁘다'라는 의미는 아니다. 율법의 기능을 말하려는 것이다.

율법을 바라보는 바울의 시각(view point)	
부정적인 뉘앙스(nuance)	긍정적인 뉘앙스(nuance)
의롭게 되는 것은 율법으로 되지 않는다. (갈 2:16, 21, 3:11, 롬 3:28)	율법 또한 신령한 것은 사실이다. (롬 7:12)
율법은 약속(언약)보다 후대에 주어졌으며 약속(언약)보다 열등하며 약속(언약)을 폐하지 못한다. (갈 3:15-23)	율법 또한 거룩하다. (롬 7:14)
율법은 죄를 깨닫게 할 뿐이며 죄를 해결하지는 못한다. (롬 3:20, 7:7-8, 고전 15:56)	율법 또한 진리와 지식의 근간이다 (롬 2:20) -〉 율법은 우리를 그리스도 에게로 인도하는 몽학선생이다.(갈 3:24)
율법은 그것을 지키지 못하는 자에게 저주를 선언한다(갈 3:21) -〉 범죄와 죄를 가중시켜(갈 3:19, 롬 5:20, 7:5, 8-13) -〉 저주와 사망에 이르게 한다(롬 7:9-10) -〉 율법은 생명을 가져다주지 못한다.(갈 3:21)	하나님이 모세를 통해 신탁하셨던 율법은 본래는 살리는 것, 곧 생명을 위한 것이었다.(갈 3:12, 롬 7:10, 10:5) 율법은 성령의 열매와 반대되지 않는다.(갈 5:23)
율법은 죄와 사망의 법이다(롬 8:2)	율법은 생명의 성령의 법의 그림자이다(롬 8:2)
율법은 믿음을 통해 폐기되지 않고 오히려 확립(완성)된다(롬 3:31) -〉 율법은 사랑으로 계속 성취되어야 한다(갈 5:14, 롬 13:8, 10) -〉 율법은 성취되어야 할 그리스도의 법이다(갈 6:2) -〉 그리스도는 율법의 마침(완성)이다.(롬 10:4)	
율법에 대해 그리스도인은 죽었다.(갈 3:21) -〉 율법으로부터 그리스도인은 해방되었다.(갈 3:25, 5:1, 롬 7:6)	

---

9   갈라디아서 주석, 이레서원, 최갑종, 2016. p410-411

율법(롬 5:13-20, 갈 2:16-21, 히 7:19-28)은 하나님의 은혜로 모세라는 중보자의 손을 빌어 인간에게 주신 것이다. 그리하여 인간은 그 율법을 통해 죄를 깨닫게 되었고 영원히 저주받을 죄인임을 자각하게 되었다. 이후 구원자이신 예수님의 절대 필요성을 절감하게 된 것이다. 그렇기에 율법은 죄인으로 하여금 예수님께로 인도해가는 초등교사와 같다. 곧 율법은 초등교사의 역할이라는 말이다.

참고로 요한복음 1장 16절의 "은혜 위에 은혜러라"는 말은 율법을 주신 것도 하나님의 은혜이지만 율법을 완성하신 "은혜와 진리 가운데의 예수 그리스도"는 '은혜 위에 은혜(Χάριν ἀντὶ χάριτος, Grace for Grace)'라는 의미이다.

한편 옛 언약을 예표하는 율법과 예수 그리스도 새 언약의 대조를 표를 통해 묵상해보자.

옛 언약인 율법과 예수 그리스도 새 언약의 비교	
옛 언약(율법)	예수 그리스도의 새 언약
옛 언약(율법); 새 언약의 그림자 아담 언약 노아 언약 아브라함 언약 모세언약 다윗언약	새 언약; 옛 언약(율법)의 실체 =예수 그리스도의 새 언약 1)성취-초림 2)완성-재림
시내산 (율법-율법적 행위로 구원) 모세의 율법	시온산 (약속-복음: 은혜, 믿음으로 구원) 예수 그리스도의 생명의 성령의 법
지상의 예루살렘(성전) : 현세적, 현실적 유대인들의 정신적 지주	천상의 예루살렘(하나님나라) : 내세적, 영적 유대인들의 소망
육체를 따라 난 자 : 혈통(선민)으로서의 유대인	약속을 따라 난 자 : 유대인이든 이방인이든 '오직 믿음'으로 구원
계집종의 아들 : 율법의 속박, 종노릇 죄와 사망의 법	자유하는 여인의 아들 : 복음으로 인간을 자유케 함 생명의 성령의 법
율법적 행위, 할례 속박, 멍에, 종 됨 저주, 죽음 육, 죄 세상의 초등원리	복음; 오직 믿음, 은혜, 약속 자유, 유업을 이을 자 생명, 삶, 복 영혼, 의, 그리스도, 성령 사랑의 원리
1)도덕법(moral law); 십계명 2)시민법(civil law); 유대인을 이방인과 구분하는 할례, 음식법, 정결법, 유월절 등 절기 준수 3)제의법(ceremonial law); 번제, 소제, 화목제, 속죄제, 속건제 등	신약; 구약의 율법이 예수 그리스도에 의해 완성되었으나 여전히 신약교회 안에서도 유효함 (예) 1)안식일→주일 2)할례→세례 곧 마음의 할례 3)성전법→'성령의 전'으로서의 거룩과 거룩함으로 살아가기 4)제사→하나님이 기뻐하시는 거룩한 산 제사(예배, 롬 12:1)로

1-1 사람들에게서 난 것도 아니요 사람으로 말미암은 것도 아니요 오직 예수 그리스도와 및 죽은 자 가운데서 그리스도를 살리신 하나님 아버지로 말미암아 사도 된 바울은

"사람들에게서 난 것도 아니요"에서의 '사람들에게서'에 해당하는 헬라어는 우크 아프 안드로폰(οὐκ ἀπ᾽ ἀνθρώπων not from men)인데 이는 '사람들의 권위로부터'라는 의미로서 바울 자신이 사도가 된 '근원이나 출처'가 '사람들' 곧 당시 '예수님의 제자들'로부터가 아니었다라는 말이다. 또한 "사람으로 말미암은 것도 아니요"에서의 '사람으로 말미암은'에 해당하는 헬라어는 우데 디 안드로푸(οὐδὲ δι᾽ ἀνθρώπου nor through man)인데 이는 '사람(사도들의 안수)을 통하여'라는 의미로서 바울 자신의 사도권에 대한 '경로'가 사람이나 사람의 안수를 통한 것이 아니다라는 말이다.

결국 자신의 사도직에 대한 정통성과 정당성은 권위있는 사도들의 안수를 통하여가 아니라 진정한 주권자이신 '예수 그리스도와 하나님께 있다'라는 것을 강하게 주장(고전후 1:1, 엡 1:1, 골 1:1, 딤전후 1:1)하는 것이다.

"오직"에 해당하는 헬라어 알라(ἀλλὰ)는 접속사로서 앞서 언급한 내용 곧 "사람들에게서 난 것도 아니요 사람으로 말미암은 것도 아니요"라는 문장을 받아 부정하는 의미를 강하게 드러내기 위해 사용된 단어이다.

결국 바울의 사도권은 일부 사람들이 음해하듯 사람에게서 비롯된 것이 아니라 예수 그리스도와 그를 살리신 하나님 아버지로부터 말미암은 것이라는 말이다. 더 나아가 사도직을 문제삼아 자신이 전했던 복음을 거부하는 것은 예수 그리스도를 거부하는 것이며 하나님을 대적하는 것(Hendriksen)이라는 의미를 담고 있다.

2 함께 있는 모든 형제로 더불어 갈라디아 여러 교회들에게

"함께 있는 모든 형제"란 바울의 사도권을 인정하는 동역자들과 갈라디아 여러 교회들에 가만히 들어온 유대주의적 율법주의자들에 대해 염려를 함께하는 '동역자들' 모두를 가리킨다.

"여러 교회들에게"라고 복수 명칭을 쓴 것은 돌려가면서 읽는 회람서신(回覽書信, a cicular letter, 골 4:16)임을 시사하는 것이다. 한편 이 구절에서의 "갈라디아" 지역은 '북(北) 갈라디아'라기보다는 '남(南) 갈라디아'인 소아시아 남부지역 즉 비시디아 안디옥, 이고니온, 루스드라, 더베등을 가리키는 것으로 사도바울의 1차 전도 여행지역이었다.

참고로 루스드라에서는 돌에 맞아 죽을 뻔했다가 살아나기도 했다(행 14:19). 더베는 1차 전도여행의 마지막 장소였다. 더베는 바울의 고향인 길리기아의 다소와 아주 가까운 곳에 있었다. 당시 토로스 산맥(타우루스 산맥(山脈), Taurus Mountains)의 골짜기에는 '실리시아의 문(Cilician gate)'이라는 길이 있었는데 이 길을 통해 더베와 다소를 오고 가고 했다. 이 길은 2차와 3차 전도여행 시에 바울이 이용했던 곳이다.

3 우리 하나님 아버지와 주 예수 그리스도로 좇아 은혜와 평강이 있기를 원하노라

"은혜와 평강"은 모든 그리스도인들이 공히 풍성하게 누려야 할 가장 소중한 것이다. 왜냐하면 '평강(샬롬, the Sept. chiefly for שָׁלוֹם; (from Homer down),

에이레네, εἰρήνη, nf)'을 통하여 풍성한 '은혜(카리스, χάρις, nf)'가 주어지며 그 은혜로 인하여 '기쁨(카라, χαρά)'과 '감사(유카리스테오, εὐχαριστέω)'가 넘쳐나게 되기 때문이다.

제사장의 언약적 축복을 말씀하고 있는 민수기 6장 24-27절에도 '은혜와 평강'이라는 표현이 있는데 이는 하나님 아버지와 예수 그리스도께서 영적 이스라엘에게 주실 것이라고 말씀하셨다.

"여호와는 네게 복을 주시고 너를 지키시기를 원하며 여호와는 그 얼굴로 네게 비취사 은혜 베푸시기를 원하며 여호와는 그 얼굴을 네게로 향하여 드사 평강 주시기를 원하노라 할찌니라 하라 그들은 이같이 내 이름으로 이스라엘 자손에게 축복할찌니 내가 그들에게 복을 주리라"_민 6:24-27

"은혜(Χάρις)"란 '하나님의 사랑으로 인한 예수 그리스도의 은혜'의 줄임말이다. 즉 성부하나님의 구속 계획에 따라 독생자 예수 그리스도를 주셔서 십자가 보혈로 인해 구속 계획을 성취(초림)하신 것을 말하며 그 구속의 결과 구원을 얻게 된 은총을 가리킨다. 그 은혜의 특징은 '풍성함', '값없이', '대가 없이', '무조건'이다.

"평강(שָׁלוֹם, εἰρήνη)"은 하나님과의 바른 관계와 친밀한 교제를 의미하며 더 나아가 예수 그리스도와의 하나 됨(영접, 연합)과 하나님 안에서의 안식을 누림, 하나님 안에서만 견고함, 번영(prosperity, 가시적 번영 포함, 겔 36:37)을 누림, 평화로움(peace (God's gift of wholeness))이라는 다양하면서도 주요한 의미가 담겨있다.

한편 은혜(카리스, Χάρις)라는 헬라어로부터 파생된 두 단어가 있는데 '기쁨(카라)'과 '감사(유카리스테오)'이다. 이는 우리를 향하신 하나님의 뜻(살전 5:16-18)을 선명하게 알게 하는 귀한 단어이다.

"항상 기뻐하라 쉬지말고 기도하라 범사에 감사하라 이는 그리스도 예수 안에서 너희를 향하신 하나님의 뜻이니라" _살전 5:16-18

결국 우리를 향하신 하나님의 뜻(델레마 데우)은 명확하다. 기쁨으로 살아가고 풍성한 감사 가운데 살아가는 것이다. 더 나아가 기도의 특권을 누리며 살아가는 것이다. 이는 모든 그리스도인들이 한번 인생에서 누려야 할 복된 삶의 내용이기도 하다.

그리스도인들이 '진정한 기쁨(카라, χαρά)'과 '그리 아니하실지라도, 그럼에도 불구하고 범사에 감사(유카리스테오, εὐχαριστέω)' 속에 살아가게 되는 것은 그리스도인들만이 누릴 수 있는 복이요 그리스도인에게만 주어진 신비(mystery)이기도 하다.

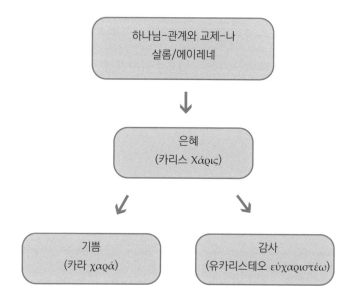

상기 도식에서 '기쁨'의 헬라어 카라[10](χαρά/χαίρω, v)는 기독교인들이 지향해야 할 소중한 단어 중의 하나이다. 그리스도인들의 용어는 '편안'이 아닌 '평안'이며 '재미'가 아닌 '기쁨'이고 '부요함'이 아니라 '풍성함'이다. 참고로 나만 가지고 있고 남보다 더 많이 소유한 상태를 가리켜 '부요함'이라고 한다면 내 것을 아낌없이 빌려주고 나눠주는 상태를 가리켜 '풍성함'이 넘쳐난다라고 말한다.

모든 그리스도인들은 유한된 일회 인생을 살아감에 있어서 '재미'에의 추구가 아니라 '기쁨'에의 추구가 핵심가치(Core Value)가 되어야 한다. 사람은 핵심가치에 따라 우선순위(Priority)가 정해지기 때문이다. 즉 그리스도인들의 삶은 비록 육신적, 세상적으로 보기에 재미없어 보인다 할지라도 그 삶에 기쁨과 감사가 넘쳐나는 구별됨이 있어야 한다라는 것이다.

참고로 '기쁨'에 관련된 히브리어가 있는데 바로 '헵시바(사 62:4, 왕하 21:1)'이다. 헵시바(הֶפְצִי בָהּ, "my delight is in her", a name for Zion, also the mother of King Manasseh)는 헤페쯔(חֵפֶץ, nm, delight, pleasure)에서 파생되었고 이는 다시 동사 하페쯔(חָפֵץ, v, to delight in, desire)에서 파생되었다.

상기 도식의 또 다른 단어인 '감사하다'의 헬라어는 유카리스테오[11](εὐχαριστέω, v)이다. 앞서 언급했듯이 은혜(카리스)라는 단어에서 파생된 두

---

10 카라(χαρά/χαίρω, v, to rejoice, be glad, (from the root xar-, "favorably disposed, leaning towards" and cognate with /xáris, "grace") - properly, to delight in God's grace ("rejoice") - literally, to experience God's grace (favor), be conscious (glad) for His grace.)

11 유카리스테오(εὐχαριστέω, v, to be thankful, (from /eú, "good" and /xaris, "grace") - properly, acknowledging that "God's grace works well," i.e. for our eternal gain and His glory; to give thanks - literally, "thankful for God's good grace.")

단어가 기쁨(카라)과 감사(유카리스테오)라고 했다. 이 둘을 연결하면 하나님께서 거저주시는 풍성한 은혜 속에서 기쁨과 감사는 점점 더 넘쳐나게 된다라는 의미가 된다. 그러므로 풍성한 은혜 속에 살아가면 우리를 둘러싼 삶에서는 기쁨과 감사가 충만하게 된다.

한편 하나님께서 부어주시는 은혜는 하나님과 우리 사이가 '샬롬'의 관계 곧 '바른 관계와 친밀한 교제' 가운데 있을 때에 더욱더 풍성해진다라는 것이다. 그 은혜는 '값없이', '대가 없이', '공짜로', '풍성하게', '무한정'으로 주어진다. 결국 풍성하게 받은 그 은혜로 인해 우리의 삶에서는 항상 기뻐함과 범사에 감사함이 넘쳐나게 될 것이다.

이 구절에서 우리가 주목해야 할 단어가 있는데 예수 그리스도에 대해 "주(אֲדֹנָי, κύριος)"라고 지칭한 것이다. 구약에서는 성부하나님을 '주'라고 지칭했는데 이의 헬라어가 아도나이(אֲדֹנָי)이다. 결국 구원자 예수님은 삼위일체 하나님으로서 존재론적 동질성(Essential Equality)의 하나님이라는 의미이다.

4 그리스도께서 하나님 곧 우리 아버지의 뜻을 따라 이 악한 세대에서 우리를 건지시려고 우리 죄를 위하여 자기 몸을 드리셨으니

이는 유대주의적 율법주의에 대한 반론이자 예수 그리스도의 십자가 복음(대속 죽음)을 명확하게 드러낸 구절이다.

아버지의 그 '뜻'에 해당하는 헬라어는 토 델레마 투 데우(τὸ θέλημα τοῦ Θεοῦ, the Will of the God)인데 '하나님의 뜻'은 갈라디아서 전체에 선명하게 드러나 있다. 즉 우리를 향한 구속 계획이 성부하나님의 뜻인 것이다. 그렇기에 구원자 예수(이에수스)가 성부하나님의 '유일한 기름 부음' 받은 자, 곧 그리스도(크리스토스) 메시야(마쉬아흐)로 이 땅에(성육신으로, Incarnation) 오셨고 십자가 보혈이라는 대가지불(속량(贖良), redemption)을 통해 구속(救贖, redemption)을 성취(다 이루셨다, 테텔레스타이)하셨다. 그 결과 우리에게 구원(救援, salvation)이 주어진 것이다. 이 구절에서는 그 '바른 복음'의 수혜자가 갈라디아 교인(1:6)이라는 것이며 그 '바른 복음'의 전달자가 바울이라는 것(1:15-16)을 함의하고 있다.

참고로 3장에는 아브라함을 의롭다 하시고 그와 아브라함 언약(3중 언약; 정식 언약, 횃불 언약, 할례 언약, 〈복음은 삶을 선명하게 한다〉 참고)을 맺은 후 '아브라함의 믿음'을 통해 이방인에게도 복을 주시기로 작정하신 '하나님의 뜻'에 관한 말씀이 있다. 놀라운 은혜이다. 하나님은 작정(decree)과 예정(predestination)을 따라[12] 당신의 섭리(providence)와 경륜(dispensation, Administration)으로 때가 되매 독생자를 보내시고 예수 그리스도의 새 언약을 성취(초림으로)하셨다. 이후 아들의 영(진리의 영, 예수의 영, 성령하나님, 또 다른 보혜사)을 우리 마음 가운데로 보내셔서(4:4-7) 우리의 주인 되게 하셨고 그 이후 우리는 성전 즉 현재형 하나님나라가 되어(고전 3:16-17) 영생 가운데 하나님나라를 누리게 된 것이다.

12　하나님의 섭리(providence)란 작정, 예정이 성취되기 위한 하나님의 간섭과 열심을 말하며 경륜(dispensation)이란 목적과 방향이 있는 특별한 섭리로서 섭리는 경륜보다 큰 개념이다. 작정(decree)이란 창조, 타락, 구속, 완성이라는 성경적 세계관 전체의 하나님의 청사진이며 예정(predestination)은 작정이 성취되기 위해 하나님의 백성들의 구원이 성취되는 것이다. cf. 〈요한복음 장편주석〉, 이선일

한편 "이 악한 세대"에 해당하는 헬라어는 투 아이오노스 투 에네스토토스 포네루(τοῦ αἰῶνος τοῦ ἐνεστῶτος πονηροῦ)인데 이는 '존재하고 있는 이 악한 세대'를 가리키고 있다. 즉 '복음을 거부하는 이 세상의 패역한 상태'를 의미한다. 이는 '약하고 천한 초등학문(4:3, 9)'이나 '율법의 저주', '종의 멍에(3:13, 5:1) 아래 있는 상태'를 상징하기도 한다.

참고로 '이 세상과 오는 세상'은 구별(막 10:30, 눅 20:34-35, 17장, 요 14장)할 수 있어야 한다. 먼저 '이 세상'이 가리키는 것은 두 가지이다.

첫째는 '예수를 믿지 않는 세상' 곧 '불의하거나 패역한 세상'을 가리키며(마 17:17, 눅 16:8) 그들을 가리켜 '현재형 지옥'을 살아간다라고 말한다. 둘째는 예수를 믿어 내주 하시는 성령님께 온전한 주권을 드리고 그분의 통치하심과 질서, 지배를 따라 살아가는 세상으로 그들을 가리켜 '현재형 하나님나라'를 살아간다라고 한다. 결국 '이 세상'이라는 말은 '현재형 지옥'이나 '현재형 하나님나라'를 지칭하는 것으로 불신자들은 현재형 지옥을, 그리스도인들은 현재형 하나님나라를 살아가는 것이라는 말이다.

한편 '오는 세상'이 가리키는 것 또한 둘로 나눌 수 있다. 예수를 믿지 않았던 사람들이 가게 될 '오는 세상'이란 '미래형 지옥'으로서 '불과 유황으로 타는 못(계 21:8)', '둘째사망 곧 불못(계 20:14)'을 말하는 반면에 예수를 믿어 구원을 얻은 사람들이 가게 될 '오는 세상'은 '미래형 하나님나라(요 14:2-4)' 곧 '거룩한 성 새 예루살렘(계 21:2-7)', '하나님의 장막(계 21:3)'을 가리킨다.

결국 불신자는 현재형 지옥에서 육신적 죽음 후 다시 부활되어 미래형 지옥으로 가서 영벌(유황불못 심판, 영원한 죽음, 계 20:10-15)을 당하게 되지만 그리스도인들은 성령님의 주권, 통치, 질서, 지배 하에서 현재형 하나님나라를 누리다가 '육신적 죽음'이라는 '이동(옮김, 아날뤼시스)'을 통해 분명한 장소 개념인 미래형 하나님나라로 옮겨져서 삼위하나님과 더불어 부활체(고전 15:42-44)로 영생을 누리게 된다라는 것이다.

"건지다"의 헬라어는 에크사이레오[13](ἐξαιρέω, v)인데 이는 '잡아 빼어내다, 구출하다'라는 의미이다. 곧 하나님은 예수 그리스도를 통해 우리를 이 악한 세상에서 잡아 빼어냄으로 구출하셨다라는 말이다.

이 구절 전체를 길게 한 문장으로 해석하면, 성부하나님의 유일한 기름부음 받은 자이신 그리스도께서 '구속 성취'를 위해 성육신하셔서 성부하나님의 뜻 곧 '구속 계획'을 이루기 위해 영적 죽음(영적 사망, 영별)의 상태에 있는 인간들 가운데 만세 전에 하나님의 은혜로 택정함을 입은 우리(그리스도인들)를 건지시려고 우리 죄를 '대신하여(휘페르)' 값을 주고 도로 사시기 위해(속량) 자기 몸(대속제물, 화목제물)을 십자가 보혈로 드리셨다라는 것이다.

5 영광이 저에게 세세토록 있을찌어다 아멘

---

13 에크사이레오(ἐξαιρέω, v, ek, "completely out from," intensifying /hairéomai, "personally choose, prefer") - properly, remove completely ("totally out from"), i.e. bring into a "complete rescue (full removal))

"영광"이란 헬라어로 독사[14](δόξα)인데 이는 이중적 의미를 가진다. 첫째는 우리가 하나님의 능력과 속성, 성품을 이 땅에 나타내는 것으로 '하나님의 하나님되심을 드러내는 것'을 말한다. 둘째는 '하나님께 찬양과 경배를 올려드림'을 의미한다. 그러므로 '하나님께 영광'이라는 말은 우리가 마음껏 하나님을 찬양하고 경배하는 것과 나를 통해 하나님의 하나님되심을 이 땅에 드러내는 것을 말한다.

우리는 예수 그리스도의 십자가 보혈로 구원받은 후 영적 부활된 상태로 지금도 영생을 누리고 있으며 앞으로도 영원히 영생을 누리게 된다. 그런 우리는 당연히 지금부터 영원까지 삼위하나님께만 영광(Soli Deo Gloria)을 올려드려야 한다. 그렇기에 바울 사도의 "영광이 그에게 세세토록 있을찌어다 아멘"이라는 고백은 너무나 당연한 것이고 마땅히 오늘의 우리도 그렇게 고백하고 외쳐야 할 아름다운 외침(영광송 doxology)이다.

참고로 "아멘"이라는 단어는 히브리어나 헬라어 음역이 동일한데 헬라어로는 아멘[15](ἀμήν)이며 히브리어로는 아멘(אָמֵן)인데 특히 히브리어 아멘(אָמֵן)은 동사 아만(אָמַן to confirm, support)에서 유래되었다. '아멘'은 구약에서는 '서약이나 선언' 시에 사용(민 5:22, 신 27:15-26)되었고 신약에서는 '예수님 말씀의 신실성'을 나타낼 때(마 6:2, 5, 요 1:51)에 사용되었다. 오늘날에는 역대상 16장 36절의 경우처럼 '기도에 대한 응답 표현'으로 사용되

---

14 독사(δόξα, hornor, glory, an especially divine quality, God's infinite, intrinsic worth (substance, essence), the unspoken manifestation of God, splendor)

15 헬라어로는 아멘(ἀμήν, (amén) is usually translated "amen," and sometimes "verily," "of a truth," "most assuredly," "so let it be.")

고 있다.

"여호와 이스라엘의 하나님을 영원부터 영원까지 송축할찌로다 하매 모든 백성이 아멘하고 여호와를 찬양하였더라" _대상 16:36

6 그리스도의 은혜로 너희를 부르신 이를 이같이 속히 떠나 다른 복음 좇는 것을 내가 이상히 여기노라

이 구절의 서두에서는 성부 하나님께서 예수 그리스도를 통해 즉 '예수 그리스도의 은혜'로 영 죽을 뻔한, 죄인되었던 하나님의 자녀들을 부르셨다(롬 4:17, 살전 2:12, 살후 2:14)라고 밝히고 있다.

성부 하나님은 당신의 '유일한 기름부음' 받은 자, 그리스도 메시야이신 구원자 예수님을 보내셔서 그 예수님을 '오직 믿음'으로 구원이 되는 '바른 복음'을 허락하셨다. 이를 붙들고 살아가야 함에도 불구하고 갈라디아 교인들이 너무나 빨리 '다른 복음'으로 가 버린 것에 대하여 사도 바울은 책망하고 있는 것이다.

구약시대에는 율법을 통해 당신의 백성들을 부르시고 구별하셨다면 신약시대에는 예수 그리스도께서 직접 온전한 희생제물이 되셔서 율법을 완성하신 후 '오직 믿음'을 통해 누구든지 당신의 은혜 가운데로 와서 구원을 얻게 하셨다.

참고로 예수님은 율법을 '행하러' 온 분이 아니라 율법을 '완성(성취)하러' 오신 하나님이시다. 그 예수님은 율법을 뛰어넘어 율법의 본래 의미를 완벽하게 완성(성취, 요 1:16)하셨다. 이('예수 그리스도 새 언약의 성취')를 가리켜

R. Deines는 '기독론적, 구원사적, 종말론적 의미를 지닌다'라고 표현했다.[16]

한편 1장에는 "다른 복음(1:6, 7, 8, 9)"이라는 말이 4번이나 반복되어 나오는데 헬라어로는 헤테론 유앙겔리온(ἕτερον εὐαγγέλιον, a different gospel)이라고 한다. 이는 근본적으로 이질적인 복음, 즉 이단사상을 가리키는 것으로 예수 그리스도의 십자가 구속을 무시하고 자기 의, 율법적 의(혈통 즉 할례와 더불어 율법 준수 곧 계명과 절기 준수 등등)를 통해 구원을 얻을 수 있다라고 거짓되이 속삭이는 유대주의적 율법주의를 말한다.

다시 말하면 '다른 복음'이란, 구원에 이르기 위해서는 예수를 믿는 것만으로는 부족하며 유대인의 할례와 모세의 율법 준수, 계명 준수, 유대적인 절기 준수가 더해져야만 혈통적 유대인 즉 아브라함의 참된 후손이 된다라는 것(1:6-9, 2:3-4, 3:1, 5:7-12, 6:12-13, 행 15:1)이다. '누이 좋고 매부 좋다'라는 식이다. 이렇게 양다리를 걸치는 것은 오직 예수 그리스도를 믿음(복음에 대한 믿음과 성령세례)으로 구원받아 하나님의 백성이 되었던 '자유와 은혜의 복음'을 저버리는 것이 된다.

거짓 순회전도자들은 특히 아브라함의 할례 받은 행위(창 17:9-14)를 예로 들면서 구원의 완성 즉 '진정한 아브라함의 후손이 되려면' 예수 그리스도를 믿는 믿음에 더하여 할례와 율법 준수, 절기 준수, 계명 준수 등등이 필요하다라고 하며 거짓 주장(율법이라는 수단을 통해 의와 구원을 추구하는 율법주의, 행 15:1, 롬 9:30-10:3)으로 저들을 유혹했다. 이는 '누가' 아브라함의 후

---

16 갈라디아서 주석, 이레서원, 최갑종, 2016. p403 재인용

손이 될 수 있는가와 '어떻게' 아브라함의 후손이 될 수 있는가에 대한 답을 비틀어버린 것이다.

특히 유대주의적 율법주의자들은 아브라함의 '할례' 받음(창 17장)과 독자 이삭을 '제물'로 바친 것(창 22장)을 매번 쎄게 강조('오직 믿음'보다는 할례를 받고 이삭을 제물로 드린 것을 더 강조)했다. 그러다보니 정작 모세에게 신탁하셨던 율법(BC 1,500년) 훨씬 이전에 창세기 15장 6절에서 "아브라함이 하나님을 믿으매 하나님이 그것을 그에게 의로 정하셨다"라는 말씀(BC 2.000년)은 간과하고 있었던 것이다. 이 말은 하나님의 백성이 되는 기준은 '할례와 율법 준수, 계명 준수, 절기 준수'가 아니라 하나님이 여겨주시는 '오직 믿음(Sola Fide, 갈 2:16, 롬 3:21)', '오직 은혜(Sola Gratia)'라는 것이다.

분명한 것은 예수 그리스도를 '오직 믿음'으로 구원받았다고 하여 '값싼 복음'으로 치부해서는 안 된다라는 것이다. '복음'에는 하나님이신 예수 그리스도의 성육신(빌 2:5-8, Incarnation)과 더불어 공생애 전(前)까지 인성으로서 모든 것에 순종하고 배우심(히 5:7-9, Messianic Secret), 십자가 보혈이라는 엄청난 대가 지불이 있다. 곧 '복음'에는 예수 그리스도의 '전(全)생애적 고난과 희생', 즉 예수님의 '피와 생명'이 전제되어 있음을 알아야 한다.

그렇기에 '오직 믿음'으로 구원을 얻은 것은 인간의 편에서는 하나님의 '전적인' 은혜이자 '측량할 수 없는' 무궁무진(無窮無盡)한 은혜이지만 하나님의 편에서는 엄청난 대가 지불이었다. 이런 사실 앞에 우리는 그저 감사와 더불어 삼위하나님께 찬양과 경배를 드려야 마땅한 것이다. 복음에 무엇인가를 덧붙이려는 시도는 정금(正金)에다가 불순물을 첨가하는 짓일 뿐이다.

참고로 '극단적인 놀람과 충격'을 의미하는 "이상히 여기다"에 해당하는 헬라어는 다우마조[17](θαυμάζω)인데 이 구절에서는 '책망하다, 견책하다'라는 의미로 사용되었다. 결국 다른 복음을 좇아간 갈라디아 교인들을 향한 놀람과 충격을 드러내며 그들을 책망하고 있는 것이다.

7 다른 복음은 없나니 다만 어떤 사람들이 너희를 요란케 하여 그리스도의 복음을 변하려 함이라

"다른 복음은 없나니"에 해당하는 헬라어는 호 우크 에스틴 알로(ὃ οὐκ ἔστιν ἄλλο, which not is another)인데 이는 '바른 복음은 결코 다른 복음으로 대치될 수 없다'라는 의미이다. 여기서 "다른"의 헬라어는 알로(ἄλλο, another)인데 이는 '비슷한 듯 하나 같지 않은 것(állos, a primitive word) - another of the same kind; another of a similar type)', '처음은 비슷하나 끝이 다른 것' 곧 '이단(異端, heresy)'을 가리킨다.

"어떤 사람들"이란 거짓 순회전도자인 유대주의적 율법주의자들을 가리키는 것으로 예수 그리스도의 복음보다 율법적 행위(할례)의 중요성을 강조하던, 그리하여 참된 복음을 변질시켰던 이단자들을 가리킨다.

---

17 다우마조(θαυμάζω, (a) intrans: I wonder, marvel, (b) trans: I wonder at, admire/ (from 2295 /thaúma, "a wonder, marvel") - properly, wonder at, be amazed (marvel), i.e. astonished out of one's senses; awestruck, "wondering very greatly" (Souter); to cause "wonder; . . . to regard with amazement, and with a suggestion of beginning to speculate on the matter" (WS, 225))

미혹하려는 그들을 가리켜 "요란케 하는 자들(1:7)", "요동케 하는 자들(5:7)", "어지럽게 하는 자들(5:12)"이라고 바울은 갈라디아서에서 여러 번 반복하여 쎄게 저격했다. 그들은 순전한 갈라디아 교인들을 선동하여 바울의 사도직에 대한 의구심을 통해 바울이 전한 '바른 복음'의 권위와 정당성마저 무너뜨렸다. 그리고는 자신들이 전하고자 하는 '거짓 복음, 다른 복음'을 따르게 했다.

예나 지금이나 이단들은 그리스도의 복음을 변질시켜 종국적으로는 교회를 분리시키거나 파괴해 버린다. 그러므로 어떤 사람이나 단체가 정당한지의 여부를 분별하는 것은 자명하다. 가령 어떤 사람이나 단체가 교회 공동체에 들어갔을 때 교회가 예수님 안에서 하나가 되고 질적, 양적인 부흥이 되면 오케이(O.K)이다. 반대로 겉으로는 그럴싸하나 교회가 분열되거나 교인들 간에 서로 반목이 생기고 질서가 무너지는 것을 보면 그것은 불문가지(不問可知)로 '가짜요 이단'이라는 확실한 증거이다.

"요란(搖亂, 흔들 요)케 하다"에 해당하는 헬라어는 타라쏘(ταράσσω, v)인데 이는 '미혹케(계 20:10, πλανάω, v, 프라나오)하다'라는 말과 상통한다.[18]

"예수 그리스도의 복음"이란 '하나님의 아들의 복음(롬 1:9)'으로서 예수님만이 하나님께서 구약성경을 통해 보내시마 약속하셨던 '그리스도, 메시야'로서 진정한 하나님의 아들이시요 왕이자 구원자, 역사의 주관자,

---

18 타라쏘(ταράσσω, v, properly, put in motion (to agitate back-and-forth, shake to-and-fro); (figuratively) to set in motion what needs to remain still (at ease); to "trouble" ("agitate"), causing inner perplexity (emotional agitation) from getting too stirred up inside ("upset"))는 '미혹케(계 20:10, πλανάω, v, properly, go astray, get off-course; to deviate from the correct path (circuit, course), roaming into error, wandering; (passive) be misled) 하다'라는 말과 상통한다.

승리주, 심판주라는 것이다.

때가 되매 성육신하신 예수님께서 십자가 대속 죽음과 부활을 통해 죄와 죽음, 어두움의 세력을 정복(무저갱에 가두어 버림, 계 20:3)하셨다. 이후 하나님께서 약속하신 종말론적 구원의 시대 즉 예수 그리스도를 통해 세상 모든 민족이 구원의 복을 누리게 되는 새 시대가 도래하였다. 그 예수님은 장차 재림하셔서 모든 것을 심판(백보좌 심판, 계 20:11)하신 후 재창조(첫 창조 곧 에덴의 회복)를 통해 완성하실 것인데 이를 '예수 그리스도의 복음, 하나님의 아들의 복음'이라고 한다.

"변하려 함이라"에 해당하는 헬라어는 델론테스 메타스트레프사이(θέλοντες μεταστρέψαι)인데 이는 '뒤집어 엎으려고 하다'라는 의미로서 델로(θέλω, hélō (a primitive verb, NAS dictionary) – to desire (wish, will), wanting what is best (optimal) because someone is ready and willing to act.)와 메타스트레포(μετα στρέφω, to turn (about), to pervert)의 합성어이다. 참고로 메타스트레포[19](μεταστρέφω)는 메타(μετά)와 스트레포(στρέφω, to turn (transition))의 합성어이다.

8 그러나 우리나 혹 하늘로부터 온 천사라도 우리가 너희에게 전한 복음 외에

---

19 메타스트레포(μεταστρέφω)는 메타(μετά, metá (a preposition) - properly, with ("after with"), implying "change afterward" (i.e. what results after the activity). As an active "with," (metá) looks towards the after-effect (change, result) which is only defined by the context)와 스트레포(στρέφω, properly, to turn (transition); (figuratively) to convert by changing (switching) direction, i.e. go the other way (an "about-face"); taking an opposite or divergent course)의 합성어이다.

다른 복음을 전하면 저주를 받을찌어다 9 우리가 전에 말하였거니와 내가 지금 다시 말하노니 만일 누구든지 너희의 받은 것 외에 다른 복음을 전하면 저주를 받을찌어다

8-9절에서 "저주"를 두 번 반복하여 말한 것은 '저주'를 강조하기 위함이다. 원래 '저주'라는 헬라어는 아나데마[20]($\dot{\alpha}\nu\dot{\alpha}\theta\varepsilon\mu\alpha$)이다. 이는 '하나님께 바쳐지기 위해 구별되다'라는 의미로서 결과적으로 '하나님께 바쳐진 것은 인간이 다시 취할 수 없다'라는 의미이기에 '인간의 편'에서 보면 '절망적'이어서 '지독한 저주'라는 의미로 사용되었다.

"천사라도"라고 하면서 '천사'를 저주의 대상에 끌어들인 이유는 당시 갈라디아 지방에서 유대주의자들(Judaizers)은 마치 천사가 인간에게 율법을 허락이라도 한 것처럼 가르쳤기 때문이다(Cole). 그러나 사실(fact, 팩트)은 하나님께서 천사의 손을 빌어 중보자인 모세에게 '하나님이 주신' 것으로 천사는 그 율법을 전달한 것(갈 3:19)일 뿐이다. 그렇기에 바울은 비록 천사가 율법을 전달한 그 부분에 일정 역할을 감당했다고 할지라도 '바른 복음'의 핵심을 왜곡하면 그 천사조차도 저주를 면할 수 없다는 것을 강조하고 있는 것이다. 즉 복음을 변질시키는 그 어떤 행위도 결단코 용서받을 수 없는 큰 죄라는 것이다.

---

20 아나데마($\dot{\alpha}\nu\dot{\alpha}\theta\varepsilon\mu\alpha$, that which is laid up, a votive **offering/aná,** "up" concluding a process, which intensifies /títhēmi, "to place") – properly, place up, referring to something pledged (given up) to destruction; a divine curse/ban ("accursed"); an "oath-curse.")이며 히브리어는 헤렘(חֵרֶם, a thing devoted to God without hope of being redeemed, and, if an animal, to be slain(레 27:28-29))

10 이제 내가 사람들에게 좋게 하랴 하나님께 좋게 하랴 사람들에게 기쁨을 구하랴 내가 지금까지 사람의 기쁨을 구하는 것이었더면 그리스도의 종이 아니니라

"이제 내가 사람들에게 좋게 하랴 하나님께 좋게 하랴"라는 말은 수사학적 질문[21]으로 바울이 강조하고자 하는 말의 효과를 극대화하기 위한 것이다. 곧 이것이냐 저것이냐 양단 간에 확실한 선택을 하라는 촉구가 담겨있다. 결국 하나님을 기쁘게 하는 일과 사람을 기쁘게 하는 일은 결코 '양립(兩立)할 수 없음'을 강조한 것이다. 한편 이 구절에서의 '하나님'이란 바울이 전한 '바른 복음'을, '사람'이란 유대주의자들(Judaizers)이 전한 '거짓 복음, 다른 복음'을 상징하고 있다.

바울은 매사 매 순간 하나님의 뜻(델레마 데우)을 따라 하나님의 기쁨이 되려는 삶(살전 2:4)에만 최고의 핵심가치와 우선순위를 두었고 회심 이후 모든 순간을 '복음과 십자가'에만 관심과 초점을 두고 치열하게 살았다.

"오직 하나님의 옳게 여기심을 입어 복음 전할 부탁을 받았으니 우리가 이와 같이 말함은 사람을 기쁘게 하려 함이 아니요 오직 우리 마음을 감찰하시는 하나님을 기쁘시게 하려 함이라"_살전 2:4

"나의 달려갈 길과 주 예수께 받은 사명 곧 하나님의 은혜의 복음을 증거하는 일을 마치려 함에는 나의 생명조차 조금도 귀한 것으로 여기지 아니하노라"_행 20:24

---

21 설득을 위한 의미전달의 효과를 극대화하기 위한 질문

"내가 복음을 위하여 모든 것을 행함은 복음에 참예하고자 함이라"_고전 9:23

"그러나 무엇이든지 내게 유익하던 것을 내가 그리스도를 위하여 다 해로 여길 뿐더러 또한 모든 것을 해로 여김은 내 주 그리스도 예수를 아는 지식이 가장 고상함을 인함이라 내가 그를 위하여 모든 것을 잃어버리고 배설물로 여김은 그리스도를 얻고 그 안에서 발견되려 함이니 내가 가진 의는 율법에서 난 것이 아니요 오직 그리스도를 믿음으로 말미암은 것이니 곧 믿음으로 하나님께 난 의라"_빌 3:7-9

그렇기에 만약 바울이 세상과 적당하게 타협하면서 힐렐 학파의 가말리엘 문하(행 22:3)의 수장으로 바리새인으로 계속 남았다면 유대인들로부터 모함이나 적대적인 취급은 안 받았을 것이다. 그러나 그렇게 살아가는 것은 '사람의 기쁨을 구하는 것'이며 더 나아가 하나님의 기쁨도 아니고 아버지 하나님의 뜻도 아니었음을 분명히 밝히고 있다.

바울은 "아무쪼록 몇 사람이라도 더 구원하고자(고전 9:19-23, 10:33)" 유대인들에게는 유대인처럼, 약한 자들에게는 약한 자처럼, 율법 없는 자들에게는 율법 없는 자와 같이(고전 9:20-22) 되었다라고 고백하고 있다. 왜냐하면 바울의 최대 관심은 오직 '영혼 구원'뿐이었기 때문이다.

"내가 모든 사람에게 자유하였으나 스스로 모든 사람에게 종이 된 것은 더 많은 사람을 얻고자 함이라"_고전 9:19

"나와 같이 모든 일에 모든 사람을 기쁘게 하여 나의 유익을 구치 아니하고 많은 사람의 유익을 구하여 저희로 구원을 얻게 하라"_고전 10:33

'영혼 구원'에 대한 바울의 관심은 고린도전서 9장의 음식법이나 사도행전 21장 17-26절의 정결례 등에도 잘 나타나있다. 그는 '영혼 구원'을 위해 '바른 복음' 곧 '오직 믿음'만을 강조했다. 바울은 당시 율법을 모르던 이방인들에게 유대인의 율법을 전혀 강요하지 않았다.

한편 유대인들은 바울의 말(고전 9:19-23, 10:33)을 살짝 비틀어 자신들의 율법적 행위를 정당화했다. 바울은 그런 그들의 정체를 폭로하며 그들을 향해 실상 '바른 복음'과는 전혀 관계가 없는 자들이라고 강하게 지적하고 있다. 또한 그들이야말로 '진리' 곧 '바른 복음'의 문제에 있어 사람들의 눈치만 살피고 사람들의 기쁨에만 관심이 있는 자들이라고 질타하고 있다.

"(기쁨을) 구하랴, (기쁨을) 구하는"에서 '구하다'에 해당하는 헬라어는 페이도[22](πείθω, v)인데 이는 '~를 설득하다'라는 의미이다. 참고로 '사람을 만족시키고 사람을 기쁘게 하다' 곧 '사람의 기쁨을 구하다'에 해당하는 헬라어는 제토 안드로포이스 아레스케인(ζητῶ ἀνθρώποις ἀρέσκειν, Do I seek men to please)이다.

"종"이란 헬라어로 둘로스[23](δοῦλος, adj, nf, nm)인데 이는 '자신의 의지를 접고 주인의 의사에 복종하여 움직이는 자'를 말한다. 더 나아가 자신에 대한 주인의 '생사여탈권'까지도 인정하는 자를 가리킨다. 그러므로 이 구절에서 사용된 '종'이라는 헬라어 '둘로스'는 종이라기 보다는 '노예'

---

22 페이도(πείθω, v, to persuade, to have confidence/**peíthō(the root of pístis, "faith")** - to persuade; (passive) be persuaded of what is trustworthy)

23 둘로스(δοῦλος, adj, nf, nm, (a) (as adj.) enslaved, (b) (as noun) a (male) slave (a masculine noun of uncertain derivation) - properly, someone who belongs to another; a bond-slave, without any ownership rights of their own. Ironically)

라는 의미가 더 가깝다.

　참고로 노예, 종이라는 의미의 또 다른 헬라어[24]로는 디아코노스(고전 3:5, διάκονος, nf, nm), 오이코노모스(고전 4:1-2, οἰκονόμος, nm), 휘페레타스(고전 4:2, ὑπηρέτης, nm)가 있다.

11 형제들아 사람들에게 좋게 하랴 하나님께 좋게 하랴 내가 너희에게 알게 하노니 내가 전한 복음이 사람의 뜻을 따라 된 것이 아니라

　"형제들"이란 헬라어로 아델포스(ἀδελφός, a brother, member of the same religious community, especially a fellow-Christian)인데 이는 같은 (육신적)혈통뿐만 아니라 예수 그리스도 안에서 한 형제 된(롬 12:5, 엡 3:6, 마 12:50) 모든 동역자들(고후 1:1)을 다 지칭하는 단어이다.

　"내가 전한 복음"에 해당하는 헬라어는 토 유앙겔리온 토 유앙겔리스덴 휘프 에무(τὸ εὐαγγέλιον τὸ εὐαγγελισθ ἐν ὑπ' ἐμοῦ, the Gospel having been preached by me)인데 이는 '나로 말미암아 전해진 복음'이라는 의미로 나는 하나님의 뜻인 '바른 복음'을 전달하는 '일꾼'에 불과하다는 것을 드러낸

24　디아코노스(고전 3:5, διάκονος, nf, nm)는 a waiter, servant; then of any one who performs any service, an administrator/(from 1223 /diá, "thoroughly" and konis, "dust") - properly, "thoroughly raise up dust by moving in a hurry, and so to minister" (WP, 1, 162); ministry (sacred service))이고 오이코노모스(고전 4:1-2, οἰκονόμος, nm)는 a household manager, a steward, guardian/(from 3624 /oíkos, "house, household" and nemō, "to allot, apportion") - properly, a steward (literally, "household-manager"). See 3622 (oikonomia))이며 휘페레타스(고전 4:2, ὑπηρέτης, nm)는 a servant, an attendant, (a) an officer, lictor, (b) an attendant in a synagogue, (c) a minister of the gospel/(from 5259 /hypó, "under" and ēressō, "to row") - properly, a rower (a crewman on a boat), an "under-rower" who mans the oars on a lower deck; (figuratively) a subordinate executing official orders, i.e. operating under direct (specific) orders)이다.

말이다.

10절에서는 내가 전파했던 '바른 복음'은 사람들의 환심을 사기 위해 그들의 입맛에 맞추려는 것도 아니었고 사람에게 좋게 보이려는 것도 아니었음을 밝히고 있다. 더 나아가 사람들의 기쁨을 구하는 것은 더더욱 아님을 밝히고 있다. 그러면서 동시에 11절에서는 자신의 분명한 정체성을 밝히고 있다. 곧 나는 하나님의 소명과 사명을 받아 너희들에게 '바른 복음'을 전달하는 '일꾼'에 불과할 뿐임을 강조하고 있다.

12 이는 내가 사람에게서 받은 것도 아니요 배운 것도 아니요 오직 예수 그리스도의 계시로 말미암은 것이라

12절의 헬라어 원문은 우데 가르 에고(οὐδὲ γὰρ ἐγώ neither for I)로 시작한다. 여기서 우데(οὐδὲ 더욱 아닌, moreover not, neither indeed, not even, nor even, nor indeed)란 '결코 아니다, 역시 아니다' 하는 의미이고 가르(γὰρ, for, indeed (a conjunction used to express cause, explanation, inference or continuation)는 '왜냐하면'이라는 뜻이다. 그렇기에 둘을 연결하면 '왜냐하면 나는 ~결코 아니다'라는 의미가 된다. 결국 내가 전했던 '바른 복음'은 "오직 예수 그리스도의 계시로 말미암은 것"이지 사람(사도들)에게서 받은 것이 아니며 사람(사도들)으로부터 배운 것도 아님을 강력하게 천명하고 있는 것이다.

이런 사도 바울의 간증에는 자신이 과거(배경 background, 회심 conversion)에 다메섹 도상에서 받았던(AD 35) 하나님의 직접적인 계시(행 9장, 성령의 체험)를 통한 '자신에 대한' 하나님의 사랑과 '예수 그리스도에 대한' 바울의 사랑이 동시에 포함되어 있다.

원래 바울은 힐렐학파의 가말리엘 문하(행 22:3)에서 그릇된 열심으로 그리스도인들을 핍박하며 살았던 지독한 열혈 바리새인이었다. 그는 AD 32년 스데반이 돌에 맞아 죽을 때 그의 죽음에 주동자(행 7:58-59) 역할도 했다. 뒤이어 예루살렘과 온 유대와 사마리아 땅의 구석 구석을 뒤져가며 그리스도인들을 잔멸(뤼마이노마이)했던 인물이었다. 그것도 성에 차지 않아서 지금으로부터 약 2,000년 전 당시 예루살렘에서 다메섹까지 240여Km나 되는 거리를 불편을 마다않고 공문을 들고 가서 기독교인들을 박해(행 8:1-3)하려 했던 사람이었다.

AD 35년, 대제사장으로부터 공문을 받아 그리스도인들을 박해하려고 (행 9:1-6) 독을 품고 멀고 먼 이방 땅 다메섹까지 가다가 다메섹 도상에서 직접 '부활의 주님'을 만나게 되었다. 그때 바울은 비로소 자신이 그렇게나 고대하며 기다리던, 구약에 말하던 그 메시야가 바로 예수님이신 것을 확실히 알게 되었다. 청천(靑天)벽력(霹靂)이었을 것이다. 가슴은 마구 뛰었을 것이고 정신은 아주 혼미했을 것이다.

앞을 볼 수 없게 되었던 바울은 아나니아[25] 선지자에 의해 안수 받은 후 3일 만에 눈이 떠졌다. 그 눈은 영안(靈眼)을 포함한 육적인 시각이었을 것이다. 나는 바울에게 있어서 그 '3일'이야말로 하나님과의 소중한 독대의 시간이었고 하나님과의 친밀한 교제 시간이었을 것이라고 생각한다. 바울은 다메섹 도상에서 부활의 주님을 만나고 3일간의 독대의 시간

---

25 사도행전에는 '아나니아'라는 이름의 동명이인이 3명 나온다. 삽비라의 남편 아나니아(5장), 대제사장 아나니아(24장), 그리고 아나니아 선지자(9장)이다.

을 통해 기능론적 종속성과 존재론적 동질성의 삼위하나님을 확실하게 알게 되었고 그분과의 바른 관계와 친밀한 교제가 견고하게 이루어졌을 것이라고 필자는 확신하고 있다.

사도 바울은 예수님으로부터 직접 '부르심(Calling, 소명)'과 '보내심(사명, Mission)'을 받았다. 결국 바울은 사도의 세 가지 조건[26]을 완벽하게 충족하는 진정한 '사도'가 되었다. 그후 바울은 예수님의 보내심(파송, Mission)을 따라 어디에 가든지 '오직 예수, 오직 복음, 오직 믿음'만을 선포하는 '바른 복음'의 일꾼이 되었던 것이다.

"계시"의 헬라어는 아포칼립쉬스[27]($\dot{\alpha}\pi o\kappa\dot{\alpha}\lambda \upsilon \psi \iota \varsigma$, nf)인데 이는 '하나님께서 덮개를 제거하여 드러내신다'라는 의미로서 '묵시'라는 말과 동의어이다. 즉 '계시 혹은 묵시'란 둘 다 '드러내어 보여주다'라는 의미를 가지고 있다. 그렇기에 요한계시록 1장 1절에서는 계시록을 기록한 분명한 목적을 밝히고 있다.

"예수 그리스도의 계시라 이는 하나님이 그에게 주사 반드시 속히 될 일을 그 종들에게 보이시려고 그 천사를 그 종 요한에게 보내어 지시하신 것이라" _계 1:1

결국 "예수 그리스도의 계시"라는 것에서의 '예수 그리스도'란 '구원

---

26 사도의 조건 중 첫째는 예수님의 집접 부르심과 보내심이 있어야 하며 둘째는 예수님의 직접적 가르침이 있어야 하며 셋째는 부활의 주님을 목격해야 하는 것이다. 참고로 사도의 역할은 두가지인데 첫째, 성경을 기록하기 위함이고 둘째는 교회의 설립을 위함이었다.

27 아포칼립쉬스($\dot{\alpha}\pi o\kappa\dot{\alpha}\lambda \upsilon \psi \iota \varsigma$, nf, ("revelation, unveiling") is principally used of the revelation of Jesus Christ (the Word), especially a particular (spiritual) manifestation of Christ (His will) previously unknown to the extent (because "veiled, covered"))

이신 예수님만이 성부하나님의 유일한 기름부음 받은 자'라는 의미이며 '계시'란 이를 '드러내어 보여주는'이라는 의미이다. 곧 정경인 '요한계시록'은 바로 '예수 그리스도의 계시'라는 말이다. 결국 '초림'을 통한 예수 그리스도 새 언약의 성취와 '재림'을 통한 예수 그리스도 새 언약의 완성 사이의 말세시대(초림 후~재림 전)를 통전적으로 보여주신 말씀이 요한계시록이라는 의미이다.

비슷하나 다른 용어가 "예언"이라는 말이다. 헬라어로 프로페테이아[28] (προφητεία, nf)인데 이는 '미리 알려주다'라는 의미이다. 결국 '예언'이란 역사적 사건이나 상황, 역사의 인물들에 대한 시간적 순서를 알려주는(예언, 예측, 예견 prediction) 것을 말한다. 곧 '다 드러내어 보여주되 시간이나 순서까지도 알려 준다'라는 말이다.

13 내가 이전에 유대교에 있을 때에 행한 일을 너희가 들었거니와 하나님의 교회를 심히 핍박하여 잔해하고

"내가 이전에 유대교에 있을 때에 행한 일"이란 사도행전 7장 58절-8장 3절, 22장 3-10절, 26장 5-12절, 빌립보서 3장 4-6절에 잘 나타나 있다.

---

28 프로페테이아(προφητεία, nf, prophecy, prophesying; the gift of communicating and enforcing revealed truth/**prophḗtēs**, "prophet," /**pró**, "before" and /**phēmí**, "make clear, assert as a priority") – properly, what is clarified beforehand; prophecy which involves divinely-empowered forthtelling (asserting the mind of God) or foretelling (prediction))

"핍박"의 헬라어는 디오코[29](διώκω, v)인데 이는 '짐승을 추적하여 사로 잡는 사냥꾼의 행동'을 말한다. 또한 "잔해"의 헬라어는 포르데오(πορθέω to destroy, to overthrow)인데 이는 '군인들이 점령지를 정복한 후 그곳을 황폐케 해(쑥대밭을 만들어) 버리는 것'을 가리킨다. 즉 이 구절에서 "핍박하여 잔해하고"라고 하면서 반복하여 쓴 것은 엄청나게 극심한 '박해의 정도'를 드러낸 것이다. 이 둘을 합친 '지독한 핍박'이라는 단어가 사도행전 8장 3절에 나오는데 바로 "잔멸(뤼마이노마이, λυμαίνομαι, to outrage, to corrupt, devastate, ruin)"이라는 말이다. 이는 "가루로 만들어 훅 불어버리다"라는 뜻이다.

14 내가 내 동족 중 여러 연갑자보다 유대교를 지나치게 믿어 내 조상의 유전에 대하여 더욱 열심이 있었으나

"유대교를 지나치게 믿어"에 해당하는 헬라어는 카이 프로에코프톤 엔 토 유다이스모(καὶ προέκοπτον ἐν τῷ Ἰουδαϊσμῷ)인데 이는 '유대교에 깊이 심취해 있었다'라는 의미이다.

원래 바울은[30] 다소에 살고 있던 디아스포라 유대인(바리새파) 가정에서 로마의 시민권자로 출생(행 21:39, 22:3, 27-28, 빌 3:5)했다. 그렇기에 어릴 적

---

29 디오코(διώκω, v, to put to flight, pursue, by implication to persecute, properly, aggressively chase, like a hunter pursuing a catch (prize), positively ("earnestly pursue") and negatively ("zealously persecute, hunt down"))

30 갈라디아서 주석, 이레서원, 최갑종 지음, 2016, p204-208 재인용

부모로부터와 회당에서 아람어, 히브리어, 헬라어, 조상들의 유전인 미드라쉬(할라까와 하까다)와 탈무드(미쉬나와 게마라)를 유년과 청소년 시절[31]에 반복하여 듣고 배웠을 것이다. 바울의 고향이었던 '다소'는 당시 알렉산드리아와 함께 가장 유명한 대학 교육 도시였다. 부모로부터 엄한 교육을 받다가 바울이 15-16세가 될 무렵 부모의 권유에 따라 랍비가 되려고 예루살렘으로 유학을 가서[32] 힐렐(Hillel)학파[33]인 가말리엘 문하생으로 수제자가 되어 율법학자, 구약학자로서 수장이 되었다. 이후 그는 그릇된 종교적 열정으로 스데반의 죽음을 주동하기도 했다(행 7:58).

"더욱 열심이 있었으나"에서 '열심'이란 "지나치게 믿어'라는 의미로 이의 헬라어는 젤로테스[34](ζηλωτής, nm)인데 이는 동사 젤로오(ζηλόω)에서 파생되었다. 이로 보아 회심 전(前)의 바울은 당시 율법에 대한 지나친 열심으로 마치 로마정부나 개종자들에게 거침없이 폭력을 가했던 열심당

---

31 당시의 '청년'은 24-40세, 노년은 55세 이상을 가리켰다고 한다. F. W. Danker & W. Bauer, 3rd ed, Greek-English of the New Testament and Other Early Christian Literature (Chicago Univ. press, 2000, p667)

32 당시 본격적인 랍비교육의 시작은 15-16세 정도였다고 한다. 즉 10대 중반까지는 고향인 '다소'에서 헬라의 초등, 중등교육을 받은 것으로 보인다. Van Unnik, "Tarsus or Jerusalem. The city of Paul' Youth," Sparsa Collecta 1, NovTS 29(1973), p259-320.

33 당시 유명한 바리새파로는 두 파가 있었다. 비폭력 온건주의 노선이나 진보적이며 열정적이었던 랍비 힐렐에 의해 설립된 힐겔(Hillel)학파와 하나님과 율법, 성선과 땅을 지키기 위해 목숨도 불사하는 지독한 보수인 랍비 샴마이에 의해 설립된 샴마이(Schammai)학파가 있었다. Wright, What Saint Paul Really Said, p27-29.

34 젤로테스(ζηλωτής, nm, a person with zealous enthusiasm who (literally) "boils over with passion" ("someone burning with zeal," J. Thayer))는 동사 젤로오(ζηλόω, to burn with zeal, "to be deeply committed to something, with the implication of accompanying desire - 'to be earnest, to set one's heart on, to be completely intent upon' ")에서 파생되었다.

[35](Zealot, 젤로테스에서 유래)처럼 율법이나 조상의 유전에 대해 과도한 충성심이 있었던 듯하다.

로마서 10장 2-3절에는 "하나님의 의를 모르고 자기 의를 세우려고 힘써 하나님의 의를 복종치 아니하였느니라"는 말씀이 있는데 이는 바울의 '엇나간 지나친 열심'에 대해 잘 표현한 말이다. 여기서 '자기 의'라는 말은 '율법에 대한 자신의 열심'과 '율법으로부터 자기 의(율법의 의)를 얻으려는 동기'라는 의미로서 '인간적인 의, 율법적 의'를 가리킨다. 반면에 '하나님의 의'란 '신적인 의'로서 예수 그리스도에 대한 '오직 믿음'을 통해 하나님으로부터 '의롭다 칭함을 받는 의' 곧 '칭의'를 말한다.

한편 "조상의 유전"이란 바리새인들로부터 전승된 규례들을 말한다. 유대인들은 모세가 시내산에서 성문율법(成文律法)과 구전율법(口傳律法)을 받았다고 믿었으며 당시까지 전승되었다고 믿고 있었다. 이를 "장로들의 유전(Tradition of the Elders, 막 7:3, 5, 8, 9, 13)"이라고 한다. 이들은 인간이 성결한 생활을 하도록 규제를 한 것들로서 후대에 율법의 권위와 맞먹을 정도로 백성들의 양심을 규제했다. 최악인 것은 그나마 변질되어 버렸다라는 점이다.

'조상들의 유전 혹은 장로들의 유전'은 유대인들의 조상 때부터 구두로 전승되어져 온 관습법 혹은 판례법으로서 성문화된 율법(모세 5경)을 해석하는 과정에서 조금씩 추가된 것이다. AD 200년경 미쉬나에

---

35 성경에서는 셀롯(눅 6:15), 셀롯인(행 1:13), 가나나인(마 10:4, the Canaanite)으로 지칭하기도 했는데 이는 '율법을 충실히 지키고 하나님께 열정적으로 헌신하는 자(행 21:20)'를 말한다. 바리새파 안의 극단적, 호전적인 분파를 가리킨다.

기록되었으며 5,845가지(모세 오경) 중 세분화되어 하라 계명과 하지 말라의 계명으로 되었는데 곧 '613 계명'이다. 이를 타리야그 미쯔바(613 Commnandments)[36]라고 하는데 율법학자에 의해 규정된 계율로서 선행, 자선행위, 바른 행동 등을 기록하고 있다.

2개의 버전 중 미쯔바 아쎄 [מצות עשה]는 248 계명으로 '하라(Do)'는 적극적 명령(命令)이며 미쯔바 로 타아쎄 [מצות לא תעשה]는 365 계명으로 '하지 말라(Do not)'는 적극적 금령(禁令)이다. 미쯔바 로 타아쎄 중 3대 금령(3 Cardinal Sins)은 살인(murder), 우상숭배(idolatry), 금지된 성관계(forbidden sexual relations)이다. 참고로 모세 오경의 순서대로 편집된 버전[37]도 있다.

한편 '장로들의 유전 혹은 조상들의 유전'은 크게 미드라쉬(Midrash)와 탈무드(Talmud)로 나눈다. 미드라쉬(Midrash)의 경우, 유대인의 전승에 의하면 에스라에서 시작되었다고 하며 현존하는 최고(最古)의 문헌은 AD 2C의 것인 바 구약성경의 해석서(해석방법과 그 내용)로 애용되고 있다. 이는 다시 둘로 나뉜다. 첫째는 성경의 율법 부분의 법규를 통해 실생활을 세우는 할라카(Halachah)이다. 둘째는 유대인의 도덕법칙과 법률, 관습 등의 총체와 비 율법 부분의 윤리적, 종교적인 교훈을 이야기로 풀어낸 하카다(Haggadah)가 있다. 이는 설화(說話), 곧 할라카의 주석 또는 보조자료로 설

---

36   The 613 commandments include "positive commandments", to perform an act (mitzvot aseh), and "negative commandments", to abstain from certain acts (mitzvot lo taaseh). The negative commandments number 365, which coincides with the number of days in the solar year, and the positive commandments number 248, a number ascribed to the number of bones and main organs in the human body/ (Hebrew: תרי״ג מצות, romanized: taryag mitzvot) or mitzvot in the Torah (also known as the Law of Moses)

37   창세기(1-3계명), 출애굽기(4-114계명), 레위기(115-361계명), 민수기(362-413계명), 신명기(414-613계명), 위키백과, 네이버 지식백과

화적인 성경해석 전반의 이야기이다.

탈무드에는 대표적으로 팔레스타인 탈무드(AD 4C말경 편찬, 예루살렘 탈무드)와 바빌로니아 탈무드(AD 6C경까지의 편찬, 메소포타미아 탈무드)가 있다. 한편 탈무드는 미쉬나(Mishna)와 미쉬나의 완결작인 게마라(Gemara)로 되어 있다. 미쉬나에는 농사법, 정결법, 안식일법, 금식법, 결혼과 이혼, 성소법, 희생제사법, 민사법, 형사법 등이 기록되어 있다.

15 그러나 내 어머니의 태로부터 나를 택정하시고 은혜로 나를 부르신 이가

이 구절은 역사의 주관자 하나님의 작정(decree)과 예정(predestination), 섭리(providence)와 경륜(administration)을 잘 보여주는 중요한 구절이다. 성부 하나님은 만세 전에 아무 조건 없이 우리를 '은혜로 택정'하셨고 때가 되매 불러주셨다(사 49:1, 렘 1:5, 눅 1:15). 지금 우리가 이 자리에 있게 된 것은 무한하신 하나님의 은혜인 것이다. 그저 감사할 것밖에 없다.

"택정하다"의 헬라어는 아포리조[38](ἀφορίζω, v)인데 이는 '떼어놓다, 분리하다'라는 의미로 '구원할 자로 삼기 위해 택정하여 따로 구별하다'라는 말이다. 곧 '부르심(소명, Calling)'과 '보내심(사명, Mission)'을 위한 특정한 직분과 사역을 위해 '구별해 놓았다(레 20:26, 마 25:32)'라는 의미를 담고 있다. 참고로 아포리조(ἀφορίζω)는 아포(ἀπό, from, away from)와 호리조(ὁρίζω,

---

38 아포리조(ἀφορίζω, v, to mark off by boundaries from, set apart, (from 575 /apó, "separated from" and 3724 /horízō, "make boundaries") - properly, separate from a boundary, i.e. a previous condition/situation (note the prefix, apo))

to mark off by boundaries, to determine, (from horos, "boundary, limit") - properly, to set boundaries (limits) - literally, "determine horizons" (boundaries))의 합성어이다.

'부르심'의 헬라어는 칼레오(καλέω, v, (a) I call, summon, invite, (b) I call, name) 인데 이는 작정(decree)을 통해 하나님의 자녀들을 만세 전에 택정하시고 예정(predestination)된 이들을 때가 되매 부르신 것이다. 그리하여 부르심 (Calling)을 받은 그리스도인들은 하나님으로부터 사명을 받게 된 것이다.

그런 그리스도인들은 제한되고 유한된 한번의 직선 인생을 '부르신 부르심' 그대로 살아가야(페라파테오) 한다. 이 모든 일들은 하나님의 크신 섭리(providence) 하에서 그분의 의도와 방향을 따른 경륜(dispensation)으로 진행된다.

16 그 아들을 이방에 전하기 위하여 그를 내 속에 나타내시기를 기뻐하실 때에 내가 곧 혈육과 의논하지 아니하고

"그를 내 속에 나타내시기를 기뻐하셨을 때에"라는 것은 '그 예수 그리스도를 내 속에 나타내시기를 합당하게 여기셨을 때에'라는 말이다. 여기서 '나타내다'에 해당하는 헬라어가 바로 아포칼륍토[39](ἀποκαλύπτω)로서 '묵시하다' 혹은 '계시(ἀποκάλυψις, 아포칼륍시스)하다'라는 의미이다. 이때 바울에게 계시하셨던 '예수 그리스도의 계시(체험)'는 '성령의 체험(롬

---

39 아포칼륍토(ἀποκαλύπτω, I uncover, bring to light, reveal/(from 575 /apó, "away from" and 2572 /kalýptō, "to cover") - properly, uncover, revealing what is hidden (veiled, obstructed), especially its inner make-up; (figuratively) to make plain (manifest), particularly what is immaterial (invisible))

8:9-10)'으로 해석해도 무방하다.

갈라디아서 2장 20절(내가 그리스도와 함께 십자가에 못 박혔나니~), 갈라디아서 4장 6절(~그 아들의 영을 우리 마음 가운데 보내사 아바 아버지라 부르게 하셨느니라), 고린도전서 1장 24절(오직 부르심을 입은 자들에게는~), 고린도전서 2장 10절(오직 하나님이 성령으로 이것을 우리에게 보이셨으니~)의 말씀들을 차례로 찬찬히 묵상하면 성령님의 가르쳐주시고 깨닫게 하시는 것(요 14:26)을 생생하게 느끼게 될 것이다.

"혈육과 의논하지 않았다"라는 것에서의 '혈육'은 '주변의 사람' 혹은 '권위가 있는 제자들'을 가리킨다. 결국 바울은 예수님의 부르심(calling)에 대하여는 즉각적으로 '반응했다'라는 것이고 보내심(sending)에 대하여는 즉각적으로 '순종했다'라는 것을 드러내고 있다.

그렇기에 바울은 회심하자마자 다메섹에서 3년간 열심히 '예수 그리스도의 복음'을 전했던 것이다. 그 결과 내적으로는 유대인 디아스포라들(유대주의자들)의 핍박을 받았고 외적으로는 아레다 왕[40](4세, 아라비아, Nabatea, BC 9-AD 39 or 40년, by Josephus)의 심한 핍박(고후 11:32-33, 행 9장, 특히 9:20-22)을 받았다. 3년이 지나자 결국 제자들의 권고로 밤중에 들창문으로 광주리를 타고 성벽을 내려가 예루살렘으로 '피신'하기에까지 이르렀다.

한편 혈(血)과 육(肉)의 합성어인 '혈육(육신, 육체)'이란 헬라어로 사르키 카이 하이마티(σαρκὶ καὶ αἵματι, with flesh and blood)인데 이는 '인간의 육적 상

---

40 당시 아라비아에는 나바테아(Nabatean) 왕국의 수도인 페트라(Petra, 요르단 남부의 대상 도시유적)와 시내산 부근의 주요 도시인 헤그라(Hegra, 아라비아 반도의 북서지방)가 있었는데 요세푸스(Flavius Josephus)에 의하면 헤그라는 하갈과 이스마엘이 세운 도시로 알려져 있다. 갈라디아서 주석, 이레서원, 최갑종, 2016, p229-233 재인용

태', 곧 '하나님을 떠난 죄된 상태'를 상징적으로 가리키는 말로서 '영적 무능력 상태(고전 15:50, 엡 6:12)'를 의미하기도 한다. 구약(삼상 15:18)에서는 같은 의미로 '죄인 아말렉(출 17:14, 16, 신 25:17)'이라고 했다.

"형제들아 내가 이것을 말하노니 혈과 육은 하나님나라를 유업으로 받을 수 없고 또한 썩을 것은 썩지 아니할 것을 유업으로 받지 못하느니라"
_고전 15:50

"우리의 씨름은 혈과 육에 대한 것이 아니요 장사와 권세와 이 어둠의 세상 주관자들과 하늘에 있는 악한 영들에게 대함이라"_엡 6:12

"또 왕을 길로 보내시며 이르시기를 가서 죄인 아말렉 사람을 진멸하되 다 없어지기까지 치라 하셨거늘"_삼상 15:18

17 또 나보다 먼저 사도 된 자들을 만나려고 예루살렘으로 가지 아니하고 오직 아라비아로 갔다가 다시 다메섹으로 돌아갔노라

바울이 먼저 사도된 자들(예수님의 제자들)을 굳이 만나려고 하지 않았던 것은 이미 부활하신 예수님을 다메섹에서 목격하였고 그 예수님이 그리스도 메시야임을 직접 체험했으며 그 부활의 주님으로부터 '예수, 그리스도, 생명'인 '바른 복음'에 대해 직접적으로 확실한 가르침을 받았기 때문이다.

참고로 당시의 '아라비아'는 페르시아 만과 홍해 사이의 넓은 사막지역 전체를 가리켰다. 그렇기에 일단의 학자들은 '아라비아의 시내산'이라고도 해석(Stanley, Lightfoot)했으며 일부는 아라비아를 다메섹 인접지역

(Lipsius, Rendall)이라고도 했다. 아라비아 지역이 정확하게 어디인가라는 것에 상관없이 나는 역사가 요세푸스의 말대로 바울이 회심 후 다메섹에서 줄곧 3년 동안 복음을 전하다가 그 기간 중에 아라비아에는 잠시 다녀왔을 것이라고 생각한다. 왜 갔는지, 정확하게 얼마 동안 갔는지, 누구와 갔는지에 관하여는 그다지 관심이 없다. 궁금하기는 하나 훗날 천국에서 만나 물어볼 것이다.

분명한 것은 아라비아 사막에서 줄곧 3년 동안 있었던 것은 아닌 듯하다라는 것이다. 아마 그곳에 방문은 했으나 그리 긴 시간은 아닐 것이라는 의견에 필자는 동의하고 있다. 그 근거로는 사도행전 9장 20절에 바울이 다메섹에서 "즉시로" 복음을 전한 것을 보면 '하나님의 다메섹 영혼들에 대한 갈급함'이 느껴지기 때문이다. 또한 갈라디아서 2장 17절을 보면 "오직 아라비아로 갔다가 다시 다메섹으로 돌아갔노라"는 말이 있기 때문이다.

한편 바울은 당시 알렉산드리아와 더불어 유명한 교육도시였던 길리기아의 다소에서 태어나(AD 5년) 어려서부터(1-14세) 바리새파 가문에서 엄한 교육을 받으며 자랐다. 그러다가 10대 때에는 예루살렘으로 유학을 와서 힐렐학파 가말리엘 문하에서 열심히 공부하여 정통 율법학자, 정통 구약학자가 되었던 듯하다.

예수쟁이들을 잔멸(뤼마이노마이)하기까지 핍박했던 바울이 다메섹에서 부활의 주님을 만났을 당시(AD 35년)에는 이미 30세 즈음이었다. 이때쯤 바울은 이미 정통 율법(Torah)학자, 정통 구약(Nebiim)학자가 되었기에 바울로서는 기독교 신학을 다시 정립할 필요가 없었을 것이다. 그렇기에 아라비아 광야에 가서 다시 신학을 정립하는 것은 시간낭비일 뿐이었다. 꼭 필요한 것이 있었다면 반드시 오시마 약속하신 메시야와 초림으로 오신 예수님 사이의 갭(Gap)을 메우는 일 뿐이었다.

다시 말하면 바울의 경우 바리새파 출신으로서 유대교인이었기에 누구보다도 목마르게 메시야를 기다렸을 것이다. 그런 바울에게는 회심 전까지 구약의 메시야와 신약의 예수 그리스도에 대한 틈으로 인해 신구약 간에 단절이 있었을 뿐이었다. 그 틈을 부활의 주님은 다메섹 도상에서 바울에게 직접 나타나셔서 속시원하게 보여주시고 가르쳐주심으로 완전하게 메워주셨던 것이다.

즉 부활의 예수님은 그런 바울의 상태(틈, gap)를 메워 주시기 위해 직접 나타나셔서 순간적으로 구약과 신약을 연결시켜 주셨으며 구약의 그 메시야, 그리스도가 바로 예수님이심을 확실하게 드러내셨던 것이다. 이후 바울은 메시야이신 부활의 예수님을 전하는 그 일에 "나의 생명조차 조금도 귀한 것으로 여기지 않노라(행 20:24)"며 당당하게 천명한 후 그렇게 유한된 한번 인생(AD 5-68년)을 온갖 종류의 선한 싸움에서 물러서지 않고 당당하게 싸웠다. 그리고는 유한된 한번의 직선 인생을 최선을 다해 뒤돌아보지않고 위에서 부르신 부름의 상을 위해 앞만 보며 달려갈 길을 마쳤던 것(딤후 4:7-8, 빌 3:7-16)이다. 그렇게 로마감옥의 하옥에 2차로 투옥(AD 67년)된 그 다음해에 순교의 제물(AD 35-68년)이 되었다.

18 그 후 삼 년 만에 내가 게바를 심방하려고 예루살렘에 올라가서 저와 함께

십오 일을 유할새

"그 후 삼 년 만에"에 해당하는 헬라어는 에페이타 메타 트리아 에테 (Ἔπειτα μετὰ τρία ἔτη Then after three years)인데 이는 바울이 다메섹에서 '회심한 지 3년이 지나서'라는 의미(Meyer, Lightfoot)이다. 즉 바울은 회심한 이후 줄곧 다메섹에 있었으며(AD 35-38년) 아라비아에 잠시 동안 다녀온 후에도 계속 다메섹에서 복음을 전했음을(행 9:19-23) 알 수 있다.

결국 이 구절은 다메섹에서 예루살렘으로 피신으로서의 '첫번째 예루살렘 방문'이다.

참고로 '많은 날'을 의미하는 '3년'이라는 단어를 살펴보기 위해 두 개의 구절을 들어 설명하고자 한다. 사도행전 9장 23절의 "여러 날이 지나매"에 해당하는 헬라어는 헤메라이 히카나이(ἡμέραι days, ἱκαναί many/ ἱκανός, adj, (a) considerable, sufficient, of number, quantity, time, (b) of persons: sufficiently strong (good, etc.), worthy, suitable, with various constructions, (c) many, much)인데 이는 원문 상 '많은 날이 지나매'라는 의미가 더 정확하다. 일반적으로 당시 히브리인들은 '헤메라이 히카나이'라는 말을 용례상 '3년이 지나매'라는 관용구(idiom, idiomatic phrase)로 사용했다.

관용구에 대한 비슷한 용례가 사도행전 21장 10절의 "여러 날 있더니"에서의 '여러 날'인데 이에 해당하는 헬라어는 헤메라스 프레이우스 (ἡμέρας, day πλείους, many/πλείων, many, more excellent, very great, of higher value) 이다. 이 구절에서 사용된 '여러 날'의 기간에 대하여는 의견이 분분하지만 사도행전 24장 27절에 의하면 '2년'임을 알 수 있다.

그리고 많은 학자들은 바울이 생전에 5차례 예루살렘을 방문했다라고 추정하고 있다.

첫 번째 방문은 사도행전 9장 26-30절, 갈라디아서 1장 18-19절에 나오는데 다메섹에서 예루살렘으로 피신한 때(AD 38년)이다. 이 구절의 '회심 후 3년'이 지난 후의 예루살렘 방문을 가리킨다.

두 번째 방문은 사도행전 11장 27-30절의 예루살렘에 흉년이 들어 경제적으로 몹시 어려울 때(회심 후 14년, 갈 2:1)이다. 수리아 안디옥 교회의 형제들이 각각 그 힘대로 부조(봉사, 헌금)한 것을 들고 바나바와 함께 디도를 데리고 개인적으로 예루살렘을 방문한 것(행 11:27-30, 12:25, 갈 2:1-10)이다.

세 번째는 사도행전 15장 1-33절의 유대주의적 율법주의자들이 유대로부터 수리아 안디옥으로 내려와서 '바른 복음'에 율법적 행위(할례, 계명 준수, 유대절기 준수 등)를 섞어 '다른 복음'을 퍼뜨렸다. 즉 "모세의 법대로 할례를 받지 아니하면 능히 구원을 얻지 못하리라(행 15:1)"고 한 것이다. 이때 그들과 바울, 바나바 사이에 적지 않은 다툼과 변론이 일어났다. 그리하여 이를 바로잡고자 제1차 예루살렘 종교회의 참석 차 방문(3번째 예루살렘 방문)했던 것이다.

비슷한 시기에 일어난 사건이 갈라디아서 2장 11-21절의 내용이다. 당시 게바가 수리아 안디옥을 방문했는데 할례파 유대인들과의 마찰을 피하기 위해 이방인들과 식탁 교제를 하는 도중에 그 자리를 슬그머니 피한 적이 있었다. 이를 지켜보던 바울은 "복음의 진리를 따라 바로 행하지 아니함을 보고" 게바를 면전(面前)에서 책망한 적이 있었다. 필자는 이 두 사건이 일어난 시기를 대략 1차 전도여행(AD 46-48년) 후로 생각하고 있다. 또한 이 시기에 갈라디아서를 기록한 것으로 생각한다.

그리고 네 번째는 2차 전도여행(AD 50-52년)을 마치고 선교보고를 위해 잠시 예루살렘을 방문(행 18:22)했고 마지막 다섯째는 3차 전도여행(AD 53-57년)후 사도행전 20장 17절-24장 27절까지인데 예루살렘에서 재판 후 로마황제의 심문을 받기 위해 가이사랴 감옥(헤롯궁 감옥)에 2년간(AD 58-59년) 갇혔던 때였다.

그러므로 오늘 1장 18절의 경우는 AD 38년의 다메섹에서 피신하여 갔던 첫 번째 예루살렘 방문에 해당한다.

"심방하다"의 헬라어는 히스토레오[41](ἱστορέω, v)인데 이는 신약성경의 유일한 단어로서 '개인적으로 친숙해지다, 서로 교제하며 상대로부터 지식을 얻다'라는 의미이다. 목사의 아들로 태어난 나는 개인적으로 이 헬라어 단어(히스토레오, ἱστορέω)를 무척이나 좋아한다. 원어의 의미대로 '심방(尋訪, Pastoral visitation)'은 한국교회의 아름다운 전통 중 하나로서 정기 대심방(춘기, 추기)과 간헐적으로 이루어지는 심방이 있다. 결국 헬라어의 원어를 살펴보면 '심방'이라는 단어는 상당히 깊은 의미를 가지는데 곧 방문을 하는 이나 방문을 받는 이 모두가 교제를 통해 서로가 더욱더 친숙해질 뿐만 아니라 서로의 지식을 풍성케 해준다라는 의미이다.

19 주의 형제 야고보 외에 다른 사도들을 보지 못하였노라

---

41 히스토레오(ἱστορέω, v, to inquire about, visit, I get acquainted with, historéō(from histōr) - properly, learn by inquiring (doing a personal examination); to gain knowledge by "visiting" which conducts "a full interview.")

이 구절로 미루어 보아 AD 38년에 바울이 다메섹에서 예루살렘으로 피신하여 갔을 그때 '베드로(게바, 갈 1:18)'와 "주의 형제 장로 야고보" 외에는 '다른 사도들'은 만나지 못했음을 알 수 있다. 그러다가 사도행전 9장 27-28절에 의하면 바나바가 바울을 데리고 사도들에게 가서 바울의 회심을 적극적으로 알렸다. 그리하여 바울이 '예루살렘에서 제자들과 함께 있을 수 있었다'라는 기록이 있다. 결국 바울은 처음에는 바나바, 주의 형제 장로 야고보, 베드로와 교제했으며 바나바의 적극적인 중재(仲裁, mediation)로 나중에야 사도들과 교제한 듯 보인다.

한편 이 구절에서의 "주의 형제 야고보"는 예수님의 동생 장로 야고보[42]로서 〈야고보서〉의 기록자이다. 그는 처음에 예수를 메시야, 그리스도로 믿지 않았을 뿐만 아니라(요 7:5) 심지어는 미친 자로 보았다(막 3:21). 그러다가 예수님이 부활하신 후에는 예수님의 하나님이심을 확실히 믿게 되었다(고전 15:7). 오순절 성령 강림 때에는 깊은 성령 체험을 하였으며(행 1:14) 이후 복음 전파에 올인했다. 예루살렘 총회 때에는 예루살렘 초대교회의 지도자로서 의장으로 있었다(행 15:13). AD 62년경 산헤드린 공회에서 복음을 전하다 유대인들에게 돌에 맞아 순교하기까지 신실하게 복음과 십자가의 증인으로 살았다.

---

42 3명의 야고보 동명이인 중 '대 야고보(St. James the Great Apostle)'는 세베대의 아들이며 사도 요한의 형제로서 AD 44년 헤롯 아그립바 1세에 의해 순교(행 12:1-2)당했다. 그리하여 제자 중에는 최초의 순교자가 되었다. 한편 '소 야고보(St. James the Less Apostle)'는 알패오의 아들 야고보이며 AD 54년에 순교했다.

20 보라 내가 너희에게 쓰는 것은 하나님 앞에서 거짓말이 아니로라

이 구절에서 바울은 다시 자신의 '사도직'에 대한 정통성과 정당성, 그리고 자신이 전한 '바른 복음'에 대한 정당성과 확고함을 강조하고 있다.

한편 "하나님 앞에서(ἐνώπιον τοῦ Θεοῦ, 에노피온 투 데우)"라는 말과 "그리스도 안에서(ἐν Χριστῷ, 엔 크리스토)"라는 말은 코람데오(Coram Deo)라는 의미로서 자신의 순전함과 진실성을 당당하게 밝히는 표현(롬 9:1, 엡 1:3, 15, 골 1:4)이다.

21 그 후에 내가 수리아와 길리기아 지방에 이르렀으나

"그 후에"라는 말은 다메섹에서 예루살렘으로 피신한 후(AD 38)에 바울을 죽이려는 헬라파 유대인들 때문에 다시 예루살렘에서 가이사랴 항구로, 그곳에서 자신의 고향인 길리기아 지역의 다소로 피신하였다(행 9:26-30)라는 말이다. 이는 인간적으로 보기에는 약간 멋쩍은 '피신'의 모양새였다. 그러나 하나님의 섭리 하(下) 경륜은 정확하게 당신의 때에 당신의 방법으로 바울을 이방 땅으로 향하게 하고 있었다. 그 일에 바울을 사용하셨음을 사도행전 22장 17-21절은 이렇게 증언하고 있다.

"후에 내가 예루살렘으로 돌아와서 성전에서 기도할 때에 비몽사몽간에 보매 주께서 내게 말씀하시되 속히 예루살렘에서 나가라 저희는 네가 내게 대하여 증거하는 말을 듣지 아니하리라 하시거늘 내가 말하기를 주여 내가 주 믿는 사람들을 가두고 또 각당에서 때리고 또 주의 증인 스데반의 피를 흘릴 적에 내가 곁에 서서 찬성하고 그 죽이는 사람들의 옷을 지킨 줄 저희도 아나이다. 나더러 또 이르시되 떠나라가 내가 너를 멀리 이방인에게로 보내리라 하였느니라"_행 22:17-21

결국 이 구절을 찬찬히 살펴보면 바울은 단순히 목숨이나 겨우 유지하고자 그곳 예루살렘을 떠난 것이 아니었음을 선명하게 알 수 있다. 곧 그들의 핍박이 무서워 그곳을 떠난 것이 아니라 하나님께서 은혜의 복음을 이방인에게로 전하라고 하셨기에 그 명령에 순종한 것이었다.

22 유대에 그리스도 안에 있는 교회들이 나를 얼굴로 알지 못하고

여기서의 "유대에"라는 말은 사마리아 이남 지역만을 말하는 것이 아니라 예루살렘을 제외한 북쪽의 유대 지역, 사마리아 지역 등 팔레스타인 전 지역을 말한다(Robertson).

바울은 예루살렘에서 힐렐학파 가말리엘의 문하(행 22:3)에서 율법과 구약을 배웠고 이후 기독교인들을 지독하게 박해했다(행 7:58, 9:1-2). 그러나 신실하신 하나님은 다메섹 도상에서 바울을 만나셨다. 바울은 회심(conversion, AD 35)하자마자 다메섹에서 치열하게 복음을 전하다가 AD 38년에 예루살렘을 처음으로 방문하여 15일간 머물렀다(갈 1:18). 이후 길리기아의 다소로 가서 그곳에서 복음을 전했던 듯하다.

참고로 사도 바울은 2차, 3차 전도여행을 할 때 매번 수리아 안디옥을 출발하여 자신의 고향 다소(Tarsus, '기쁨', 소아시아의 아덴)를 지나갔다. 이미 그곳에는 많은 그리스도인들이 있었기 때문이다. 왜냐하면 앞서 언급했듯이 AD 38년에 예루살렘에서 다소로 온 뒤 AD 45년 수리아 안디옥 교회에 가서 바나바와 동역하기 전까지 자신의 고향 다소에 있으면서 복음을 전함으로 그 열매가 많았을 것으로 예상되기 때문이다.

한편 다소와 더베는 비교적 가까운 거리에 있었다. 그렇기에 바울은 2, 3차 전도여행에서 다소를 거쳐 타우루스(Taurus) 산맥의 실리시아의 문(Cilician gate, 소아시아와 시리아를 이어주는 통로)을 지나 더베로 가곤 했던 듯하다.

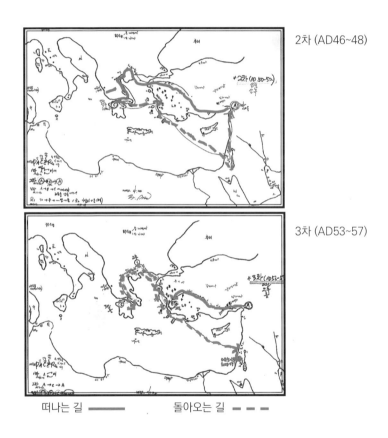

2차 (AD46~48)

3차 (AD53~57)

떠나는 길 ━━━━ 돌아오는 길 ━ ━ ━

한편 회심(AD 35) 이후 처음 방문(AD 38)했던 예루살렘에서는 바울의 과거력(past history, 힐렐학파)에 대해 아는 사람들이 제법 많았다. 따라서 다메셈에서 회심 후 그곳에서 복음을 전하다가 핍박을 받고 왔음에도 불구하고 바울이 진정으로 회심하여 복음전도자가 된 것을 모르는 사람들 또한 제법 많았다. 그것을 가리켜 이 구절에서는 "얼굴로 알지 못하고"라고 표현하고 있다.

23 다만 우리를 핍박하던 자가 전에 잔해하던 그 믿음을 지금 전한다 함을 듣고 24 나로 말미암아 영광을 하나님께 돌리니라

"우리를 핍박하던 자"에 해당하는 헬라어는 호 디오콘 헤마스 포테(Ο διώκων ἡμᾶς ποτε, the one persecuting us formerly)인데 이는 '전에 우리를 수시로 박해하던 자'라는 뜻이다. 그만큼 회심 전의 바울은 하나님에 대한 '그릇된 열심'으로써 기독교를 적대시했고 그리스도인들을 심히 박해했던 인물이었다.

"그 믿음"이란 헬라어로 텐 피스틴(τὴν πίστιν the faith/πίστις, nf, Faith (4102/pistis) is always received from God, and never generated by us./pístis (from 3982/ peithô, "persuade, be persuaded") – properly, persuasion (be persuaded, come to trust); faith, faithfulness)인데 이는 하나님께서 당신의 은혜로 만세 전에 허락하신 택정함을 입은 사람에게만 주시는 '명사형 믿음(피스티스, πίστις, nf)'으로서 단적으로 말하면 '예수 그리스도의 복음(행 6:7, 살후 3:2)' 곧 본 책의 제목인 '예수 믿음'을 가리킨다.

한편 예루살렘과 유대 지역의 성도들은 바울의 회심에 대해 처음엔 반신반의(半信半疑)했으나 바울의 회심(conversion)에 대한 진정성이 드러나자 그 일을 이루신 역사의 주관자 하나님을 찬양하며 하나님께 영광을 돌렸다.

괴짜의사 Dr. Araw의
쉽고 바르게 읽는 갈라디아서 장편(掌篇) 강의, 개정판

예수 믿음과 하나님의 계명을 붙들라

레마 이야기 2

그리스도와 함께 살고
그리스도와 함께 죽고

    모든 인간은 너나 할 것 없이 유한되고 제한된 한번 인생, 일회 인생, 직선 인생을 살아간다. 반드시 한 번은 '육신적 죽음'을 맞는다. 히브리서 9장 27절에 "한번 죽는 것은 사람에게 정하신 것이요"라고 말씀하셨기 때문이다. 그렇게 살고 그렇게 죽도록 하나님께서 정하신 것이다.

    그렇다면 우리에게 주신 한번의 직선인생을 '어떻게 살다가' 죽을 것인가 '무엇을 하다가' 죽을 것인가에 대한 진지한 고민이 있어야 한다. 적어도 그리스도인들이라면 이 질문에 대한 신중한 대답이 있어야 한다.

    결론적으로 말하면 우리 각자를 향하신 '하나님의 뜻(델레마 데우)'을 정확하게 분별한 후 제한되고 유한된 한번의 직선 인생을 알차게 그분의 기쁨으로 살아가야 한다.

하나님의 뜻을 정확히 분별하고 싶은가? 그렇다면 다음의 몇 가지 질문을 던져보면 도움이 될 것이다.

나는 누구인가?

일회 인생, 어떻게 살다가 죽을 것인가?

유한되고 제한된 직선 인생, 무엇을 하다가 죽을 것인가?

여기에 더하여, 그리스도인들은 3가지 질문을 추가해야 한다.

예수님은 누구신가?

왜 예수를 믿어야 하는가?

예수를 믿고 나면 우리는 어떻게 되는가?

나는 어려서부터 목사였던 아버지로부터 혹독한 신앙 훈련을 받았다. 그런 덕분에 일찍부터 이에 대해 분명한 답을 얻고 계속 반복하여 묻고 답하면서 열심히 살아왔다. 그런 부모를 허락하신 하나님을 찬양한다. 오래전 하늘나라로 가신 아버지 이윤화 목사와 이현숙 사모(《사랑에 빚진 자》, 낮은 울타리)가 그립다. 그들을 좀 더 이해하지 못했던 것이 못내 아쉽기만 하다.

나는 매사 매 순간 하나님 앞에서 진솔하게 고백했고 강력하게 결단하곤 했다. 그러나 그럴수록 더 많이 무너졌고 자주자주 '그' 길에서 벗어나기도 했다. 그렇기에 누구보다도 실수와 허물이 많기는 하나 하나님의 뜻을 따라 바르게 살아보려고 지독한 몸부림 속에 살아왔다. 지금도 앞으로도 그럴 것이다.

나는 약간은 독한 예수쟁이이다. 조금 독특하기도 하다. 그래서 오직 '복음과 십자가로' 살아가려고 몸부림친다. 할 수만 있다면 '복음과 십자가만' 자랑하려고 한다.

나는 어려서부터 아버지로부터 알듯 모를 듯하게 여겨졌던 난해한 성경과 교리를 엄청 '빡세게' 배웠다. 장성하여서는 신학을 하며 성경신학과 조직신학에 흠뻑 빠졌었다. 특히 조직신학을 구성하는 신론(Theology), 인간론(Anthropology), 기독론(Christology), 구원론(Soteriology), 교회론(Ecclesiology), 종말론(Eschatology)에 관심이 많았다. 특별히 기독론(Christology)을 통하여는 구원자이신 예수님, 성부하나님의 유일한 기름부음 받은 자이신 메시야, 그리스도를 확실히 알고 믿었으며 특히 삼위일체 하나님(존재론적 동질성, 기능론족 종속성)이신 예수님을 확실히 붙들게 되었다. 그 결과 나의 고백은 이것이다.

"우리가 살아도 주를 위하여 살고 죽어도 주를 위하여 죽나니 그러므로 사나 죽으나 우리가 주의 것이로다"_롬 14:8

그렇다.

나는 여생에도 지금까지 달려온 것과 마찬가지로 그리스도와 함께 살고 그리스도와 함께 죽으려 한다. 비록 순간순간 현실과는 약간 동떨어지는 나의 허약한 결단이기는 하지만…….

이곳 갈라디아서 2장은 예루살렘의 방문 이야기로 시작한다.

2장 1-10절은 바울의 회심 후 5차례 예루살렘 방문 중 2번째 (사도행전 11장 27-30절)에 해당한다. 이때에는 예루살렘에 흉년이 들었다. 그러자 수리아 안디옥 교회가 예루살렘 교회 지체들의 구제를 위해 헌금을 했다. 그때 바나바와 함께 디도를 데리고 그곳에 갔던 것이다. 당시 자신이 그때까지 전했던 복음에 대한 검증도 받았다. 동시에 자신의 사도직에 대한 예루살렘 교회(베드로, 요한, 예수님의 동생 장로 야고보)로부터의 인정도 받았던 것을 밝히고 있다.

2장 11-21절에는 안디옥에서 있었던 신앙의 대선배격인 게바가 "바른 복음의 진리"를 따라 바로 행하지 아니함을 보고 면전(面前)에서 책망한 사건 등을 기록하고 있다. 문제의 발단은 예루살렘 교회에서 파송되었다라고 하는 거짓 순회전도자들(할례파 유대인) 때문이었다. 이로 인하여 예루살렘 1차 종교회의까지 열리게 되었고 그 결말은 아름답게 맺어졌다(행 15:1-21).

사실 당시 베드로에 대한 바울의 면책(面責, rebuke)은 신앙의 아득한 후배인 바울로서는 뭔가 인간적으로나 도덕적으로는 보기에 약간 민망한 것이었다. 그러나 그는 인간적으로 보기에는 약간 융통성이 없게 보인다 할지라도 하나님의 기쁨이라면 앞서 1장 10절의 말씀을 따라 서슴없이 행동할 뿐이었던 것이다. 그 이상도 그 이하도 아니었다.

그런 사도 바울은 그 유명한 갈라디아서 2장 20절과 사도행전 20장 24절의 말씀을 붙들고 한번 인생을 알차게 더 나아가 치열하게 '복음과 십자가로' 그리스도의 증인으로 살았고 '복음과 십자가만' 자랑하다가 AD 68년 하나님의 허락하심으로 순교의 제물이 되었다.

2-1 십사 년 후에 내가 바나바와 함께 디도를 데리고 다시 예루살렘에 올라갔노니

"십사 년 후에"라는 것은 바울의 회심 후 14년이므로 대략 AD 49년 언저리를 가리킨다. 당시 로마의 황제는 4대 글라우디오(Claudius, 2대 황제 티베리우스의 조카)였다. 그때 흉년이 있었다라고 성경(행 11:28-30, 12:25, 선지자 아가보의 예언)도 역사도 기록하고 있다. 이때 바울은 수리아 안디옥 교회의 구제헌금을 가지고 예루살렘을 두 번째로 방문했던 것이다.

"바나바"의 헬라어는 바나바스(Βαρνάβας)인데 이는 히브리어 두 단어(바르와 나바아)의 합성어(רַב son & נְבָא)이다. 여기서 '바르'는 아들이라는 의미이고 나바아(נְבָא)는 나비(נָבִיא, a spokesman, speaker, prophet)에서 파생된 것으로 '권위자, 위로자'라는 의미이다. 결국 '바나바'란 권위자의 아들(υἱός παρακλήσεως, 휘오스 파라클레세오스)'이라는 의미이다. 바나바는 구브로 섬 출신으로 유대인 디아스포라인데 레위 지파로서 그 본명은 요셉(행 4:36)이었다.

"디도"는 헬라어로 티토스(Τίτος, Titus, a Greek Christian, helper of Paul, perhaps also brother of Luke)인데 이는 '공경'이라는 의미이다. 디도서 1장 4절에 의하면 바울은 그를 "나의 참 아들"이라고 할 정도로 특별히 아꼈다. 디도는 힘든 사역지인 그레데 섬에서 목회를 했고 분쟁이 있던 고린도 교회에 바울이 에베소에서 썼던 고린도서신(전서)을 전달했던 바울의 소중한 동역자이기도 하다.

앞서 언급했듯이 바울은 회심(AD 35) 후에 5차례 예루살렘을 방문했다. 첫째는 사도행전 9장 26-30절, 갈라디아서 1장 18절의 다메섹에서 피신하여 예루살렘에 간 것(AD 38)이고 둘째는 사도행전 11장 27-30절, 12장 25절, 갈라디아서 2장 1-10절의 예루살렘에 흉년이 들어 어려울 때 바나바와 디도와 함께 수리아 안디옥 교회의 부조(봉사, 헌금)를 가지고 예루살렘 교회를 방문한 것이다. 이때 선지자 아가보가 흉년을 예언(행 11:28)했는데 로마의 4대 황제 글라우디오 때였다.

셋째는 사도행전 15장 1-33절의 유대주의적 율법주의자들이 유대로부터 내려와서 '바른 복음'에 더하여 율법적 행위(할례, 유대 절기준수)를 섞어버렸는데 이로 인해 제1차 예루살렘 종교회의가 열려 그때 참석 차 예루살렘을 방문하였다. 이 시기는 대략 1차 전도여행(AD 46-48)후의 일이었다. 이 시기에 일어난 유명한 사건 중 하나가 성경에서 언급되었던 게바를 면전(面前)에서 책망(갈 2:14)했던 바울의 일화이다.

그리고 넷째는 2차 전도여행(AD 50-52)을 마치고 잠시 예루살렘을 방문(행 18:22)하여 선교 보고를 한 후 수리아 안디옥 교회로 돌아갔던 때이다.

마지막 다섯째는 3차 전도여행(AD 53-57)후 예루살렘에 들렀는데 그때 성전에 있는 바울을 보고 아시아로부터 온 유대인들이 선동하면서 "우리 백성과 율법과 성전을 훼방"한다(행 21:27-28)라고 하면서 고소를 했다. 그리하여 당시의 로마 총독이었던 벨릭스가 유대인들의 마음을 얻고자 바울을 가이사랴 감옥(헤롯궁 감옥, 행 20:17-24:27)에 2년 동안이나 구류(拘留, detention, confinement)했다(행 24:27). 이후 총독 벨릭스가 가고 보르기오 베스도가 부임했다. 그리하여 다시 베스도에게 재판을 받게 되었는데 이때 바울은 로마 시민권자로서 '로마 황제에게 재판을 받겠다(행 25:10-12)'라고 했던 것이다.

그러므로 갈라디아서 2장 1절에서의 "14년 후에"라는 것은 바울의 회심(AD 35년)이후 14년이므로 대략 49년경이 된다. 나는 이때가 바울의 두 번째 예루살렘 방문으로 바나바와 함께 디도를 데리고 구제헌금을 가지고 갔던 것으로 생각한다. 그러나 Hendriksen이나 Huxtable은 세 번째 방문으로 해석했다. 왜냐하면 2장 2, 4-5절을 보면 세 번째 방문인 예루살렘 1차 종교회의 참석 차 예루살렘을 방문(AD 48-50년경)했던 것으로도 볼 수 있기 때문이다.

결국 연도가 거의 같은 시기였던 것으로 보아 필자는 AD 48-50년 사이에 바울이 예루살렘을 두 번째와 세 번째 방문을 했던 것으로 정리하고 있다. 또한 이 시기에 게바를 면전(面前)에서 책망했던 것으로 생각하고 있다.

2 계시를 인하여 올라가 내가 이방 가운데서 전파하는 복음을 저희에게 제출하되 유명한 자들에게 사사로이 한 것은 내가 달음질하는 것이나 달음질한 것이 헛되지 않게 하려 함이라

"계시(ἀποκάλυψις, 아포칼륍시스)를 인하여 올라가"라는 것은 '하나님의 뜻'으로 말미암아 예루살렘으로 올라갔다라는 의미이다. 특별히 사도 바울에게는 여러 번(행 16:9, 21:11, 27:23) 꿈이나 환상을 통해 계시(ἀποκάλυψις)가 주어지곤 했다.

특히 2절에서의 "계시를 인하여(카타 아포칼륍신, κατὰ ἀποκάλυψιν, according to a revelation)"라는 부분과 4절에서의 "이는 가만히 들어온 거

짓 형제 까닭이라(디아 데 투스 파레이사크투스 프슈다델푸스, διὰ δὲ τοὺς παρεισάκτους ψευδαδέλφους, brought in secretly false brothers)"고 기록한 두 부분을 이 구절의 "올라가(아네데멘, ἀνεθέμην/ 아나티데미, ἀνατίθημι, v, to set up, set forth)"에 연결하면 바울이 예루살렘에 간 이유가 훨씬 더 선명해진다. 즉 바울은 하나님이 주신 계시를 인하여 예루살렘에 올라갔는데 그 이유는 가만히 들어온 거짓 형제들의 분탕질(거짓 복음, 다른 복음) 때문이었다라는 말이다.

아무튼 이때 바울은 자신이 그동안 이방인들에게 전했던 복음을 예루살렘 성도들과 베드로, 요한, 장로 야고보 같은 당시 초대교회의 지도자들(유명한 자들)에게 온 힘을 다해 알렸다. 이것은 자신이 전한 복음에 대한 상기 "유명한 자들"의 검증과 아울러 유대주의적 율법의자들의 '다른 복음'과는 분명한 차별화를 두려는 의도였다.

한편 "달음질하는 것이나 달음질한 것"에서의 '달음질'이란 '인생길' 혹은 '달려갈 길'을 상징한다. 바울은 회심 후 '복음 전파'를 위해 달려왔던 자신의 '인생길'을 로마통치 하에 있던 운동 경기(고전 9:24, 26)에 비유하고 있는 것이다. 본래 '달음질(육상경기)'이란 단 한 번의 전력 질주로 끝이 난다. 그 결과 금메달(월계관)은 단 한 명에게만 주어진다. 마찬가지로 유한된 한번의 직선 인생길에서 '복음 전파'에 핵심가치를 두고 전력 질주(올인)함으로 마치 육상 경기에서 우승함으로 금메달을 획득하듯 장차 백보좌 심판에서의 '의의 면류관(딤후 4:8, 고전 9:25)'을 획득할 것에 대한 비유인 것이다.

또한 단 한번의 유한된 직선 인생에서 분명한 목적(가치, core value)과 목표(우선순위, priority), 올바른 방향(direction)으로 올인해야 하는 신앙 여정이 마치 운동 경기의 '달음질'과 닮았다고 하여 바울은 '달음질'의 비유를 자주 인용(고전 9:24, 26, 빌 2:16, 3:12-14, 딤후 4:7-8, 행 20:24)하곤 했다. 특별히 사도행전 20장의 말씀은 내게 울림이 크다.

"나의 달려갈 길과 주 예수께 받은 사명 곧 하나님의 은혜의 복음 증거 하는 일을 마치려 함에는 나의 생명을 조금도 귀한 것으로 여기지 아니 하노라"_행 20:24

필자 또한 '달리기(달음질)'가 '신앙생활'과 무척이나 유사하며 동시에 우리에게 주어진 일회의 '삶(인생)'과 그 여정이 너무 흡사하다고 느꼈다. 그렇기에 지난날 〈달리기 신앙, 달리는 삶〉이라는 글을 쓴 적이 있다. 그 내용을 요약하면 다음과 같다.

	달리기(달음질)	신앙생활	인생(삶)
1	혼자 하는 것	개인적인 것	자신의 (영적, 육적) 관리하에 두는 것
2	대신할 수 없다 정직한 땀과 눈물	대신할 수 없다 정직한 땀과 눈물	대신할 수 없다 정직한 땀과 눈물
3	코치 함께하는 동반자	신앙의 롤 모델 동역자가 중요	멘토 배우자가 중요
4	꾸준한 자기 관리 신체적, 정신적 단련	꾸준한 영적 관리 신앙과 삶의 균형과 조화	가지치기를 통한 삶의 목적(가치)과 목표(우선순위) 관리
5	오르막길, 내리막길 돌발상황	Up and down 빈번한 지옥과 천국행	흥망성쇠(興亡盛衰) 와신상담(臥薪嘗膽)
6	출발점->종착점	영적 죽음->예수, 그리스도, 생명->첫 시작-> 영적 부활과 영생	출생->육신적 죽음-> 부활체->백보좌 심판

첫째, 달리기에 있어 릴레이(relay)나 2인 3각 경기(a tripod race)도 있겠으나 대부분의 달음질은 혼자 하는 것이다. 이는 마치 신앙(信仰, faith, belief)은 개인적인 것이고 신앙생활(信仰生活, a religious life, a life of faith) 또한 개개인이 해야만 하는 것과 같다. 동일하게 각자의 인생 또한 종국적으로는 각자가 혼자 살아가는 것이다. 그렇다고 솔로(solo)로 혼자 살라는 얘기는 아니다. 결국은 자신의 영적, 육적 관리 하에 두어야 한다라는 것이다. 이처럼 달리기, 신앙생활, 인생은 그 성격상 유사점이 많다.

둘째, 달리기는 다른 사람이 나를 대신하여 뛰어줄 수가 없는 것이다. 마찬가지로 신앙생활도 그렇고 개개인의 삶 또한 그렇다라는 것이다. 달리기도, 신앙생활에도, 개개인의 삶에도 정직한 땀과 눈물이 필요하며 때로는 피흘림도 필요하다.

셋째, 달리기에는 코치, 함께하는 동반자가 있으면 훨씬 용이하다. 특별히 장거리 달리기는 코치의 조언과 보조자의 동행이 아주 중요하다. 마찬가지로 신앙생활에도 앞서가는 신앙의 롤 모델(role model)과 함께하는 동역자가 중요하다. 다윗과 요나단, 바나바와 바울, 바울과 디모데, 바울과 디도 등등이 좋은 예이다. 삶에도 삶의 순간 순간을 나눌 수 있는 멘토와 최고의 동역자인 배우자가 아주 중요하다. 특별히 잘 준비되고 훈련된 배우자는 인생에서 가장 귀한 동역자이기도 하다.

넷째, 달리기, 신앙생활, 삶은 평소에 철저한 자기관리를 통해 잘 유지되며 지속적인 자기관리는 반드시 필요하다. 그렇기에 달리기든 신앙생활이든 삶이든 간에 일단 한번 출발했으면 중간에 포기하지 말고 초지일관(初志一貫) 하기 위해 꾸준한 자기관리가 필요하다. 특히 달리기는 신체적, 정신적 단련이 필요하며 신앙생활에는 영적 관리를 통한 신앙과 삶의 균형과 조화를 갖추어야 한다. 유한되고 제한된 일회의 인생을 살아감에는 가지치기(trimming, pruning)를 통한 삶의 목적(가치)과 목표(우선순위)를 관리해야 한다. 물론 그 어떤 것에도 성령님보다 앞서서는 안 된다. 또한 모든 것은 주인 되신 성령님의 통치와 질서, 지배 하에 인도되어지는 '성령충만함'으로 나아가야 한다.

다섯째, 달리기, 신앙생활, 삶은 각각 단순한 이론이 아니라 실제적이고 구체적이며 현실 그 자체이다. 그렇기에 각각에는 다양한 굴곡이 있다. 달리기에는 오르막 길이 있는가 하면 내리막 길이 있으며 심지어는 돌발상황을 만나는 때도 있다. 신앙생활에는 up and down은 물론이고 하루에도 자주자주 지옥과 천국을 오가곤 한다. 삶에서는 햇빛이 쨍쨍하게 내리쬐는 순간이 있는가 하면 먹구름이 잔뜩 끼일 때도 있다. 때로는 폭풍과 천둥, 번개, 폭우까지 덮칠 때도 있다. 그러나 걱정할 필요가 없다. 달음질에는 오르막길 다음에 반드시 내리막길의 시원함이 있으며 더 이상 달리지 않아도 되는 종착점이 있다. 삶과 신앙생활은 홀로가기란 불가능하므로 앞서가시는 나하흐의 하나님, 함께하시는 에트의 하나님, 동행하시고 방향을 결정해주시는 할라크의 하나님을 붙들면 된다.

여섯째, 달리기, 신앙생활, 삶에는 출발점이 있는가 하면 지금은 비록 비가시적(非可視的)이기는 하지만 반드시 결산을 해야하는 결승점이 있다라는 것이다. 그날이 오면 모든 것이 끝(개인적 종말, 역사적 종말)이 나며 그 이후에는 심판이 있다.

3 그러나 나와 함께 있는 헬라인 디도라도 억지로 할례를 받게 아니하였으니

바울은 헬라인이었다가 예수를 믿게 된 이방인 디도에게는 의도적으로 할례를 받지 않도록 했다. 이는 구원은 '오직 믿음'으로 말미암는 것이지 율법의 행위 곧 할례와는 무관하다라는 것을 드러내고자 했다. 더 나아가 할례는 마음(심비, 心碑)에 하는 것이라고 했다(롬 2:28-29, 3:30, 고전 7:19, 갈 5:6, 6:15, 빌 3:3, 골 2:11, 3:11).

이와는 달리 모친은 유대인이고 부친은 헬라인이었던 디모데에게는 사도행전 16장 1-5절에 의하면 할례를 행하게 했다.

한편 디도와 디모데에게 이렇게 상반된 결정을 함으로 인해 반대파들로부터는 '이중잣대(double standards)'라는 비난을 듣기도 했다. 그리스도인들조차 처음에는 다소 의아하게 여겼다. 그러나 바울은 이런 자신의 행동에 대해 고린도전서 9장 19-22절에서 분명하게 밝히길, 구원은 율법의 행위가 아니라 '오직 믿음'이라는 것을 확신하기 때문이라고 했다.

'할례'에 있어서 디도와 디모데에 대한 태도가 달랐던 바울의 의도를 다시 정리하면 다음과 같다(고전 9:19-22).

첫째, 구원은 '오직 믿음'으로 말미암는다.

둘째, 택정된 영혼을 한 사람이라도 더 주님께로 인도하기 위해 본질적인 문제가 아닌 경우 '그들과' 같이 됨으로 '그들에게' 먼저 다가가서 '그들을' 하나님께로 인도하기 위함이었다. 즉 할례는 해도 되고 안 해도 되지만 할례를 중시하는 자들에게 다가가기 위해서는 할례를 행하라고 했고, 할례를 중시하지 않은 자들에게 다가가기 위해서는 할례를 하지 않아도 된다라고 했던 것이다.

이는 바울의 경우 '구원'은 '오직 믿음'이기에 할례는 행하든 아니든 간에 구원과는 전혀 무관하다라는 것이었다. 결국 복음을 전하기 위해서는 본질이 아닌 경우 그다지 무리를 하지 말라는 것이다. 그렇기에 바울은 율법 있는 유대인이 되려고도 했으며 율법 없는 이방인이 되려고도 했던 것이다.

결론적으로 바울은 이렇게 '이중잣대'처럼 보이는 행위를 통해서라도 예수 그리스도의 복음을 전함으로 그들을 얻고자 했던 것이다. 그러므로 바울은 고린도전서 9장 23절을 통해 "복음을 위하여 모든 것을 행함은" 이라고 당당하게 고백했던 것이다.

4 이는 가만히 들어온 거짓 형제 까닭이라 저희가 가만히 들어온 것은 그리스도 예수 안에서 우리의 가진 자유를 엿보고 우리를 종으로 삼고자 함이로되

이단 사이비나 사단의 특징 중 하나가 바로 "가만히 들어오는"것인데 헬라어로는 파레이사크토스[43]($παρείσακτος$)이다. 이는 '은밀한, 남몰래 들어온, 옆으로 침입한'이라는 의미이다. 즉 이단 사이비란 소위 '이중 스파이'를 지칭하는 단어로서 신학적으로는 비슷한 듯 보이나 본질(근원과 방법)이 다른 것을 말한다. 오늘날의 정통교회에 가만히 남몰래 숨죽이고

---

43 파레이사크토스($παρείσακτος$, brought in secretly, surreptitious, (an adjective, derived from 3919 /pareiságō, "enter by stealth") – what is "smuggled in" by subterfuge and deceit – literally, "introduced (imported) from close beside" (Souter))

들어와 약한 영혼들을 빼내어가는 신천지의 수법과 아주 흡사하다.

일반적으로 이단 사이비들은 마치 '누룩이 온 덩이에 퍼지듯' 악한 영향력을 통해 급속도로 확산된다. 먼저 그들은 연약한 사람들에게 다가가 그들의 귀를 간지럽히고 마음을 사로잡아 미혹시킨다. 그런 후에 덫에 빠뜨려버린다. 그리하여 옴싹달싹 못 하게 만들어 버리는 것이다. 그런 후 종국적으로는 그 영혼을 낚아채어 버린다. 이는 그레샴(Gresham's law)의 법칙(Gresham's Law, Thomas Gresham)인 '악화(惡貨, 이단 사이비, 다른 복음)는 양화(良貨, 정통신앙, 바른 복음)를 구축(驅逐)하게 된다(Bad money drives out good)"라는 말과 흡사하다.

"가만히 들어온 거짓 형제"에서의 '거짓 형제'란 '유대주의적 율법주의자들'을 가리키는데 고린도후서 11장 13절에는 "거짓 사도(false apostle)", "궤휼의 역군(deceitful workman)"이라고 표현하기도 했다. 갈라디아서 전체를 통하여는 그런 자들을 가리켜 "요란케 하는 자들(1:7)", "복음을 변하게 하는 자들(1:7)", "다른 복음을 전하는 자들(1:8-9)", "가만히 들어온 거짓 형제들(2:4)", "성도의 자유를 빼앗으려는 자들(2:4)", "성도를 죄의 종으로 삼으려는 자들(2:4)", "꾀는 자들(3:1)", "진리에 순종치 못 하게 하는 자들(5:7)", "요동케 하는 자들(5:7)", "어지럽게 하는 자들(5:12)", "육체의 모양을 내려는 자들(6:12)"이라고 콕 집어 여러가지 다양한 표현으로 그들의 특징을 반복적으로 고발하고 있다.

앞서 1장에서도 밝혔듯이 그들은 순진한 갈라디아 교인들을 선동하여 미혹시켜 버림으로 바울의 '사도직'에 대한 의구심(疑懼心, doubt, suspicion)과 함께 바울이 전했던 '바른 복음'의 권위와 정당성을 무너뜨렸다. 그리고는 자신들의 '거짓 복음, 다른 복음'을 따르게 했던 것이다.

한편 "종으로 삼고자 함이로되"라고 한 것은 복음의 가치인 '새 생명(영생)과 참 자유(죄와 사망의 법으로부터, 롬 8:1-2)를 박탈하고자 함이로되'라는 것을 말한다. 그 결과 '죄의 멍에' 아래에서 '죄의 종'이 되어버린 것을 가리킨다.

5 우리가 일시라도 복종치 아니하였으니 이는 복음의 진리로 너희 가운데 항상 있게 하려 함이라

"복음의 진리"란 '바른 복음'을 일컫는 말로서 구원은 '오직 믿음'이라는 것이다. 성부하나님은 인간의 구속을 계획하시고 예수 그리스도는 십자가 보혈을 통해 인간의 구속을 성취하셨다. 이후 그리스도인들 곧 만세 전에 하나님의 은혜로 택정함을 입은 성도들은 영 죽을 죄에서 해방되었고 영적 죽음에서 영적 부활이 되어 지금도 앞으로도 영원히 영생을 누리게 된 것이다.

그리스도인들은 주인 되신 성령님의 내주(內住)하심으로 인해 지금 현재형 하나님나라(주권, 통치, 질서, 지배 하에서)를 누리게 되었고 육신적 죽음 이후 영원히 미래형 하나님나라(육신적 죽음 후 거룩한 성 새 예루살렘이라는 장소)를 누리게 될 것이다. 이를 가리켜 '복음'에는 '충족성(충분성)과 완전성(최종성)이 있다'라고 말하는 것이다.

"항상 있게 하려 함이라"에 해당하는 헬라어는 디아메노[44](διαμένω)인데 이는 '철저히 머물게 하다, 확고부동(確固不動)하게 붙들다'라는 의미이다. 다메섹에서 회심했던 바울은 복음의 진리를 확고히 붙들었기에 그이후로는 어떤 것에도 요동치 않았고 마음을 빼앗기지도 않았다. 그렇기에 그리스도인들 또한 바울과 마찬가지로 동일한 '복음의 진리' 안에 철저히 머물게 되면 결코 흔들리지 않게 될 것이라는 말이다. 동시에 '복음의 진리'를 붙듦으로 말미암아 견고하게 될 것을 말씀하고 있다.

6 유명하다는 이들 중에 (본래 어떤 이들이든지 내게 상관이 없으며 하나님은 사람의 외모를 취하지 아니하시나니) 저 유명한 이들은 내게 더하여 준 것이 없고

"유명하다는 이들 중에"라는 것에서의 '유명하다'라는 것은 그들의 과거나 스펙, 출신 배경 등등이 사람의 보기에 대단하다라는 말이다. 이 구절에서는 예수님의 제자들인 '사도들'을 가리키는 말이다.

"내게 상관이 없으며"라는 것은 나는 삼위하나님만을 경외하며 주인으로 모시기에 하나님께만 권위를 둔다라는 의미이다. 더 나아가 내가 복음을 전할 때 상대가 유명하든 아니든 간에 그런 스펙들은 복음전도자인 나에게 하등의 영향을 미치지 못하며 내 주(主) 하나님 역시 그런 스펙들

---

44 디아메노(διαμένω, (from 3306 /ménō "to remain," intensified by the prefix 1223 / diá, "thoroughly") – properly, fully remain; thoroughly abide; to continue on completely, to remain throughout)

을 전혀 상관치 않으신다라는 의미도 담겨있다.

한편 하나님의 '은총과 은혜'는 '샬롬'의 관계에 있는 택정된 자에게 무한정으로 거저 주시는 선물이다. 좋으시고 신실하신 하나님은 때를 따라 풍성하게 넘치도록 허락하신다.

하나님의 측량할 수 없는 은혜! 그저 감사할 것밖에 없다.

"내게 더하여 준 것이 없고"라는 말에는 '나는 그들에게서 배운 것이 없고 그들이 나를 가르친 적도 없다'라는 것을 함의하고 있다. 이는 바울의 사도 됨(사도직)에 있어서의 정당성과 정통성, 독립성을 주장하는 말이다. 실제로 바울의 경우 부활의 주님이신 예수 그리스도께서 다메섹에서 바울에게 '직접' 나타나셔서 '직접' 가르치셨으며 바울은 그 자신이 '직접' 부활의 예수님을 목격했고 더 나아가 그 예수님으로부터 '직접' 부르심(소명)과 보내심(사명)을 받았던 것이다.

7 도리어 내가 무할례자에게 복음 전함을 맡기를 베드로가 할례자에게 맡음과 같이 한 것을 보고 8 베드로에게 역사하사 그를 할례자의 사도로 삼으신 이가 또한 내게 역사하사 나를 이방인에게 사도로 삼으셨느니라

이 구절에서는 비록 복음(선교)의 '대상'은 다르나 복음 전파(선교)의 '사명'은 동일하기에 바울의 사도직 또한 베드로 사도와 동등할 뿐만 아니라 신적인 기원에서 비롯되었음을 드러내고 있다. 즉 베드로가 할례자의 사도인 것같이 자신에게 주신 무할례자의 사도직 또한 하나님께서 주신 것(신적 기원)이기에 '사도'로 부름 받은 목적인 복음 전파의 사명 또한 베드로와 동일하다라는 의미이다.

"역사하사"의 헬라어는 에네르게오[45](ἐνεργέω)인데 이는 '힘을 주시는' 이라는 의미이다. 곧 하나님께서 베드로와 나에게 각자의 소명을 따라 사명을 잘 감당할 수 있도록 동일하게 '힘을 주셨다'라는 의미이다. 참고로 에네르게스[46](ἐνεργής)는 엔(ἐν)과 에르곤(ἔργον, nn)의 합성어로서 이는 영어 에너지(energy)의 어원이기도 하다.

바울은 계속 강조하기를, '이방인의 사도(갈 2:8-9, 롬 11:13)인가, 유대인의 사도인가'의 구분은 중요치 않다라고 말하고 있다. 왜냐하면 만세 전에 택정함을 입은 모든 사람이 다 구원의 대상이며 동시에 복음 전파에 있어서 그 능력의 원천은 오직 하나님께로부터 나오기 때문이라는 것이다.

9 또 내게 주신 은혜를 알므로 기둥 같이 여기는 야고보와 게바와 요한도 나와 바나바에게 교제의 악수를 하였으니 이는 우리는 이방인에게로, 저희는 할례자에게로 가게 하려 함이라

---

45 에네르게오(ἐνεργέω, (from 1722 /en, "engaged in," which intensifies 2041 /érgon, "work") - properly, energize, working in a situation which brings it from one stage (point) to the next, like an electrical current energizing a wire, bringing it to a shining light bulb)

46 에네르게스(ἐνεργής)는 엔(ἐν(en (a preposition) - properly, in (inside, within); (figuratively) "in the realm (sphere) of," as in the condition (state) in which something operates from the inside (within))과 에르곤(ἔργον, nn, érgon (from ergō, "to work, accomplish") - a work or worker who accomplishes something. 2041 /érgon ("work") is a deed (action) that carries out (completes) an inner desire (intension, purpose))의 합성어이다.

"교제의 악수를 하였으니"라는 것은 예수님의 동생 야고보 장로와 게바와 요한도 바울이 전한 복음이 '바른 복음'이라는 것과 '사도로 부름받았음(사도직)'을 인정했다라는 것을 의미한다. 더 나아가 이제 후로는 예수 그리스도 안에서 한 지체로 서로 친밀한 교제를 하게 되었음을 가리킨다.

"여기다"의 헬라어는 도케오[47](δοκέω)인데 이는 2장 2, 6절의 "유명하다"라는 헬라어와 동의어로서 야고보 장로와 게바와 요한을 그리스도의 몸 된 초대교회의 주역으로서 '기둥같이 여기는 혹은 기둥같이 유명한 사람으로 여겼다'라는 의미이다.

"이는 우리는 이방인에게로, 저희는 할례자에게로 가게 하려 함이라"는 말씀에서의 "이방인에게로"라는 것은 7, 8절에서의 "무할례자에게 복음 전함을 맡기로, 이방인의 사도로 삼으셨느니라"는 말이고 "할례자에게로"라는 것은 "할례자에게 복음 전함을 맡음과 같이, 할례자의 사도로 삼으심"이라는 말이다.

10 다만 우리에게 가난한 자들 생각하는 것을 부탁하였으니 이것을 나도 본래 힘써 행하노라

"구제 혹은 긍휼 사역"은 복음 전파 사역과 더불어 처음부터 바울이 실천해왔던 일이었다. 그렇기에 두 번째 예루살렘 방문은 수리아 안디옥

47　도케오(δοκέω, to have an opinion, to seem, properly, suppose (what "seems to be"), forming an opinion (a personal judgment, estimate))

교회 지체들의 정성스러운 헌금을 예루살렘 교회 지체들에게 전달하기 위한 방문으로 곧 구제 자체를 위한 것이었다. 이때 디도를 데리고 바나바와 함께 갔었다(갈 2:1, 행 11:27-30, 고전 16:1-3, 고후 8:1-5).

결국 복음 전파와 구제 사역은 항상 함께 가는 것으로 이는 마치 동전의 양면처럼 떼려야 뗄 수 없는 것이라는 의미이다. 의사로서 내가 즐겨 사용하는 비유는 손(Hand)과 발(Foot)이다. 곧 발등(Dorsum of Foot)과 발바닥(Sole)을 가리켜 발(Foot)이라 하고 손등(Dorsum of Hand)과 손바닥(Palm)을 가리켜 손(Hand)이라 하듯이 '복음 전파'와 '구제 사역' 또한 이처럼 구분할 수 없는 '하나'라는 말이다.

`

11 게바가 안디옥에 이르렀을 때에 책망할 일이 있기로 내가 저를 면책하였노라

사도행전 9장에 이르면 바울의 회심 사건과 더불어 회심 이후 3년 동안 다메섹에서의 치열한 복음 전파에 관한 소개가 있다. 그러다가 그곳의 유대인들과 나바티아(Nabatea) 왕국의 아레다 왕(고후 11:32-33)의 핍박으로 예루살렘으로 피하였다가 자신의 고향 다소(행 9:30)로 가게 되는 일련의 이야기들이 있다. 그러다가 바울의 이야기는 사도행전 9장 31절로 갑자기 뚝 끊기게 된다.

이후 베드로의 이야기가 사도행전 9장 32절-11장 18절까지에 등장한다. 이 부분에는 게바의 행적(발자취, 행전, 프락세이스)이 비교적 소상하게 잘 소개되어 있다. 즉 룻다에 살았던 중풍병자 애니아를 치유한 일(행 9:32-35), 욥바에 살던 다비다(טְבִיתָא, a Chaldean name, 도르가, Δορκάς, "gazelle(작은 영양(羚

羊)" (an animal with large bright eyes), Dorcas, a Christian woman, Dorcas, the Greek name of Tabitha)를 살린 일(행 9:36-42), 욥바 성 피장 시몬의 집에서 기도 중 하나님께서 환상을 보여주신 일(행 9:43-10:9-16), 동시에 가이사랴에 있던 백부장 이방인 고넬료에게도 환상을 보여주신 일(행 10:1-8), 그리하여 이방인이었던 고넬료를 만나 예수 그리스도의 이름으로 세례를 주었던 일(행 10:23-48), 무할례자의 집에 들어가 함께 음식을 먹었던 일(행 11:3) 등등이다.

그런데 이러한 일들을 경험했음에도 불구하고 베드로는 수리아 안디옥 교회를 방문하였다가 웬일인지 그곳에서 얼토당토 않은 이상한 실수를 범하고 만다. 그 일에 유대인들도 곧장 미혹되었고 심지어는 안디옥 교회의 담임목사인 바나바까지도 '그 외식'에 유혹되어 버렸다. 그러자 그들의 행태를 보고 있던 바울은 '열불'이 나서 신앙의 대 선배격인 게바(베드로)를 향해 '바른 복음의 진리'에서 떠난 부분에 대해 면전(面前, 공개적으로)에서 강력하게 책망(責望, rebuke)을 했다.

이 부분에서 나는 '바울의 무례(無禮)는 아무런 문제가 없다'라거나 대선배 사도였던 베드로에게 아무리 그래도 그렇지 '어떻게 함부로 시건방지게, 그것도 공개적으로 지적질을 하냐'라는 것에 토를 달며 시간을 빼앗기고 싶지 않다. 본문이 의도하는 바가 아니기 때문이다.

사실 인간적으로 보면 바울의 그러한 행태는 상당히 무례한 것이었다. 그러나 분명한 것은 베드로도 바울도 역사의 주관자 하나님의 섭리와 경륜에 다소 '이상한 모습'이기는 하지만 '그렇게' 쓰임을 받았다라는 것을 기억해야 한다. 소위 어떤 사건에서건 간에 그리스도인들이라면 '섭리의식(Providence)'을 가져야 한다라는 것이다. 오히려 필자에게는 당돌하게 동시에 당당하게 지적하는 바울도 멋있어 보이고 약간 겸연쩍기는 하나 올바른 지적에 대해 움찔하면서도 잘 감내하고 있는 베드로의 머쓱함도 순수하게 보인다. 가만히 보면 둘 다 그리스도인으로서의 올바른 삶의 태도를 보여주고 있는 것이다.

분명히 세상 사람들의 눈에는 이상야릇한 상황처럼 보이기는 한다. 그러나 실상은 진실된 그리스도인들의 진솔한 삶의 한 단면을 보여주고 있어서 나는 이 부분을 대할 때마다 무한 행복하다. 그렇기에 이런 장면을 마주할 때면 '덥디더운 여름 철에 시원한 냉수'를 마시는 느낌을 갖게 된다. 이런 장면이나 그렇게 살아가는 멋진 그리스도인들을 만날 때마다 정말 흐뭇하고 유쾌하며 즐겁다. 이 순간 떠오르는 얼굴들이 나의 주변에 제법 있다는 사실이 나의 자랑이기도 하다.

한편 바울이 베드로에 대해 면책(面責, rebuke)한 이유는 다음과 같다.

바울은 베드로의 그런 행동에 대해 "스스로 책망받을 일을 한 것(2:11)"이고 "외식적인 행동을 한 것(2:13)"이며 "복음의 진리를 따라 바로 행하지 않은 것(2:14)", "이방인에게 자신은 행치도 않으면서 유대인의 삶의 방식을 강요한 것(2:14)"으로 규정지었다.

더 나아가 그런 베드로의 행동에 대해 "예수 그리스도를 믿는 믿음이 아니라 율법의 행위로 의롭게 된다는 것(2:16)"을 스스로 인정한 셈이라고 지적했다.

또한 그러한 행동은 "그리스도께서 헐어버린 것을 다시 세우는 범법 행위(2:18)"이자 "율법을 살려 율법 안에서 사는 것(2:19)"이며 "하나님의 은혜와 그리스도의 죽음을 헛되게 하는 것(2:21)"이라고 단호하게 규정

했다.[48]

12 야고보에게서 온 어떤 이들이 이르기 전에 게바가 이방인과 함께 먹다가 저희가 오매 그가 할례자들을 두려워하여 떠나 물러가매

이 구절에서의 "야고보"는 당시 장로로서 예수님의 동생을 가리키며 야고보서의 기록자인 야고보를 말한다. 그는 예루살렘 교회의 수장으로 있었다. 처음에 그는 예수를 메시야로 믿지 않았다. 그러나 나중에는 그 예수를 그리스도, 메시야로 공회에서 당당히 전하다가 돌에 맞아 순교당했다(AD 62). 참고로 대 야고보가 바로 세베대의 아들이자 사도 요한의 형제 야고보(사도 중 최초로 순교, AD 44년 헤롯 아그립바 1세에게 처형, 행 21:1)이며 소 야고보는 알패오의 아들 야고보(AD 54년에 순교)이다.

"야고보에게서 온 어떤 이들"이란 예루살렘 교회에서 온 '할례파 유대인들'을 가리키는 것으로 실상은 예루살렘 교회의 장로였던 예수님의 동생 야고보가 파송한 사람들은 아니었다. 당시에는 여러 모양의 순회전도자들이 많았는데 이중에는 거짓 순회전도자들이 특별히 많았다. 이들이 전했던 '다른 복음'에 대한 폐해는 오로지 초신자들이나 '바른 복음'을 올바로 알지 못했던 연약한 그리스도인들에게 집중되었다. 문제는 그들의 악영향이 너무나도 컸다라는 점이다.

마치 "적은 누룩이 온 덩이에 퍼지듯(갈 5:9)"

---

48 갈라디아서 주석, 이레서원, 최갑종, 2016. P298-299

하마터면 바울과 바나바의 1차 전도여행(AD 46-48)과 2, 3차 전도여행의 본부이자 기지였던 수리아 안디옥 교회가 무너질 뻔했고 특별히 처음으로 시작되었던 본격적인 이방인에로의 전도였던 1차 전도여행의 모든 열매가 한순간에 수포로 돌아갈 뻔했다.

왜냐하면 거짓 순회전도자들이 '바른 복음'을 강조하는 듯하면서 동시에 그것에다가 '할례와 모세의 율법 준수, 계명 준수, 유대인들의 절기 준수' 등을 슬쩍 혼합해버렸기 때문이다. 그리하여 아직은 연약했던 갈라디아 교회와 성도들을 '다른 복음'으로 밀어넣어 버린 것이다. 알고도 저질렀으면 더더욱 나쁜 짓을 한 것이며 모르고 했다고 한다면 소경이 소경을 인도한 꼴이다.

"이방인과 함께 먹다가"에 해당하는 헬라어는 메타 톤 에쓰논 쉬네스디엔(μετὰ τῶν ἐθνῶν συνήσθιεν, with the Gentiles he was eating, V-IIA-3S)인데 이는 '습관을 나타내는 미완료형'으로 베드로는 이미 환상을 통해(행 10:9-48) 아버지 하나님의 뜻을 명확히 알았었기에 안디옥에 머무는 동안 자주 자주 이방인들과 함께 식사를 하곤 했었음을 가리킨다.

13 남은 유대인들도 저와 같이 외식하므로 바나바도 저희의 외식에 유혹되었느니라

"외식"의 헬라어는 휘포크리시스[49](ὑπόκρισις, nf)인데 이는 '종교적 도적적 가식이나 위선, 말과 행동이 일치하지 않음, 사악함, 하나님께 불충실함(마 6:5, 23:27, 눅 6:42, 갈 2:13)'을 의미하는 단어이다. 이는 동사 휘포크리노마이(ὑποκρίνομαι, ~인 체하다)에서 파생되었다.

참고로 동사 휘포크리노마이(ὑποκρίνομαι, ~인 체하다)는 휘포(ὑπό, by, under)와 크리노(κρίνω, v)의 합성어로서 드러내어 놓고 판단하는 것이 아니라 '물 밑 아래에서 판단한다'라는 의미를 가지고 있다.

예를 들면 저수지나 호수, 냇가의 청둥오리들(사진은 아르헨티나 푸른 부리 오리임)을 보면 물 위에 가만히 있는 듯 보이지만 수면 아래에서는 발이 부지런히 움직이는 것을 볼 수 있다.

---

49 휘포크리시스(ὑπόκρισις, nf, playacting, hypocrisy, literally, "under-judging"). 5272 / hypókrisis ("hypocrisy, insincerity") literally refers to "someone acting under a mask," and implies a specific application (type) of hypocrisy)는 '종교적 도적적 가식이나 위선, 말과 행동이 일치하지 않음, 사악함, 하나님께 불충실함, 마 6:5, 23:27, 눅 6:42, 갈 2:13)'을 의미한다. 동사 휘포크리노마이(ὑποκρίνομαι, ~인 체하다)에서 파생되었다. 동사 휘포크리노마이(ὑποκρίνομαι, ~인 체하다)는 휘포(ὑπό, by, under)와 크리노(κρίνω, v, properly, to separate (distinguish), i.e. judge; come to a choice (decision, judgment) by making a judgment - either positive (a verdict in favor of) or negative (which rejects or condemns)의 합성어이다.

결국 물 위에서는 아무 것도 안하는 '체'하지만 물 아래에서는 '온갖 일을 벌리는 것'을 '외식(外飾), 위선(偽善), 가식(假飾)'이라고 한다.

14 그러므로 나는 저희가 복음의 진리를 따라 바로 행하지 아니함을 보고 모든 자 앞에서 게바에게 이르되 네가 유대인으로서 이방을 좇고 유대인답게 살지 아니하면서 어찌하여 억지로 이방인을 유대인답게 살게 하려느냐 하였노라

이 구절에서의 베드로는 자신의 어정쩡한 행동으로 인해 수리아 안디옥의 개종한 이방인 그리스도인들에게 '오직 믿음'으로 구원을 얻는다는 '바른 복음의 진리'를 혼돈으로 빠뜨려버렸던 것이다.

당시 할례받지 않은 이방인일지라도 믿음 안에서 한 식구 된 그리스도인들은 함께 식탁 공동체를 가지며 살갑게 교제하곤 했다. 그러다가 갑작스럽게 들이닥친, 할례파 유대인들이 예루살렘으로부터 왔다는 말을 듣자마자 식탁을 황급히 떠나버리는 모습에 이방인 그리스도인들은 적잖이 놀라고 혼란스러웠을 것이다.

더 나아가 하마터면 '바른 복음'이 율법 아래로 종속될(온전한 구원은 믿음과 할례라는) 상황까지 만들 뻔했다. 그렇기에 그 자리에 있던 바울은 비록 인간적으로 보나 연륜적으로 보나 애매한 상황이 연출될 수 있었음에도 불구하고 공개적으로 베드로를 면책했던 것이다. 이런 모습은 평상시 바울이 믿음의 아들 디모데에게 올바로 말씀을 가르치기 위해 최선을 다했던 (딤전 5:19-20) 것과 동일한 태도이기도 했다.

한편 베드로후서 3장 15절을 유추해 보면, 새파란 후배였던 바울의 그런 질책에 대한 베드로의 태도는 앞서 복음을 받아들인 선배로서 그리스도인의 귀한 모범이기도 하다. 당시 베드로는 까마득한 신앙 후배였던 바울의 질책에 대해 아무런 변명도 대응도 하지 않았다. 더 나아가 자신의 우유부단함과 잘못을 인정하는 태도와 '바른 복음의 진리' 앞에서 고개를 숙이는 태도는 실로 아름다운 것이었다.

상기 구절을 다시 요약하면 당시 수리아 안디옥에서 일찌기 복음의 진리를 받아들였던 이방인 그리스도인들은 그동안 유대인 그리스도인들과 함께 율법(할례)과는 무관하게 한 가족처럼 음식을 먹으며 식탁 공동체를 가져왔다. 그런데 갑자기 예루살렘 교회에서 왔다고 하는, 거짓 순회전도자 곧 할례를 받은, 유대인 그리스도인들이 안디옥에 왔다고 하여 베드로가 그렇게 이중적인 태도를 취해버린 것은 이방인들에게 율법의 규례 곧 할례를 강요한 것과 같은 것이었다. 그것은 마치 그리스도께서 주신 자유를 무시하고 다시 종의 멍에를 강요한 것과 다름이 없는 것이라는 의미이다.

가만히 보면 바울의 입장에서는 2번의 제법 '쎈' 트라우마가 있었던 듯하다. 한 번은 수리아 안디옥에서의 베드로의 외식(外飾)이었고 다른 하나는 거짓 순회전도자들이 갈라디아 지역에 가서는 '바른 복음'의 진리를 흔들어버린 것이다. 그리하여 첫번 째는 베드로를 향한 면책(rebuke)이었고 두번째는 천둥서신(우뢰 서신)으로서 유대주의적 율법주의자들을 향한 선전포고문인 갈라디아서를 쓴 것이다.

15 우리는 본래 유대인이요 이방 죄인이 아니로되

"우리는 본래 유대인이요"라는 것은 태어나면서부터 선민(選民)으로서의 '혈통적 유대인'이라는 말이다. 당시 이방인들이 유대인이 되려면 할례를 통하여 개종함으로 유대인이 될 수 있었다.

"이방 죄인"이라고 표현한 것은 '윤리 도덕적인 상태'에 대한 말이 아니라 '무할례자'를 가리키는 것으로 '종교적 죄인으로서의 이방인'이라는 의미이다. 이런 말들은 유대주의적 율법주의자들이 이방인들을 향해 통상적으로 사용하던 말이었다.

16 사람이 의롭게 되는 것은 율법의 행위에서 난 것이 아니요 오직 예수 그리스도를 믿음으로 말미암는 줄 아는 고로 우리도 그리스도 예수를 믿나니 이는 우리가 율법의 행위에서 아니고 그리스도를 믿음으로써 의롭다 함을 얻으려 함이라 율법의 행위로써는 의롭다 함을 얻을 육체가 없느니라

이 구절은 바울신학을 잘 보여주는 핵심구절 중의 하나로 이신득의 (Justification by faith) 곧 '사람이 의롭게 되는 것은 율법의 행위에서 난 것이 아니요 오직 예수 그리스도를 믿음으로 말미암는다'라는 교리를 잘 설명하고 있다. 한편 이 구절에서 굳이 핵심단어를 나열하라면 '예수, 그리스도, 믿음, 의로움', 그리고 '육체와 율법의 행위'이다.

우리는 3번이나 반복하여 사용된 '율법의 행위'라는 말과 동시에 역시 3번이나 반복하여 말씀하고 있는 '예수 그리스도를 믿음으로 의롭다 함을 얻으려 함'이라는 두 문장의 날카로운 대조에 주목할 필요가 있다. 곧 율법의 행위가 아니라 '그리스도를 믿는 믿음' 혹은 '그리스도에 대한 믿음'이 중요하다는 것을 말씀하고 있는 것이다.

참고로 율법(律法)주의(Legalism or Nomism)라는 것은 모세가 기록한 율법의 계명이나 규례 외에도 모든 종교적 규례와 도덕적 선을 행함으로 구원에 이를 수 있다라고 주장하는 것을 말한다.

"율법의 행위로는 의롭다 함을 얻을 육체가 없다"라는 것을 잘못 이해하여 율법의 무용성(율법폐기론, 반율법주의, 무율법주의 등)으로 해석해서는 곤란하다. 왜냐하면 율법을 주신 것 또한 하나님의 은혜이기 때문이다. 그 '은혜(율법) 위에 은혜'가 바로 예수 그리스도인 것이다.

"율법은 모세로 말미암아 주신 것이요 은혜와 진리는 예수 그리스도로 말미암아 온 것이라"_요 1:17

한편 죄로 오염된 제한적인 인간은 율법의 요구를 결코 온전히 충족시킬 수가 없다. 그렇기에 율법으로는 인간이 의롭게 될 수 없는 것이다. 결국 인간을 구원하는 최종적이며 완전한 방법은 예수 그리스도를 믿는 길뿐이며 그 예수를 '오직 믿음'으로 인간은 의롭게 될 뿐이다.

"의롭게 되다"의 헬라어는 디카이오오[50](δικαιόω)인데 이는 법정용어로서 '하나님께서 친히 우리에게 무죄를 선언(롬 8:33)하셨던 최종판결'이라

---

50 디카이오오(δικαιόω, (from dikē, "right, judicial-approval") - properly, approved, especially in a legal, authoritative sense; to show what is right, i.e. conformed to a proper standard (i.e. "upright"). / The believer is "made righteous/justified" (1344 /dikaióō) by the Lord, cleared of all charges (punishment) related to their sins. Moreover, they are justified (1344 /dikaióō, "made right, righteous") by God's grace each time they receive (obey) faith (4102 /pístis), i.e. "God's inwrought persuasion" (cf. the -oō ending which conveys "to bring to/out"))

는 의미이다. 학자들의 다양한 많은 의견에도 불구하고 나는 하나님께서 우리를 의롭게 하시는 '의(δικαιοσύνη, 디카이오쉬네, 갈 2:21, 3:6, 21, 5:5)'에 대하여 다음의 두 가지로 이해하고 있다.

첫째, 예수는 '하나님의 의'가 되셨고 하나님의 의가 되신 예수 그리스도를 믿게 되면 '예수님의 의'에 근거하여 비록 종말시대를 살아가는 우리가 죄인이라 할지라도 우리는 의롭게 된다라는 것이다. 이는 '하나님의 법적 선언'에 근거한 것으로 우리가 익히 알고 있는 '전통적인 이신칭의'를 가리킨다. 결국 우리가 의롭게 된 것은 '하나님의 법적 선언'에 의한 것이라는 말이다.

둘째, 창조주 하나님, 역사의 주관자 하나님은 우리에게 일방적인 은혜의 언약(6대 언약[51])을 주셨다. 신실하신 하나님은 그 언약의 성취(예수님의 초림)와 완성(예수님의 재림)을 통해 우리를 온전히 의롭게 하셨는데 이를 가리켜 우리를 향한 하나님 자신의 구원 행위라고 한다. 다시 말하면 우리가 의롭게 된 것(already~not yet)은 '오직 믿음' 때문이었는데 이를 '하나님의 구원 행위 곧 통치 행위'라고 한다라는 것이다. 이후 '세례'라는 소중한 결단의 고백을 통해 하나님과 우리와의 바른 관계와 친밀한 교제 곧 샬롬의 관계로 살아가게 된다.

상기의 두 가지를 연결하면, 우리가 '의롭게 된' 것은 '성부하나님의 법적 선언'과 더불어 '신실하신 하나님의 은혜언약의 성취와 완성' 덕분이라는 것이다. 그렇기에 나는 하나님의 하나님 되심을 '창조-타락-

---

51 6대 언약이란 아담언약, 노아언약, 아브라함언약, 모세언약, 다윗언약, 예수 그리스도의 새 언약을 말한다. 〈복음은 삶을 단순하게 한다〉, 〈복음은 삶을 선명하게 한다〉 참조

구속-완성(재창조)'이라는 기독교적 세계관 혹은 성경적 세계관(Biblical or Christian World-view)의 4기둥을 유지함으로 성경을 해석하고 있다.

결국 '칭의'[52]는 성부하나님의 은혜로 만세 전에 택정하심 속에 삼위하나님의 작정과 예정, 섭리와 경륜을 따라 예수 그리스도 안에서 '이미 이루어진(already)' 성취된 종말론적 사건(칭의)이다. 동시에 성령님을 통해 계속 이루어져 가는 '아직(not yet)'인 종말론적 사건(성화)이며 예수 그리스도의 재림과 함께 마지막 심판 날에 '완성(첫 창조의 회복)'될 종말론적 사건(영화)이다.

'오직 예수 그리스도를 믿음으로 의롭게 된다'라는 것에 해당하는 헬라어는 디카이오도멘 에크 피스테오스 크리스투(δικαιωθῶμεν ἐκ πίστεως Χριστοῦ, we may be justified by faith from Christ)이다. 이는 사도행전 13장 38-39절과 로마서 1장 16-17절의 말씀이기도 하다.

한편 "오직 예수(Ἰησοῦς) 그리스도(Χριστός)를 믿음으로 말미암는 줄 아는 고로"와 "그리스도 예수(Χριστός Ἰησοῦς)를 믿나니"라는 문장에서 '예수 그리스도와 그리스도 예수'의 순서를 굳이 바꾸어 기록한 이유는 무엇일까? 물론 큰 차이는 없으나 나는 애써 그 순서에 의미를 두면서 이렇게 해석한다.

'예수 그리스도'에서의 '예수(Ἰησοῦς, "Yehoshua"/Jehoshua, contracted to

---

52 '칭의'란 하나님의 심판 앞에서 '무죄 선언됨, 의인이라 칭함 받음, 의인의 신분을 얻음'으로 실제로 '의인의 신분을 갖게 됨, 하나님과의 올바른 관계를 갖게 됨'을 가리킨다. 즉 '칭의'는 무죄선언(죄 용서)을 받고 하나님과의 올바른 관계로 회복되는 것인데 칭의 안에 이미 성화가, 성화 안에 이미 칭의가 전제(고전 6:11)되어 있다. 갈라디아주석, 이레서원, 최갑종 지음, 2016, p345-349

"Joshua" which means "Yahweh saves" (or "Yahweh is salvation")'는 '구원자'라는 의미이고 '그리스도(Χριστός, the Anointed One, Messiah, Christ, (from 5548 /xríō, "anoint with olive oil") - properly, "the Anointed One," the Christ (Hebrew, "Messiah")'는 '성부하나님의 유일한 기름부음 받은 자'라는 의미이다. 이를 직역하면 '예수 그리스도'라는 것은 구원자이신 예수님만이 성부 하나님의 유일한 기름부음 받은 자라는 의미로서 그리스도 곧 '성부하나님의 언약(약속)'에 방점을 둔 것이다.

한편 '그리스도 예수'라는 것은 '성부 하나님의 유일한 기름부음을 받고 이 땅에 성육신하신 예수님만이 참 구원자(예수에 방점)'라는 의미이다.

전자(예수 그리스도)의 경우 구원자 예수님만이 '성부하나님의 유일한 기름부음(곧 성부하나님의 언약에 방점)'을 받고 이 땅에 성육신하셔서 하나님의 작정과 예정, 섭리와 경륜을 이루신 분임을 강조한다면, 후자(그리스도 예수)의 경우에는 하나님의 유일한 기름부음 받은 자 곧 그리스도, 메시야이신 그 예수님만이 구원자(예수에 방점)임을 강조한 것이다.

결국 둘 다 구원자이신 '오직 예수(Solus Christus)'를 '오직 믿음(Sola Fide)'으로 구원을 얻게 된다라는 것을 강조한 것이다.

17 만일 우리가 그리스도 안에서 의롭게 되려 하다가 죄인으로 나타나면 그리스도께서 죄를 짓게 하는 자냐 결코 그럴 수 없느니라

이 구절은 "만일 우리가 그리스도 안에서 의롭게 되려 하다가 죄를 지어 죄인으로 나타나면 우리의 주인 되신 그리스도께서 우리로 하여금 죄를 짓게 하는(조장하는) 자냐"라고 바꾸어 읽으면 이해가 쉬워진다. 여기서 "죄인"이란 '무할례자', '이방인', '율법의 규례에서 벗어나 있는 자들'을 총칭하여 일컫는 말이다. 결국 '죄인으로 나타나면'이라는 말은 '율법의 규례(할례 등)를 지키지 않아서 죄인이 되는 것이라면'이라는 의미이다.

그러므로 율법을 준수하지 않아도 그리스도를 '오직 믿음'으로 의롭게 된다고 확신했는데 율법의 규례(할례등)를 지키지 않음으로 인해 죄인이 된다라고 한다면 그리스도는 우리로 하여금 죄를 짓게 해버린 자가 되는 셈이다.

더 나아가 우리의 주인 되신 예수께서 우리가 죄를 지으려할 때 말리지 않은 것이라면 복음의 주체이신 예수 그리스도께서 죄를 조장한 것이 되어 인간들을 죄인으로 만들어버린 것이라는 오해가 생겨날 수도 있다. 그러나 '결코 그렇지 않다'라고 강조하고 있는데 이는 곧 그리스도 안에서 확실하게 의롭게 될 수 있음을 말씀하고 있다.

결론적으로 인간은 그리스도 안에서 '오직 믿음'으로 확실히 의롭게 된다라는 것이다. 여기서 "결코 그럴 수 없느니라"에 해당하는 헬라어는 메 게노이토(μὴ γένοιτο, never may it be)인데 여기에는 '강한 부정과 강한 희구(希求, desire)'가 함의되어 있다.

다시 말하지만 인간이 율법이나 자기 의를 행함으로 의롭게 되려 하는 것은 '바른 복음의 진리'를 무시하는 것으로 또 다시 '율법의 종, 율법의 굴레'로 되돌아가는 것이며 이는 '그리스도를 욕되게 하는 것'이기에 결국 죄인으로 나타날 뿐이다.

18 만일 내가 헐었던 것을 다시 세우면 내가 나를 범법한 자로 만드는 것이라

앞의 17절의 의미는 예수 그리스도 안에서 '오직 믿음'으로 자유를 누리던 자가 다시 율법의 굴레(율법의 행위)로 들어가 버린다면 그 율법의 멍에로부터의 참 자유를 허락하셨던 우리의 주인이신 예수 그리스도를 버린 것이 된다. 그럼으로써 우리는 우리를 다시 범죄자로 만들어버린 것이 된다라는 것이었다.

마찬가지로 이곳 18절에서도 '오직 믿음'으로 의롭다 칭함을 얻을 수 있다며 복음에 올인했던 사도 바울 자신이 다시 지난날의 율법주의자로 회귀해버린다면 본인과 갈라디아 교인 모두는 예수 그리스도 앞에서 범법자가 되는 것은 물론이요 바울 자신은 갈라디아 교인들을 다시 범법자로 만들어버린 것이 된다라는 의미이다.

한편 "만일 내가 헐었던 것을 다시 세우면"에서의 "헐었던 것"이란 유대인과 이방인 사이의 장벽이 되었던 할례, 율법의 준수, 계명 준수, 유대인의 절기, 음식법 등등을 포함한 인종적(유대인이나 헬라인이나), 신분적(종이나 자유자나), 성적(性的, 남자나 여자나) 차별을 예수 그리스도께서 십자가 사건을 통해 '허물었던 것(갈 3:28, 엡 2:14-15)'을 가리킨다. "다시 세우면"이란 '율법의 굴레 혹은 율법주의자로 회귀한다면'이라는 의미이다.

그러므로 예수 그리스도께서 십자가를 통하여 '다 이루신' 후에는 '율법 준수' 곧 '할례'가 더 이상 죄인이냐 아니냐를 판단하는 '기준'은 아니다라는 말이다. 오히려 그리스도에 대한 '오직 믿음'만이 의인이냐 죄인이냐를 나누는 '명료한 기준'이 된다라는 말이다.

결론적으로 그리스도인은 19절의 말씀대로 "율법으로 말미암아 율법을 향하여는 죽은 자" 곧 율법에는 무관한 자가 되었다라는 말이다.

19 내가 율법으로 말미암아 율법을 향하여 죽었나니 이는 하나님을 향하여 살려 함이니라

죄로 오염된 인간은 율법의 요구를 결코 충족시킬 수가 없다. 게다가 율법의 결국은 '죄의식'과 그로 인한 '수치심, 정죄감, 죄책감'이며 그 결과는 '심판(롬 3:19)'뿐이다. 그렇기에 바울은 율법적 의(義)로서 자기 의를 추구하던 과거의 생활을 완전히 청산했다. 그렇게 함으로 바울은 '율법을 향하여 죽었다'라고 말했던 것이다.

즉 "율법을 향하여 죽었나니"라는 것은 '율법에 대하여는 죽은 자가 되었다'라는 의미로서 Dunn은 율법에 대해 지나친 열심이 있던 바울이 다메섹 도상에서 부활의 주님을 만난 이후 율법에 대해 '좌절'하게 된 것이라고 했다. Burton은 바울이 율법을 지킬 수 없는 인간의 무능력을 깨달은 후 의의 수단으로서의 율법 대신 '오직 믿음'으로 그리스도 예수에게로 나아간 것을 가리킨다(롬 7:4)라고 했다. 여기서 '그리스도 예수께로 나아간 것'을 가리켜 "하나님을 향하여 살려 함이니라(롬6:11)"는 의미로 나는 해석한다.

예수님은 죄인이었던 우리가 율법을 온전히 지키지 못함으로 인해 자초할 수밖에 없었던 율법의 저주를 십자가에서 우리를 대신하여 보혈을 흘리시고 죽으셨다(갈 3:13). 그때 우리는 2,000년 전 그 예수님과 '함께'

십자가에 못 박혔고 그 예수님의 부활하심과 '함께' 다시 살아났다. 이후 '세례(밥티조, 4가지 의미)'를 통해 고백하고 결단한 우리는 그리스도와 하나 됨(영접+연합)으로 인해 율법의 저주에서 온전히 벗어나게 되었다(롬 8:3-4).

참고로 율법의 한계성을 깨닫고 율법으로부터 자신을 단절시킨 것(인간의 무능력, Burton)을 가리켜 "죽었나니"로 표현하였다면 "하나님을 향하여 살려 함이니라"라는 것은 이제 후로는 '하나님을 붙잡게 된 것, 하나님 안에서 산 자가 되었음'을 의미한다.

결국 19절을 통하여는 하나님의 은혜로 주신 '예수 그리스도로 말미 암아' 율법으로 인한 죄와 사망의 멍에로부터 '생명의 성령의 법' 아래로 옮기어졌다라는 것이다. 이후 모든 그리스도인들은 자유함(갈 5:1, 그리스도 인의 자유대헌장)과 영생(새 생명), 그리고 진정한 기쁨과 감사를 누리게 되었다 라는 것이다.

20 내가 그리스도와 함께 십자가에 못 박혔나니 그런즉 이제는 내가 산 것이 아 니요 오직 내 안에 그리스도께서 사신 것이라 이제 내가 육체 가운데 사는 것은 나를 사랑하사 나를 위하여 자기 몸을 버리신 하나님의 아들을 믿는 믿음 안에 서 사는 것이라

이 구절은 19절의 말씀을 다시 반복하여 강조하는 구절이다. "내가 그 리스도와 함께 십자가에 못 박혔다"라는 것은 죄인 된 우리들을 위해 율 법의 요구(대가 지불)대로 십자가 보혈을 흘려주신(하나님의 공의를 만족) 그 예수 를 나의 구주(Savior)로 영접했다라는 것을 가리킨다. 동시에 이전의 율법적인 모든 행위를 십자가에 못 박았다라는 의미이다.

"그런즉 이제는 내가 산 것이 아니요 오직 내 안에 그리스도께서 사신 것이라"고 했는데 이는 예수와의 하나 됨(Union with Christ)과 아울러 예수의 주인 됨(Lord, Head, Master)을 천명한 것이다. 예수와 함께 죽고 예수님이 부활하셨을 때 우리도 함께 살아났다라는 것은 '연합과 대표'의 교리이다. 그 결과 요한복음 15장 1-6절의 비유에서 보여주셨듯 하나님아버지는 우리를 기르시는 농부이시고 예수 그리스도는 포도나무요 성도인 우리는 포도나무의 가지가 되었다.

"이제 내가~사는 것은~사는 것이라"에서는 삶의 목적과 목표, 그리고 방향 설정을 잘 드러내고 있다. 즉 삶에서의 핵심가치(Core value)와 우선순위(Priority)에 대한 바른 설정을 하게 되었음을 뜻한다. 소위 성경적 세계관 혹은 성경적 가치관의 바른 정립을 하게 된 것이라는 말이다.

"믿음 안에서 산다"라는 것은 우리를 위해 십자가 고난을 감당하신 그리스도를 위해, 더 나아가 나의 뜻이 아니라 하나님의 뜻(델레마 데우)을 따라 살며 하나님께만 영광(Soli Deo Gloria)을 돌리겠다라는 것을 가리킨다. 이를 가리켜 Gorden Fee는 '그리스도께서 내 안에 사신다', '그리스도께서 예수의 영, 진리의 영이신 성령을 따라 내 안에 사신다'라고 했다. 이는 로마서 8장 9-10절의 말씀을 잘 뒷받침하고 있다.

"만일 너희 속에 하나님의 영이 거하시면 너희가 육신에 있지 아니하고 영에 있나니 누구든지 그리스도의 영이 없으면 그리스도의 사람이 아니라 또 그리스도께서 너희 안에 계시면 몸은 죄로 인하여 죽은 것이나 영은 의를 인하여 산 것이라" _롬 8:9-10

이후 바울은 "예수 그리스도와 십자가만 자랑(갈 6:14)"했고 "예수 그리스도와 십자가 외에는 아무 것도 알지 않았을(고전 2:2)" 뿐만 아니라 복음에 올인(고전 9: 16, 23-27)했다.

"내가 복음을 전할지라도 자랑할 것이 없음은 내가 부득불 할 일임이라 만일 복음을 전하지 아니하면 내게 화가 있을 것임이로라"_고전 9:16

그리하여 "하나님의 은혜의 복음 증거하는 일을 마치려 함에는 나의 생명조차 조금도 귀한 것으로 여기지 않겠다(행 20:24)"라는 결단과 선포 그대로 그렇게 '달려갈 길'을 마친 후 AD 68년에 순교의 제물이 되었다.

21 내가 하나님의 은혜를 폐하지 아니하노니 만일 의롭게 되는 것이 율법으로 말미암으면 그리스도께서 헛되이 죽으셨느니라

"폐하지 아니하노니"에서의 '폐하다'에 해당하는 헬라어는 아데테오[53] (ἀθετέω)인데 이는 '쓸모없게 하다, 무효로 만들다'라는 의미이다. 곧 나는 하나님의 은혜를 무효로 만들지도 않지만 하나님의 은혜 없이는 아예 한 순간도 살 수가 없다라는 것을 강조한 말이다.

"하나님의 은혜"란 하나님의 작정(Decree: 창조, 타락, 구속, 완성의 전체 청사진)과 예정(Predestation: 하나님의 작정 속에 택정된 하나님의 백성들의 구원이 성취되는 것) 하에서

---

53 아데테오(ἀθετέω, (literally, a-thetos, "un-place") - properly, do away with; reject what is already laid down; to set aside (disregard as spurious); nullify, make void; to break faith (Abbott-Smith); remove out of an appointed (proper) place, i.e. reject as invalid; refuse to respect (even "despise"); to cancel, disannul, abrogate (passive, "be set aside" because perceived to lack value); to disregard, pass over (refuse to acknowledge))

하나님의 열심에 의한 섭리(Providence; 작정, 예정을 이루기 위한 하나님의 간섭과 열심)와 경륜(Dispensation; 목적 즉 의도와 방향이 있는 특별한 섭리)으로 율법의 요구를 만족시킨 후 죄로부터 영 죽을 인간을 구원하신 것을 가리킨다. 즉 구원자 예수께서 성부하나님의 유일한 기름부음 받은 자 곧 그리스도, 메시야로 이 땅에 오셔서 우리를 위해 십자가 고난과 죽음(대속제물)을 담당하신 것을 가리킨다.

"만일 의롭게 되는 것이 율법으로 말미암으면 그리스도께서 헛되이 죽으셨느니라"는 것은 사람이 율법을 지켜 행함으로 의롭게 될 수 있었다면 예수님의 십자가 사역은 무의미하며 쓸모가 없었을 것이라는 말이다.

괴짜의사 Dr. Araw의
쉽고 바르게 읽는 갈라디아서 장편(掌篇) 강의, 개정판

예수 믿음과 하나님의 계명을 붙들라

레마 이야기 3

그리스도 예수 안에서
하나이니라

이 지구상에는 78억, 237개국(세계 지도 정보, 229개국 세계 은행 통계자료) 13,674여 종족(World Christian Data-base)이 다양한 지역에서 다양한 역할을 감당하며 제각각으로 살아간다. 얼핏 생각하면 그들은 모두가 다 다르게 살아가기에 다양한 인생인 듯 보이나 실상은 대부분 비슷비슷하게 살아가고 있다. 아침에 일어나고 저녁이 되기까지 열심히 일하다가 밤이 되면 잠을 잔다. 그렇게 하루가 가고 일주일, 한 달, 일 년이 쌓이다보면 어느덧 유한된 한번의 직선 인생을 마치게 된다.

그러나 겉으로 보기와는 달리 그 내면을 보면 또한 완전히 다른 삶을 살아가고 있기도 하다. 곧 각 개개인은 한번 인생에서 최고의 가치(핵심가치, 인생의 목적)로 여기는 것이 무엇이냐에 따라 제각각이라는 것이다. 가치에 따른 인생의 방향이나 우선순위는 정말 판이하다. 각각의 관점이 다르다 보니 개개인의 호불호(好不好)는 아주 다양할 수밖에 없다.

'어떤 인생을 살아가고 있느냐'를 구분하는 데 있어서 가장 중요한 포인트는 신앙의 소유 곧 '죽음'과 '영적인 문제'에 대한 분명한 답을 가졌느냐이다.

답의 유무에 따라 한쪽은 '영적 죽음' 상태로 살아가고 있는, '살았으나 실상은 죽은 사람(아담)'이라면 다른 한쪽은 영적 부활 상태에서 살아가고 있는, '진정 산 사람(아담 네페쉬)'이다. 전자는 사단나라에 속한 사람들이고 후자는 하나님나라에 속한 사람들이다.

하나님나라에 속한 이 세상의 모든 사람들을 가리켜 그리스도인(행11:26, Χριστιανός, nm, 크리스티아노스)이라고 한다. 그런 성도들은 예수 그리스도와 하나가 된(Union with Christ) 사람들이다. 그렇기에 갈라디아서 3장 28절에서는 이렇게 말씀하고 있다.

"너희는 유대인이나 헬라인이나 종이나 자주자나 남자나 여자 없이 다 그리스도 예수 안에서 하나이니라(갈 3:28)"

그렇다. 모든 성도들은 그 외모나 인종, 종족에 관계없이, 지위나 기타 상황과 환경에 무관하게 예수 그리스도 안에서 한 피 받아 한 몸 이룬 형제요 자매들이다.

2장 후반부에서는 '바른 복음', 곧 '복음의 진리'와 더불어 "사람이 의롭게 되는 것은 율법의 행위에서 난 것이 아니요 오직 예수 그리스도를 믿음으로 말미암는다(갈 2:16)"라고 강조하고 있다. 이곳 갈라디아서 3장에서는 한 걸음 더 나아가 혹시라도 바른 길에서 벗어나 있다면 그 어리석은 판단과 행위에서 빨리 돌이키라고 반복하여 말씀하고 있다.

그런 후 '아브라함의 믿음이 중요하다'라고 하시며 이를 예로 들어 말씀하셨다. 여기서 아브라함의 믿음이란 '아브라함으로 인하여(on account of Abraham, 혈통, 할례)'가 아니라 '아브라함 안에서(in Abraham, 오직 믿음 곧 하나님의 여겨주신 믿음)'라는 것이다. 이는 혈통적인 아브라함의 후손 곧 유대인이 구원을 얻는 것이 아니라 하나님께서 아무 조건없이 아브라함의 믿음을 의롭다고 여겨주신 것처럼 모든 민족 중에서 택정된 사람은 지난날 하나님께서 여겨주셨던 '그 아브라함의 믿음'과 동일한 믿음으로 구원얻게될 것을 말씀하고 있는 것이다.

결국 '아브라함의 믿음'이라는 것은 '아브라함'에 방점이 있는 것이 아니라 '믿음'에 방점이 있으며 '하나님의 의롭다고 여겨주심'을 강조한 말씀이다.

결론적으로 아브라함이 믿음으로 구원의 복을 얻게 된 것처럼 할례 받은 유대인이든 할례 없는 이방인이든 상관없이 누구든지 율법의 행위가 아닌(롬 3:19-20) '아브라함의 그 믿음'처럼 동일하게 '하나님의 여겨주심'으로 '의롭게 된다'라는 것을 강조한 것이다.

그리하여 3장 9절 말씀을 통해 결론을 지으면서 계속하여 3장 11절에서도 반복하여 결론을 다시 강조하고 있다. 이는 하박국 2장 4절의 인용이기도 하다.

"그러므로 믿음으로 말미암은 자는 믿음이 있는 아브라함과 함께 복을

받느니라"_갈 3:9

"또 하나님 앞에서 아무나 율법으로 말미암아 의롭게 되지 못할 것이 분명하니 이는 의인이 믿음으로 살리라 하였음이니라"_갈 3:11

"이 묵시는 정한 때가 있나니 그 종말이 속히 이르겠고 결코 거짓되지 아니하리라 비록 더딜지라도 기다리라 지체되지 않고 정녕 응하리라 보라 그의 마음은 교만하며 그의 속에서 정직하지 못하니라 그러나 의인은 믿음으로 말미암아 살리라" 합 2:3-4

3-1 어리석도다 갈라디아 사람들아 예수 그리스도께서 십자가에 못 박히신 것이 너희 눈 앞에 밝히 보이거늘 누가 너희를 꾀더냐

"어리석도다"라는 것은 '영적 판단력이 미미하고 영안이 어두운 사람들아'라는 책망의 말이다. 그렇다고 하여 단순한 질책이라고 치부해서는 안 된다. 그들을 향한 바울의 안타까운 마음이 담겨있는, 너무도 쉽게 '다른 복음'에 미혹되어버린 그들의 영적 무지에 대해 많이 속상해하고 있는 말이다.

"누가 너희를 꾀더냐"에서의 '꾀다'의 헬라어는 바스카이노 [54](βασκαίνω)인데 이는 '거짓된 사상으로 악을 가져오다, 악한 술책으로 타락시키다'라는 의미이다.

결국 거짓된 사상으로 무장된 유대주의적 율법주의자들의 악한 술책에 시나브로 곁길로 가버린 갈라디아 교인들을 향해 다시 돌아오라고 일깨우는 바울의 격정에 찬 큰 목소리이다. 동시에 교묘한 그들의 거짓된 사상이나 악한 술책에 더 이상 속지 말라는 엄정한 외침이기도 하다.

2 내가 너희에게 다만 이것을 알려 하노니 너희가 성령을 받은 것은 율법의 행위로냐 듣고 믿음으로냐

---

54 바스카이노(βασκαίνω, to slander, to bewitch, (from baskanos, "to cast an evil spell, wishing injury upon someone; to bewitch") - properly, to exercise evil power over someone, like putting them under a spell; (used only in Gal 3:1); (figuratively) captivate ("be spellbinding"), appealing to someone's vanity and selfishness; "to blight by the evil eye, bewitch" (Abbott-Smith))

모든 인간은 태어날 때 '영적 죽음' 상태이기에 그분의 음성을 알아듣고 스스로 먼저 믿어서 구원을 얻을 수가 없다. 그렇기에 만세 전에 하나님의 은혜로 주어진 '택정'하심이 전제되어야 한다. 우리는 비슷하나 완전히 다른 다음의 두 가지 질문 앞에 서야 한다.

'먼저' 내가 예수를 믿은 후 '그 다음' 죽었던 내가 살아나게 된 것일까?

아니면, '먼저' 예수님께서 나를 살리신 후 '그 다음'에 나를 믿게 하셨을까?

비슷하면서 애매한 질문처럼 보이지만 전혀 다른 것이며 기독교의 본질 중 하나가 담겨있어 아주 중요하다. 동시에 그 답은 명확하다. 좋으신 하나님은 만세 전에 택정함을 입은, 그러나 영적으로 죽었던 우리를 '먼저' 살리셔서 당신의 때에 당신의 방법으로 복음이 들려지게 함으로 택정된 우리를 믿게(피스튜오) 하셨다. 성령하나님은 그 예수님만이 그리스도, 메시야이심을 가르쳐 주시고 믿음(피스티스)을 주셔서 하나님의 은혜로 구원을 얻게 된 우리를 하나님의 자녀로 인치셨던 것이다(고전 12:3, 살전 1:4-5, 롬 10:8-10).

즉 예수 그리스도를 '오직 믿음'으로 구원을 얻었다라고 하는 말은 택정된 우리를 먼저 살리신 후에 우리에게 허락하신 선물인 '믿음(피스티스, 주신 믿음, 허락하신 믿음, 객관적 믿음)'을 통해 우리가 '믿음(주관적 믿음, 고백한 믿음, 반응한 믿음, 피스튜오)'으로 구원을 얻었다라는 의미이다. 이 모든 것은 하나님의 크신 은혜로서 아버지 하나님의 신실하심(피스토스)에 기인한다. 즉 성부하나님의 은혜와 성령님의 역사하심과 예수 그리스도의 십자가 보혈의 공로로 우리가 '오직 믿음'으로 구원을 얻게 된 것이라는 말이다.

결론적으로 말하면 우리가 예수를 먼저 믿어서 구원된 것이 아니라는 것이다. 하나님께서 먼저 '우리를' 살리셨고 그 이후에 '우리로' 예수를 믿게 하심으로 '우리가' 구원을 얻게 된 것이라는 말이다.

예를 들면 이렇다. '해가 동쪽에서 뜬다'라는 말이 있다. 이는 수사적(rhetoric) 표현[55]일뿐이지 사실(Fact)은 아니다. 왜냐하면 태양은 뜨는 것이 아니라 그대로 있고 지구가 자전하는 것이기 때문이다. 곧 우리가 예수를 믿어 구원을 얻었다라고 하는 것은 수사적 표현일 뿐 실상은 우리로 믿게 하신 분이 성령님이시다라는 의미인 것이다.

'율법'과 '하나님의 은혜의 복음'을 비교[56]하면 다음과 같다. 착각하지 말아야 할 것은 율법은 '무용하다'라든지 율법은 '폐기해야 한다'라고 해서는 안 된다라는 점이다.

율법은 지극히 귀중하다. 더할 나위 없는 하나님의 은혜이다. 왜냐하면 율법 또한 하나님께서 중보자인 천사를 통해 모세에게 은혜로 주셨기 때문이다(갈 3:19). 또한 그 율법으로 인하여 우리는 영 죽을 죄인임을 알게 되었고 그 죄를 인하여 영원히 죽을 수밖에 없음도 깨닫게 되었기 때문이다.

---

55 수사학(rhetoeic)이란 사상이나 감정 따위를 효과적 미적으로 표현할 수 있도록 문장과 언어의 사용법을 연구하는 학문이다. 그리스 철학자 아리스토텔레스는 수사학에서 설득의 수단으로 에토스(Ethos, 화자의 인격과 신뢰감), 파토스(Pathos, 정서적 호소와 공감), 로고스(Logos, 논리적 뒷받침)를 중시했다. 믿을 만한 사람이 믿을 만한 메시지를 통해 수신자의 공감을 얻어야 설득이 된다는 말이다. 시사상식사전, 네이버 지식백과 참조

56 그랜드 종합주석 15권, p552-553

결국 율법 하의 인간의 말로(末路)는 '영벌'로서 '둘째 사망(계 20:14, 불못)' 일 뿐이었다. 여기서 '둘째 사망'이란 '세세토록 밤낮 괴로움을 겪게 되는 영원한 죽음(계 21:10)'을 의미한다. 또한 율법은 구원자이신 예수 그리스도의 절대 필요성까지도 알게 했다. 그리하여 우리는 예수 그리스도를 '오직 믿음'으로 그 율법의 저주로부터 해방될 수 있었던 것이다. 곧 구원자이신 예수님은 수치와 저주를 상징하는 십자가로 우리를 '대신하여 (휘페르)' 대가를 지불하시고 다 이루신(테텔레스타이) 후 우리를 그 저주에서 해방시키셨던 것이다.

"성령을 받은 것"이란 복음을 듣고 예수를 믿음으로 또 다른 보혜사이신 진리의 영, 예수의 영이신 성령께서 우리 안에 주인으로 주어진(內住 성령) 것이라는 의미이다. 즉 '성령의 내주(內住)'는 율법의 행위로 주어지지 않음을 가리키고 있다.

한편 '율법의 행위로냐' 아니면 '듣고 믿음으로냐'라는 질문은 2장 16절의 '사람이 율법의 행위로 의롭게 되느냐' 아니면 '예수 그리스도를 믿음으로 의롭게 되느냐'라는 질문과 상통하는 것이다. 즉 율법의 행위가 아니라 예수 그리스도를 믿는 '오직 믿음' 만이 우리를 의롭게 한다라는 말이다.

비교	율법 (시내산 언약) ; 정죄와 심판의 기능 구속과 억압	하나님의 은혜의 복음 십자가와 성령 ; 구속, 칭의, 구원의 기능 →C인에로의 신분 변화 ->그리스도인으로서의 삶 변화
1	모세를 통해 주어짐 (요 1:17)	예수께서 직접 주심 (요1:17)
2	옛 언약(히 8:7, 13) 율법 강조 좌와 어두움의 옛 시대	새 언약(히 8:7, 13) 복음 강조 그리스도 안에서 나타날 새 시대
3	죄를 깨닫게 함(롬 3:20) →죄인이 더 깊은 죄에 빠지지 않도록 제어 역할(갈 4:2) →죄를 계속 지으면 결국 율법의 저주를 받게 됨(갈 3:10)	의롭게 함(롬 1:16-17) →그리스도 안에서 의롭다 함을 얻게 됨(갈 3:24) →하나님의 아들, 하늘나라의 후사 (후계자)로서의 복(갈 4:5-7)
4	기록된 글로 전달됨(고후 3:6) 성문 율법 – 돌에 새김(고후 3:3)	영감(고후 3:6, 딤후 3:16) ; 유기, 완전, 축자영감 – 심비(心碑)에 새김(고후 3:3) ; 말씀에 순종하고 말씀을 기억
5	율법은 복음으로 인도하는 역할 (갈 3:24)	그리스도는 율법의 완성 (마 5:17)
6	행위(계명, 할례, 절기 준수) 요구(갈 3:12) –의의 요구	믿음 요구(갈 3:8) –의의 성취
7	그림자(히 10:1) –예수께로 인도하나 구원은 주지 못함 (갈 3:24) –죄인들을 구속하는 멍에(갈 5:1)	실체(히 10:1) –예수님을 믿음으로 구원 (갈 3:25-26) –그리스도 안에서 참 자유를 누리게 함 (갈 4:30-31, 5:1)
8	한계가 있다(히 8:7).	영원하다(히 13:20).

3 너희가 이같이 어리석으냐 성령으로 시작하였다가 이제는 육체로 마치겠느냐

"시작과 마침, 성령과 육체"라는 단어의 대조를 찬찬히 묵상하면 이 구절을 이해하는 데 중요한 열쇠(key)를 얻게 된다. '성령님'이란 '다른 하나님, 한 분 하나님'이신 삼위일체 하나님으로 예수님만이 그리스도, 메시야이심을 가르쳐 주시고 우리에게 믿음(피스티스)을 주셔서 우리로 믿게 하시고(피스튜오) 그런 우리를 하나님의 자녀로 인(印)쳐주시며 미래형 하나님 나라에 들어가게 하시는 하나님이시다.

구원자로서 성부하나님의 유일한 '기름부음 받은 자'이신 '예수 그리스도'를 나의 구주 나의 하나님으로 입으로 시인하고 마음으로 영접하면(믿으면) 모든 인간은 거듭나게 되며 구원을 얻게 된다. 이때 성령님은 성전 된 우리 안에 주인으로 거하시게(내주 성령) 된다. 그런 우리를 가리켜 '현재형 하나님나라'라고 한다. 왜냐하면 성령님의 주권, 통치, 질서, 지배 하에 살아가는 그 나라가 바로 '하나님나라(눅 17:20-21, 현재형 하나님나라)'이기 때문이다.

반면에 "육체로 마치겠느냐"에서의 '육체(갈 5:16)' 혹은 '육신'이란 '하나님을 떠난(반대하는) 모든 상태(창 6:3)'를 의미하는 것으로 사무엘상 15장 18절에는 "죄인 아말렉(신 25:167, 출 17:14, 16)"이라고 되어 있다. 여기서는 '죄인'을 '육체' 혹은 '육신'으로 상징(욜 2:28, 모든 만민 혹은 모든 육체)하여 쓰고 있는 것이다. 그렇기에 '육체(갈 5:16)' 혹은 '육신'이란 '썩어질 육체'라는 의미 외에도 '율법적 행위, 인간적인 헛된 노력, 자기 의(義)' 등을 상징하고 있다.

이 구절은 이방인으로서 죽을 죄인이었던 갈라디아 교인들이 '바른 복음' 곧 하나님께서 값없이 주신 은혜로 구원을 얻었는데 이제는 자신들 스스로의 힘으로 죄를 해결하겠다고 하는 유대주의적 율법주의에 현혹되어버린 것에 대해 질타하는 말씀이다. 이런 상태를 가리켜 '하나님을 떠나 육체에 거하게 된 상태'라고 말한다. 결국 그 결과는 '멸망'일 뿐임을 경고하고 있다.

4 너희가 이같이 많은 괴로움을 헛되이 받았느냐 과연 헛되냐

"많은 괴로움"이란 그리스도인들이 복음을 받아들였다는 이유 하나만으로 그동안 유대주의적 율법주의자들에게 받았던 수많은 종류의 핍박과 고난들(빌 4:14, 골 1:24)을 가리킨다. 그런데 이런 고난을 감수하면서까지 '바른 진리의 복음'을 따랐던 갈라디아 교인들이 이제 와서 다시 유대주의적 율법주의를 따른다면 지금까지의 모든 고생과 수고들은 다 허사(虛事)가 될 것이라는 의미이다.

5 너희에게 성령을 주시고 너희 가운데서 능력을 행하시는 이의 일이 율법의 행위에서냐 듣고 믿음에서냐

"너희에게 성령을 주시고"라는 말은 '성령의 역사하심' 곧 "너희 가운데서 능력을 행하시고"라는 말과 상통한다. 여기서 '성령의 역사하심'이란 예수의 영, 진리의 영이신 성령님은 우리로 하여금 구원자이신 예수님만이 그리스도, 메시야임을 알게 하시고 우리에게 믿음(피스티스)을 주셔서 우리로 믿게 하심(고전 12:3, 피스튜오)으로 구원을 허락하셨다. 그리하여 하나님의 자녀로 인쳐주신 것을 말한다.

"너희에게 성령을 주시고"에서의 "주시고"에 해당하는 헬라어는 에피코레게오[57](ἐπιχορηγέω)인데 이는 '값없이 제공하다, 지원하다"라는 의미로서 인간의 노력에 의해 주어진 것이 아니라 '아무 대가 없이, 아무 공로 없이' 하나님의 전적인 은혜로 주어졌다라는 것을 가리킨다. 그렇기에 이 말은 하나님은 우리에게 예수님을 주시고 성령님을 허락하셔서 하나님의 자녀가 되게 하셨다라는 말이다.

"너희 가운데서 능력을 행하시는 이의 일이"에서의 "능력을 행하다"라는 것은 여러가지 이적과 권능 등 초월적인 권능을 베푸시는 하나님의 구체적인 활동을 말한다.

"율법의 행위에서냐 듣고 믿음에서냐"를 좀 더 쉽게 해석하면 '너희가 율법이 요구하는 바를 행하였기 때문이냐 아니면 그 복음의 소식을 듣고 바른 진리를 믿었기 때문이냐'라는 의미이다.

6 아브라함이 하나님을 믿으매 이것을 그에게 의로 정하셨다 함과 같으니라

이 구절은 창세기 15장 6절, 로마서 4장 3절의 말씀으로 로마서 1장 16절의 이신칭의(以信稱義), 이신득의(以信得義) 교리와 상통(相通)한다.

---

57 에피코레게오(ἐπιχορηγέω, from 1909 /epí, "appropriately on," which intensifies 5524/ xorēgeō, "richly supply everything needed for an ancient chorus to be a grand production") - properly, lavishly supply, as it is suitable (apt) to outfit all that is needed to accomplish a grand objective)

이신득의를 말할 때 특별히 사도 바울이 아브라함의 믿음을 예로 든 것은 유대주의적 율법주의자들의 거짓 진리에 대한 주장 때문이었다. 그들은 아브라함을 국부(國父)로 여기며 아브라함의 혈통 안에서 의(義)로워 지기에 할례가 구원에 중요하다라고 퍼뜨렸던 것이다.

그러나 그런 국부(國父)였던 아브라함조차도 창세기 17장의 할례 언약 전에 이미 창세기 12장에서 정식언약과 15장에서 횃불 언약을 통해 '믿음으로 의롭다 칭함'을 받았었다. 그러므로 바울은 그들이 국부(國父)로 받드는 아브라함도 하나님이 여겨주신 '그 믿음으로 의롭다 함'을 받았으니 더 이상 할례나 계명 준수, 절기 준수 등등 율법의 행위를 추가하는 행위는 하지 말라는 의도를 분명하게 드러낸 것이다.

아브라함은 원래 먼 이방 땅 갈대아 우르가 고향이었다. 이방인이었던 아브라함은 창세기 12장에서 선민으로 택함을 받은 후에 창세기 15장 6절에 와서야 처음으로 하나님을 반신반의(半信半疑)하며 겨우 믿었다는 말씀이 나온다. 좋으신 하나님은 그런 아브라함의 연약한 믿음이라 할지라도 귀하게 '여기시는(נְשַׁב, 하솨브, to think, account/λογίζομαι, 로기조마이, take into account, I reckon, count, charge with; reason, decide, conclude; think, suppose)' 신실하신 하나님이시다.

그러므로 주신(허락하신, 객관적) 믿음(피스튜오)이란 '연약하다 강하다, 크다 작다, 많다 적다'의 문제가 아니다. 믿음은 오직 하나님의 은혜이다.

좋으신 하나님은 만세 전에 당신의 은혜로 택정된 사람들에게 당신의 때에 당신의 방법으로 복음이 들려지게 하셔서 믿음(피스튜오)으로 반응하게 하여 의롭다 칭함을 허락하신다. 여기에는 혈통이나 행위에 대한 어떠한 조건도 없다. 그리하여 택정된 모든 사람을 가리켜 '영적인 아브라함의 후손'이라고 하며 이런 무리를 '그리스도인(행 11:26, 크리스티아노스, Χριστιανός, nm)'이라고 한다. 그들 가운데에는 유대인도 있고 이방인도 있다. 이들 모두는 하나님의 여겨주심으로 '아브라함처럼' 의롭다 칭함을 받은 것이다.

"그에게 의로 정하셨다"에 해당하는 헬라어는 카이 엘로기스데 아우토에이스 디카이오쉬넨(καὶ ἐλογίσθη αὐτῷ εἰς δικαιοσύνην, and it was reckoned to him as righteousness)인데 이는 '그를 의롭다라고 헤아려주다, 의로 여겨주다(not being made righteous but reckoned as righteous)'라는 의미이다. 곧 하나님께서 아브라함의 믿음의 순종을 보시고 당신께서 주권적으로 아브라함을 의롭다라고 인정했다라는 것이다. 여기서 한가지 짚고 넘어가야 할 것은 하나님께서 '주권적으로 의롭게 하신 것'이란, 하나님의 '법정적인 간주'를 의미하는 것이지 '실제로 의롭게 되었다'라는 '사실적인 변화'는 아니라는 점이다. 'already~not yet'을 생각하면 쉽게 이해할 수가 있다.

7 그런즉 믿음으로 말미암은 자들은 아브라함의 아들인 줄 알찌어다

"믿음으로 말미암은 자"라는 것은 아브라함처럼 여겨주신 믿음(피스티스)으로 택정된 자라는 의미로 아브라함처럼 하나님의 여겨주심으로 말미암은 그 '믿음으로 난 자' 혹은 '그 믿음으로 구원받고 거듭난 자'라는 의미이다. 이는 10절의 "율법 행위에 속한 자" 혹은 "율법을 지킴으로 구원을 이루려는 자"라는 말과 정확하게 반대되는 개념이다.

이 구절에서의 "아브라함의 아들"이란 문자적으로 혈통적 '아브라함의 후손'을 가리키는 것은 맞지만 그렇다고 하여 할례를 행하여야만 아브라함의 후손이 된다라는 말은 아니다. '오직 믿음'으로 진정한 아브라함의 후손이 된다라는 말이다.

즉 '할례'를 통한 '혈통적' 아브라함의 후손이 아브라함의 자손이 아니라 오히려 아브라함처럼 하나님의 여겨주심을 받아 '믿음으로 의롭다고 칭함'을 얻은(마 3:9, 롬 2:28-29) 모든 그리스도인들이 진정한 영적 아브라함의 후손이라는 말이다. 결국 진정한 아브라함의 후손이란 '영적 유대인(영적 이스라엘)'을 가리킨다.

8 또 하나님이 이방을 믿음으로 말미암아 의로 정하실 것을 성경이 미리 알고 먼저 아브라함에게 복음을 전하되 모든 이방이 너를 인하여 복을 받으리라 하였으니 9 그러므로 믿음으로 말미암은 자는 믿음이 있는 아브라함과 함께 복을 받느니라

"하나님이 이방을 믿음으로 말미암아 의로 정하실 것을 성경이 미리 알고"에서의 '미리 알다'에 해당하는 헬라어는 프로오라오[58]($\pi\rho oo\rho\acute{a}\omega$)인데 이는 '통찰(通察)하다'라는 의미로 하나님의 전지성(全知性, omniscience)과 전능성(全能性, omnipotence)을 함의하고 있다. 곧 전지하시고 전능하신 하나

---

58 프로오라오($\pi\rho oo\rho\acute{a}\omega$, from 4253 /pró, "before" and 3708 /horáō, "see") - properly, see before ("ahead of time"), generally about the Lord's revelation that enables someone to foresee)

님은 만세 전에 이방인이든 유대인이든 상관하지 않고 택정된 사람에게 때가 되면 복음이 들려지게 하시고 믿음을 주셔서 하나님의 자녀가 되게 하신다라는 말이다.

그러므로 하나님은 택정된 이방인이 누구인지를 아시며 믿음(피스티스)으로 반드시 의롭게 될 것을 미리 아신다라고 성경은 계시하고 있으며 그 일에 아브라함을 들어쓰셨다라는 의미이다.

여기서 "아브라함으로 인하여(not on account of Abraham but in Abraham) 천하 만민이 복을 얻을 것이라"는 말씀은 창세기 12장 3절, 18장 18절, 22장 18절에서도 동일하게 말씀하셨다. 이때의 '아브라함으로 인하여'라는 말의 정확한 의미는 '아브라함의 혈통적 후손'을 말하는 것이 아니다. 하나님은 선민으로서의 '아브라함의 혈통'이나 '아브라함이 가졌던 믿음'에는 큰 관심이 없었다. 오히려 아브라함처럼 당신의 은혜 속에 있는 자들에게 복을 주시겠다라고 약속을 하신 것이다.

그렇기에 아브라함이 무궁하신 하나님의 은혜로 '의롭다 여김'을 얻은 것처럼 그 아브라함과 동일한 '믿음의 고백'을 하게 되는 모든 믿음의 사람들 곧 천하(天下) 만민(萬民)들이 '아브라함을 인하여' 복을 얻게 될 것에 그를 모델로 사용한 것이라는 말이다.

8절의 "복음(福音)"이란 신구약시대를 통틀어 만세 전에 당신의 은혜로 택정된 하나님의 백성들을 '때가 되면' 부르셔서 하나님나라의 기업이 되게 할 것이라고 약속하신 바로 그 언약을 가리킨다. 구체적으로 '복음'이란 '예수 그리스도의 새 언약'으로서 예수님의 초림으로 인한 성취와 재림으로 인한 완성을 가리킨다.

"믿음이 있는"이라는 말은 '믿음에 있어서 신실한'이라는 의미이고 "아브라함과 함께 복을 받느니라"는 것은 믿음으로 구원을 얻은 하나님의 자녀들이 아브라함처럼 하나님나라를 유업으로 받고 하나님나라의 기쁨을 누리게 된다라는 의미이다. 결국 믿음에 있어서 신실한 그리스도인들은 아브라함이 누렸던 것처럼 복을 받게 될 것이라는 의미이다.

10 무릇 율법 행위에 속한 자들은 저주 아래 있나니 기록된 바 누구든지 율법책에 기록된 대로 온갖 일을 항상 행하지 아니하는 자는 저주 아래 있는 자라 하였음이라

"온갖 일을 항상 행하지 아니하는 자는"에서의 "온갖 일"이란 '모든 일'이라는 의미이며 "항상"이란 '매번' 혹은 '언제나'라는 의미이다. 즉 모든 율법 행위들을 매사 매 순간에 항상 행하지 않으면 죄를 범하는 것(약 2:10-11)이 되어 저주 아래에 놓이게 된다라는 말이다. 또한 "율법책에 기록된 대로"라는 것은 신명기 27장 26절의 말씀으로 "율법의 모든 말씀을 항상 실행치 아니하는 자는 저주를 받을 것"이라는 말이다.

"이 율법의 모든 말씀을 항상 실행치 아니하는 자는 저주를 받을 것이라 할 것이요 모든 백성은 아멘 할찌니라"_신 27:26

결국 '율법 행위에 속한 자'가 율법을 통하여는 의롭다 함을 얻을 수 없을 뿐만 아니라 '율법적 행위'를 통해 구원받는 길은 결코 없다라는 것(롬 3:19-20)을 드러내고 있는 것이다. 여기서 '율법 행위에 속한 자'라는 것은 '율법을 착실히 준행하는 자'라는 의미가 아니고 '스스로 율법을 준

행함으로 의에 이른다라고 주장하는 자'를 가리킨다.

죄인 된 인간은 스스로의 힘으로는 율법의 규정을 다 지켜 행할 수 없다. 그렇기에 '율법 아래 있는 자', '율법 행위에 속한 자'는 이미 저주를 받은 것이라는 말이다. 그렇기에 이러한 사실을 깨닫는 즉시 '오직 믿음'으로 하나님 앞으로 나오라고 권면하고 있는 것이다. 이에 대해 비유를 들어 '에발산과 그리심산'의 대조를 통해 가르쳐 주셨다.

참고로 요단을 건너면 세겜(שְׁכֶם, shoulder, "ridge", a district in Northern Palestine, also a son of Hamor)땅이 나오는데 그 '세겜'은 예루살렘 북쪽에 있으며 '어깨'라는 의미처럼 북쪽의 에발산과 남쪽의 그리심산 사이의 골짜기에 위치해 있다. 북쪽 에발산(925m)은 바위산으로 '저주'를 상징하며 남쪽 그리심산(867m)은 숲으로 된 산인데 '축복'을 상징한다.

'에발산의 저주'와 '그리심산의 축복'이란 율법 아래 있던 인간의 과거 모습 곧 저주 받을 죄인임을 깨닫고 '오직 믿음'으로 예수 그리스도의 십자가 대속죽음과 그 보혈을 받아들이면 그리심산으로 옮겨지게 되어 살아나게 될 것을 말씀하신 것이다.

당시 에발산에는 석회를 바른 큰 돌들을 세워 그 위에 율법의 모든 말씀을 기록했다. 철기 연장을 대지 않은, 다듬지 않은 돌들로 돌단을 쌓았고 그 돌단 위에는 '결단과 헌신'을 상징하는 번제(burnt offering)를 드렸고 하나님께 감사하는 화목제(peace or fellowship offering)[59]를 드렸다.

'저주 아래 있다'라는 것은 '이미 하나님의 심판을 받은 것이다'라

---

59 화목제에는 3가지가 있다. 서원제인 하나님의 뜻을 구하는 제사와 조건 없이 자원하여 드리는 제사인 낙헌제, 일상적인 감사와 기쁨을 감사하여 드리는 제사인 감사제가 있다.

는 의미이다. 이는 모든 인간들은 태어나면서부터 이미 전적 타락(Total Depravity), 전적 부패(Total Corruption), 전적 무능력(Total Inability)한 상태라는 말이며 그렇기에 율법을 다 지켜 행할 수가 없다라는 것을 가리킨다. 따라서 하나님과 분리된 상태로서의 인간은 이미 '하나님의 심판을 받은 존재', '영적으로 죽은 존재', 혹은 '율법의 저주 아래 있는 자'라는 말이다.

11 또 하나님 앞에서 아무나 율법으로 말미암아 의롭게 되지 못할 것이 분명하니 이는 의인이 믿음으로 살리라 하였음이니라

이 구절에서는 결국 모든 인간은 '율법으로는 의롭게 되지 못함'을 말씀하고 있다. 왜냐하면 '율법'은 완전한 복종과 의무를 지켜 행할 것을 요구하지만 '복음'은 하나님의 은혜와 자비로 주신, 만세 전에 택정하심을 따른 믿음(피스티스, 주신 믿음, 허락하신 믿음, 객관적 믿음)만을 요구하기 때문이다.

결론적으로 영 죽을 인간을 구원에 이르게 하는 유일한 길은 '오직 예수'이며 유일한 방법은 '오직 은혜', '오직 믿음' 뿐이다.

"다른 이로서는 구원을 얻을 수 없나니 천하 인간에 구원을 얻을 만한 다른 이름을 우리에게 주신 일이 없음이니라 하였더라"_행 4:12

그러므로 '인간의 구원'이 하나님의 은혜와 인간의 공로가 '연합되어 완성된다'라고 하는 것은 '다른 복음'이며 '거짓 복음'일 뿐이다. 그러므로 신인협동의 구원(semi-Pelagius's Salvation)을 주장하는 것은 곤란하다. 이것이야말로 전형적인 유대주의적 율법주의자들의 모습이다.

이 구절의 하반절에서는 "이는 의인이 믿음으로 살리라"고 하셨다. 이 말씀은 하박국 2장 4절의 "그러나 의인은 그 믿음으로 말미암아 살리라"는 말씀과 상통한다. 하박국 말씀의 역사적 배경을 살펴보면 다음과 같다.

당시 이스라엘에 바벨론이 쳐들어왔을 때 그들에 대한 태도는 둘로 나뉘어졌다. 한쪽은 그들에게 아부하며 여호와 신앙을 헌신짝처럼 저버렸다. 그 결과 그 악인들은 일시적으로는 승승장구(乘勝長驅)했다. 반면에 다른 한쪽은 끝끝내 여호와의 신앙을 견지함으로 엄청난 핍박과 고난을 받았다. 그러나 끝까지 믿음으로 인내했던 그 의인들은 진정한 승리를 얻게 되었음을 강조한 말씀이다.

한편 사도 바울은 로마서 1장 17절에서 이신칭의, 이신득의를 강조하며 상기의 구절을 인용했다. 종교개혁의 불씨를 지폈던 마틴 루터 또한 이 말씀을 붙들고 로마카톨릭(RCC)의 의식주의(儀式主義, ritualism, formalism)에 단호하게 대항했다.

복음(은혜. 믿음, 자유)과 율법(행위, 저주, 속박, 굴레, 멍에)을 대조하여 비교하면 다음과 같다.

복음(은혜, 믿음)	율법(행위, 저주, 속박)
예수 그리스도의 십자가 보혈을 통해 직접 사람을 구원하심	하나님께서 천사의 손을 빌어 모세에게 신탁하심(3:19) -사람들에게 전달 명령 -지켜 행하면 구원을 얻게 됨
새 언약-실체	옛 언약-그림자
의롭게 함 -율법의 완성 -'오직 믿음'으로 구원	죄를 깨닫게 함 -율법의 저주, 속박 -구원자의 절대 필요성을 알게 함
영으로 육의 심비에 새김 (고후 3:3)	기록된 글로 돌비(돌판)에 새김 (출 31:18, 고후 3:3)
'오직 믿음'을 요구	모든 율법을 항상 지킬 것을 요구

12 율법은 믿음에서 난 것이 아니라 이를 행하는 자는 그 가운데서 살리라 하였느니라

'오직 의인은 믿음으로 말미암아 살리라'는 것이 복음이라면 '율법을 행하는 자는(율법을 행함으로) 그 가운데서 살리라(레 18:5)'는 것이 율법주의(律法主義, Legalism or Nominism)의 강령이다.

"너희는 나의 규례와 법도를 지키라 사람이 이를 행하면 그로 인하여 살리라 나는 여호와니라"_레 18:5

즉 완전한 율법 준수를 통해 하나님의 진노를 피할 수 있다라는 것이 유대주의적 율법주의자들의 주장이다. 그러나 영적 죽음 상태로서 죄로 오염된 인간이 모든 율법을 항상 올바르게 준수하는 것은 불가능하다.

결국 율법은 인간을 정죄하는 기능(약 2:10, 롬 7:12-25)이며 예수 그리스도의 절대 필요성을 알게 하는 것이다.

13 그리스도께서 우리를 위하여 저주를 받은 바 되사 율법의 저주에서 우리를 속량하셨으니 기록된 바 나무에 달린 자마다 저주 아래 있는 자라 하였음이라

"우리를 위하여(for)"에서의 '위하여'에 해당하는 헬라어는 휘페르(ὑπὲρ)인데 이는 '위하여'라는 해석도 귀하지만 우리를 '대신하여(instead of, on behalf of, for the sake of, 고후 5:14)'라는 의미가 훨씬 더 적당하다.

"그리스도의 사랑이 우리를 강권하시는도다 우리가 생각건대 한 사람이 모든 사람을 대신하여(ὑπὲρ) 죽었은즉 모든 사람이 죽은 것이라"_고후 5:14

결국 율법을 온전히 지키지 못한 인간에게는 율법의 저주가 주어지게 되고 이로 인해 곤고함이 겹쳐져서 종국적으로는 절망적인 상황에 이르게 되고 만다. 이른바 '영벌', '둘째 사망', '유황불못' 곧 '세세토록 밤낮 괴로움'을 당하는 '영원한 죽음'이다(계 20:10-15).

하마터면 우리는 그럴 극한 처지에 놓일 뻔했다. 그러나 예수 그리스도께서는 십자가 보혈로 우리를 '대신하여(ὑπὲρ)' 저주를 받은 바 되사 율법의 저주에서 우리를 속량시키셨을 뿐만 아니라 예수를 믿은 우리 안에 계신 성령님께서는 우리를 하나님의 자녀로 인쳐주셔서 그 나라 곧 미래형 하나님나라로 들어가게 하신다. 할렐루야!

"속량하다"의 헬라어는 엑사고라조[60]($ἐξαγοράζω$)인데 이는 '값을 주고 되돌려 사다'라는 것으로 마치 노예의 몸값을 지불함으로 그 노예를 해방시킨 것과 같다라는 의미이다. 즉 예수 그리스도의 십자가 구속사역 곧 저주와 수치를 상징하는, '십자가'를 '대신하여(휘페르)' 지셨던 그것은 죄인 된 우리의 '몸값'이었다라는 것이다.

한편 우리 그리스도인들은 하나님의 자비로 값없이 얻은 은혜라는 사실로 인해 '예수 그리스도의 복음' 곧 '하나님의 은혜의 복음'을 우리도 모르는 사이에 경시하는 경향이 있는데 이를 긴장하며 경계해야 한다. 다시 말하면 '값없이'라는 말과 '값싸게'라는 말을 '혼동하지 말아야 한다'라는 것이다. 즉 우리가 구원을 얻은 것에 있어서 우리가 한 일은 하나도 없으며 하나님의 은혜 또한 아무 대가 없이, 아무 공로 없이, 값없이 주어진 것이다. 그러나 하나님 편에서는 엄청난 대가 지불이 있었음을 알아야 한다. 그러므로 하나님의 은혜는 '값없이' 주어진 것이지 '값싸게' 주어진 것이 아니라는 말이다.

"나무에 달린 자마다 저주 아래 있는 자라"고 한 것은 신명기 21장 22-23절의 말씀으로 소위 '신명기 율법'이라고 한다. 히브리인들의 구약정경을 가리켜 TNK(타나크, 24권 분류)라고 하는데 이는 Torah(토라, 모세 오경, 5권), Nebiim(선지서, 8권), Ketubiim(성문서, 11권)을 일컫는 이니셜이다. 이 순서는 구약정경에서 중복된 말씀이 나올 때 그 말씀을 해석하는 우

---

60 엑사고라조($ἐξαγοράζω$, from 1537 /ek, "completely out from" which intensifies 59 / agorázō, "buy-up at the marketplace") - properly, take full advantage of, seizing a buying-opportunity, i.e. making the most of the present opportunity (recognizing its future gain). Note the prefix (ek) which lends the meaning, "out and out," "fully" (WS, 917.))

선순위(priority)이기도 하다.

예를 들어, 토라와 네비임의 내용이 중복되어 충돌하는 듯 보이게 되면 토라에 우선순위를 두고 해석을 한다. 이 부분에 있어 사도 바울(AD 5년 출생)의 예를 들면 이해가 쉽다.

바울은 정통 바리새파로서 힐렐 학파의 가말리엘 문하의 수장(10대후반에 이미 율법학자, 구약학자가 됨)으로 있을 때 예수님께서 공생애를 시작(AD 26년 시작~30년 중반에 십자가를 지심)하셨다. 이때 유대인으로서 그것도 바리새파였던 바울은 당연히 예수님의 공생애 사역을 못마땅하게 여겼을 것이다.

그럼에도 불구하고 예수님을 이제나저제나 지켜볼 수밖에 없었던 것은 바로 구약의 선지서(네비임)에서, '역사를 통해(전선지서, 역사서) 선지자들을 들어 쓰셔서 당신의 말씀을 대언(후선지서, 예언서)했던', 그리하여 구약학자인 자신이 너무나 잘 알고 있던 '메시야닉 사인(Messianic Sign)' 때문이었다.

예수님의 공생애 사역은 대략 3가지로 압축할 수 있다. 곧 Teaching Ministry, Preaching Ministry, Healing Ministry이다. 바로 Healing Ministry가 정확하게 메시야닉 사인(Messianic Sign)이다.

당시 바울은 자칭 메시야라고 하는 예수님을 보면서 자신이 그토록 고대하던 메시야는 결코 아닌 듯한데 그 하시는 일의 메시야닉 사인을 보면서는 당황스럽기도 하고 의아하기도 했던 것이다. 반신반의(半信半疑)하는 동안 시간은 거침없이 흘러갔다. 그러다가 AD 30년 중반이 되자 예수님은 맥없이 십자가 상에서 죽었다. 이때 율법학자였던 바울에게 얼른 떠오른 구절이 바로 신명기 21장 22-23절이었을 것이다. 한편으로는 놀랍고 당황스러운 일이었을 것이다.

"사람이 만일 죽을 죄를 범함으로 네가 그를 죽여 나무 위에 달거든 그 시체를 나무 위에 밤새도록 두지 말고 당일에 장사하여 네 하나님 여호와께서 네게 기업으로 주시는 땅을 더럽히지 말라 나무에 달린 자는 하나님께 저주를 받았음이니라" _신 21:22-23

그리하여 예수님의 죽음과 더불어 그때까지 '혹시나' 했던 바울의 생각은 '역시나'로 바뀌며 그 예수는 엉터리였음을 확신하게 되었다. 신명기 율법(Torah)이 메시야닉 사인(Nebiim)을 온전히 지워버렸던 것이다. 그는 토라와 네비임의 충돌을 보았다. 그렇기에 구약학자, 율법학자였던 바울은 아무런 꺼리낌도 없이 예수를 정죄해버렸던 것이다.

그런 와중에 죽으시고 부활하신 예수는 40일간 이 땅에 계시다가 500여 형제가 보는 데서 올리워가시며 다시 오시마 약속하시고는 '또 다른 보혜사'를 보낼 테니 예루살렘을 떠나지 말라고 했다는 소식이 들렸다. 그리고는 얼마 후 오순절에 성령강림이 있었다라고 하며 기독교인들이 생난리(生亂離)를 쳤다. 문제는 이로 인하여 기독교인의 숫자는 걷잡을 수 없이 불어났다라는 점이다. 바울로서는 기독교를 핍박할 기회를 잃어버릴 정도로 그들의 숫자가 불어나 버린 것이다.

호시탐탐(虎視眈眈) 기회를 노리던 중 스데반이 불을 당겼다. 그때를 놓치지 않고 바울은 주동이 되어 스데반에게 돌을 던졌다. 그때가 AD 32년경이었다(중략, 사도행전 장편주석 〈오직 성령이 너희에게 임하시면〉 참조).

아무튼 역사상 유일한 의인이셨던, 아무 죄 없으신 예수 그리스도께서 십자가에 못 박혀 죽으신 것은 '하나님께 저주를 받은 것이 아니라' 율법 앞에 무기력한 인간을 '대신하여(휘페르)' 율법의 요구(대가지불, 속량)를 만족시키기 위해 친히 그 저주를 담당하신 것이었다. 그리하여 예수님은 인간을 율법의 저주에서 해방시켰던 것이다.

바울은 한때 고린도후서 5장 16절의 경우처럼 "비록 우리가 그리스도도 육체대로 알았으나 이제부터는 이같이 알지 아니하노라"에서 보듯 예수님을 그리스도 메시야라기 보다는 '인간 예수, 나사렛 예수'로만 알았다. 그렇기에 스데반의 죽음(AD 32년)에 주동이 된 이후에 약 3년 동안 더욱더 예루살렘과 온 유대와 사마리아의 그리스도인들을 남녀노소(男女老少) 가리지 않고 핍박하고 잔멸하는 등 만행을 서슴지 않았던 것이다.

AD 35년 다메섹에까지 가서 그리스도인들을 핍박하려다가 다메섹 도상에서 부활의 예수님을 만난 후 바울은 예수님이 그리스도, 메시야이심을 확실히 알게 되었다. 이후 회심하자마자 다메섹에서 3년 동안 예수 그리스도의 대속적 사랑을 목숨걸고 전했으며(고후 5:14, 행 20:24) AD 68년 순교하기까지 '복음과 십자가만 자랑'하다가 달려갈 길을 마친 후 미래형 하나님나라에로 영원히 입성했다.

14 이는 그리스도 예수 안에서 아브라함의 복이 이방인에게 미치게 하고 또 우리로 하여금 믿음으로 말미암아 성령의 약속을 받게 하려 함이니라

예수 그리스도는 인간을 '대신하여(ὑπὲρ)' 죽으심으로 율법의 저주를 담당하셨다. 그런 예수님의 십자가 대속죽음은 '시공을 초월'하여 모든 믿는 사람(택정된 사람)을 살리셨고 그 예수를 믿는 모든 자에게 또 다른 보혜사이신 성령님을 허락하셨다.

기독교의 신비 중 하나가 BC 2,000년의 아브라함의 이야기이다. 당시의 아브라함은 "예수님의 때(십자가 수난의 때) 볼 것을 갈망하다가(즐거워하다가) 보고 기뻐하였다"라고 요한복음(8:56)은 말씀하고 있기 때문이다. 얼핏 황당한 말씀처럼 보인다.

아브라함이 2,000년 후의 예수님을 보았다니…….

필자의 경우 이 부분에 대해 너무나 쉽고도 선명하게 '아멘'을 외칠 수 있다. 이는 유한된 인간과는 달리 하나님은 시공(時空)을 초월하시는 분이심을 알아야 이해할 수 있다. 또한 제한된 인간이라도 육신적 죽음 후에는 곧장 부활(부활체, 고전 15:42-44)하여 시공(時空)을 초월하는 존재가 된다라는 사실을 알아야 한다.

그러므로 당시 아브라함은 2,000년 후의 예수님을 보고 기뻐하였던 것이다. 종종 그리스도인들이 자신이 죽은 후 예수님의 재림이 늦어져 100년 뒤에 오시면 나는 그때까지 '어떤 상태로 어디에 있게 되나'라는 걱정을 하곤 한다. 전혀 걱정거리가 아니다. 우리는 죽은 후 곧장 부활체로 부활하기에 우리 개개인이 죽는 바로 그날이 예수님의 재림의 날이며 그날에 미래형 하나님나라로 들어가게 된다. 즉 '개인적 종말'이 '역사적 종말'이며 바로 그날이 '마지막 그날'인 것이다. 3차원적인 인간의 논리로는 약간 부담스러울 수 있으나 곰곰이 생각해보면 너무 쉽게 이해될 수가 있다.

베드로후서 3장 8절은 "주께는 하루가 천 년 같고 천 년이 하루 같은" 것이라고 말씀하고 있다. 시편(시 90:4)기자 또한 "주의 목전에는 천 년이 지나간 어제 같으며 밤의 한 경점 같을 뿐임이니이다"라고 했다.

그리하여 아브라함은 예수를 보고 믿어 의롭다하심을 얻었다. 마찬가지로 오고 오는 택정된 이방인들도 예수를 믿어 의롭다 하심을 얻게 된다라는 것이다.

한편 예수 그리스도를 '오직 믿음'으로 말미암아 하나님의 자녀된 그리스도인들에게는 성령님이 내주(內住)하시게 된다. 그리스도인들에게 약속하셨던 "성령의 약속"이다. 그 성령님은 한번 인생 동안 우리를 거룩함으로 살아가도록 능력을 주시고 매사 매 순간 함께 하시며(에트의 하나님, 임마누엘의 하나님) 앞서가시면서 우리를 인도하시며(나하흐의 하나님, 엑사고의 하나님) 우리 뒤에서 밀어주시고 동행하셔서(할라크의 하나님, 프락세이스 프뉴마토스) 장차 우리를 미래형 하나님나라에 들어가게 하신다.

15 형제들아 사람의 예대로 말하노니 사람의 언약이라도 정한 후에는 아무나 폐하거나 더하거나 하지 못하느니라

"사람의 예대로 말하노니"라는 것은 '사람들의 습관과 관습에 따라 말하노니'라는 의미로 '인간의 상식과 통념에 따라 말하노니'라는 것이다. 사람들 사이의 언약(계약)도 체결 이후에는 함부로 폐하거나 더하거나 할 수가 없다. 하물며 하나님과 인간 사이에 맺어진 언약은 더 말해 무엇하랴.

"유언 혹은 언약"의 헬라어는 디아데케⁶¹(בְּרִית, 베리트, διαθήκη, nf)인데 이

---

61 디아데케(διαθήκη, בְּרִית, 베리트, nf, (from 1223 /diá, "thoroughly," intensifying 5087 /títhēmi, "place, set") – properly, a set-agreement having complete terms determined by the initiating party, which also are fully affirmed by the one entering the agreement.)

는 일방 언약 곧 은혜언약으로서 불평등 언약을 가리키는 단어이다. 반면에 인간의 계약 등 쌍 방언약 곧 평등 언약의 경우에는 헬라어로 쉰데카이(συνθηκαι)라고 한다.

참고로 Cole이라는 학자는 사람과 사람사이의 관계일 때에는 '유언'으로 해석하고 하나님과 사람사이의 관계에는 '언약'으로 해석했다.

16 이 약속들은 아브라함과 그 자손에게 말씀하신 것인데 여럿을 가리켜 그 자손들이라 하지 아니하시고 오직 하나를 가리켜 네 자손이라 하셨으니 곧 그리스도라

'약속'의 헬라어는 에팡겔리아[62](ἐπαγγελία, nf)인데 이는 '하나님의 언약 곧 6대 언약 중 하나인 '아브라함 언약'을 가리킨다. 참고로 6대 언약이란 아담 언약(최초의 원시복음), 노아 언약(2중 언약, 홍수 전 언약-방주 언약, 홍수 후 언약-무지개 언약), 아브라함 언약(3중 언약-정식 언약, 횃불 언약, 할례 언약), 모세 언약(소금 언약), 다윗 언약(등불 언약), 예수 그리스도의 새 언약(초림-성취, 재림-완성)을 말한다.

한편 "이 약속들(αἱ ἐπαγγελίαι, the promises)"에서 '약속'이라는 단어가 복수로 쓰였음에 유의해야 한다. 이는 하나님께서 아브라함과 3중 언약을 하셨기 때문이다. 곧 12장의 정식 언약, 15장의 횃불 언약, 17장의 할례

---

62   에팡겔리아(ἐπαγγελία, nf, (a feminine noun comprised of 1909 /epí, "appropriately on" and **aggellō**, "announce") - a promise which literally "announces what is fitting" (apt, appropriate)./1860/epaggelia ("an appropriate promise") is nearly always used of God's promises in the NT - and hence guaranteed by His own eternal Law (Being).)

언약이다. 더 나아가 아브라함의 후손들도 하나님과의 언약에 오롯이 동참한 것(창 12:7, 13:15, 17:7, 28:13-15, 출 19:5)이기에 복수로 사용된 것이다.

"여럿을 가리켜 그 자손이라 하지 아니하고 오직 하나를 가리켜 네 자손이라 하셨으니 곧 그리스도라"는 의미는 하나님께서 아브라함과 그 자손에게 맺은 약속의 자손이 바로 예수 그리스도이며 그 예수 그리스도를 '오직 믿음'으로만 구원이 된다라는 것을 드러낸 것이다.

"네 자손 즉 아브라함의 자손"이란 하나님께서 일방적으로 허락하신 언약들의 완성으로 오신 '예수 그리스도만이' 하나님께서 아브라함에게 약속한 모든 것을 이루실(성취와 완성) 분임을 강조한 것이다. 한편 아브라함의 후손을 "여럿"이라고 한 것은 원래 아브라함에게는 이삭과 이스마엘 외에도 후처인 그두라에게서 여러 아들들(창 25:1-2, 시므란, 욕산, 므단, 미디안, 이스박, 수아)을 두었기 때문이다.

17 내가 이것을 말하노니 하나님의 미리 정하신 언약을 사백삼십 년 후에 생긴 율법이 없이 하지 못하여 그 약속을 헛되게 하지 못하리라

유대주의적 율법주의자들은 BC 1,500년경에 주어진 율법이 그리스도의 은혜의 복음(BC 4~)보다 역사적으로 훨씬 '더 오래되었다'라고 하며 그렇기에 '더 중요하다'라고 주장하곤 했다. 그러나 바울은 예수 그리스도를 통한, 하나님의 은혜로 인한, 구원의 복음을 약속하신 하나님의 언약(아담 언약, 노아 언약, 아브라함 언약)이 훨씬 '더 오래되었다'라고 밝히고 있다. 아브라함 언약 후 약 430년 뒤에 율법과 더불어 모세 언약이 주어졌기때문이다. 물론 역사적인 시간 순서가 모든 판단의 기준은 아니지만…….

이후 다윗 언약을 통해 하나님의 언약은 종국적으로는 예수 그리스도 새 언약의 성취(초림)로 나타났고 장차 완성(재림)으로 맺을 것이다.

"430년 후에 생긴 율법"이라는 말의 해석에 대하여는 학자들마다 의견이 분분하나 나는 그랜드 종합주석의 내용(15권, p558-559)을 받아들인다. 즉 야곱이 가족들(70명, 창 46:27, 신 10:22)을 이끌고 애굽으로 내려간 시점(BC 1876)에서 출애굽 후 시내산에서 율법을 받게 된(BC 1446) 때까지 430년 기간이라는 견해에 동의한다.

그렇기에 아브라함의 횃불 언약(창 15:9-21)은 율법보다 시간적으로 훨씬 앞선 것이 맞다. 그 언약의 주 내용은 '땅에 대한 약속'으로 애굽 강 [63](יְאֹר, 에오르, stream (of the Nile), River of Egypt)에서부터 그 '큰 강' 유브라데 [64](Euphrates)까지를 주시마 말씀하신 것이다.

18 만일 그 유업이 율법에서 난 것이면 약속에서 난 것이 아니리라 그러나 하나님이 약속으로 말미암아 아브라함에게 은혜로 주신 것이라

63 　애굽 강이란 '나일강'으로 상류 아프리카의 빅토리아 호수에서 발원한 물이 애굽을 관통하여 하류인 지중해까지 6,800km(창 15:18, 암 8:8, 9:5)를 말한다. '애굽하수(사 7:18)' 혹은 '시홀(사 23:3)'이라고도 불렸다. 원어 나하르(נָהָר)는 연중 끊이지 않고 물이 흐르는 강을 가리킨다. 라이프 성경사전, 네이버 참조

64 　아르메니아의 산지인 아라랏에서 발원하여 하류인 페르시아만으로 흘러들어가는 2,850km의 서아시아 최대의 강이다. 성경의 '그 강, 큰 강(창 15:18, 신 1:7, 사 8:7)'이 바로 유브라데이다. 라이프 성경사전, 네이버 참조

"유업"의 헬라어는 클레로노미아[65](κληρονομία, nf)인데 이는 '상속하다'라는 말에서 유래한 것으로 '약속된 것들을 실제로 누리게 되는 것'을 가리킨다.

참고로 '약속 혹은 언약'이 '하나님의 은혜'에 기초한 것이라면 '율법'은 '인간의 의 혹은 행함'에 기초한 것이다. 결국 인간의 자기 의에 기반한 율법적 행위로는 하나님의 은혜의 복음 곧 예수 그리스도 새 언약의 성취인 구원을 이룰 수가 없다.

그러므로 진정한 상속자(롬 8:17, 하나님의 후사)는 아브라함처럼 하나님의 '여겨주신 믿음(창 15:6)'으로 구원된 모든 사람(갈 3:28)을 가리킨다. 이런 구원에의 약속은 율법에서 난 것이 아니라 하나님의 약속에서 난 것이라는 의미이다.

19 그런즉 율법은 무엇이냐 범법함을 인하여 더한 것이라 천사들로 말미암아 중보의 손을 빌어 베푸신 것인데 약속하신 자손이 오시기까지 있을 것이라

"그런즉 율법은 무엇이냐"라는 것은 '그렇다면 하나님께서 왜 율법을 주셨는가'라고 해석(Robertson)하면 이해하기가 훨씬 쉽다. 그 대답인 "범법함을 인하여 더한 것이라"는 문장에서의 '더하다'라는 의미는 인류의

---

65 클레로노미아(κληρονομία, nf, (a feminine noun derived from 2818 /klēronómos, "an heir, apportioned inheritance by the casting of lots") - inheritance, awarded by divine lot, i.e. the portion God assigns (selects) (cf. the cognate used in Eph 1:11, Gk text)/from κληρονόμος, nm, an heir, an inheritor, (a masculine noun derived from 2819 /klēros, "lot" and nemō, "to distribute, allot") - an heir; someone who inherits.)

죄악을 '규제(規制, regulation, control, restriction)'하기 위해 '율법이 필요했다'라는 말이다. 그러므로 율법을 주신 이유는 '범법함을 인하여 율법이 필요했다'라는 의미이다. 결국 하나님께서 율법을 주신 것은 타락한 인간의 죄성을 깨닫게 하기 위함(죄에 대한 자각)이었다. 율법에 의하지 않고는 인간 스스로는 결코 자신의 죄를 깨달을 수가 없기 때문이다.

인간이 죄를 짓게 되면, 곧 계명에 대한 고의적 위반[66](범법함, 파라바시스, παράβασις, nf, a transgression)을 행하면 율법은 그 죄를 즉시로 폭로해 버린다. 그리하여 인간에게는 죄의 무게가 더하여지고 점점 더 가중되어서 더 이상 희망이 없게 된다. 그런 영 죽을 인간에게 율법은 "세상의 빛, 생명의 빛이신 예수 그리스도(요 8:12)" 곧 구원자 예수 그리스도의 '절대 필요성'을 드러내는 역할을 한다. 이것이 율법을 주신 목적이다.

한편 이 구절에서는 '율법을 주신 목적' 외에도 '율법이 전달된 방법' 곧 '천사들로 말미암아 중보의 손을 빌어 베푸신 것'임을 밝히고 있다. 또한 '율법의 임시적인 역할' 곧 '약속하신 자손이 오시기까지 있을 것'에 대해서도 설명하고 있다.

하나님께서는 천사들의 시중을 받는 가운데 중보자(중재자)였던 모세에게 율법을 주셨다(신 33:2, 행 7:38, 히 2:2). 그 율법을 통해 모든 인류는 '영 죽을 죄인임을 깨닫게' 되었고 이후 진정한 중보자 되신 예수 그리스도

---

66 파라바시스(παράβασις, nf)는 a transgression, overstepping, deviation/(from 3844 / pará, "contrary" and bainō, "go") - properly, an "overstepping" (BAGD); a deliberate going over "the line." 3847 ("a stepping over the line") in the NT refers to the willful disregard (breaking) of God's law which defies His drawn-lines (boundaries); an arrogant "over-stepping"이다.

의 '절대 필요성'을 알게 된 것이라는 의미이다.

"베풀다"의 헬라어는 디아타쏘[67](διατάσσω)인데 이는 '명하다, 지시하다'라는 의미로 그 단어 가운데에는 '인간에게 율법을 주신 하나님의 절대적인 주권'이 함의되어 있다(Huxtable).

"약속하신 자손이 오시기까지 있을 것"이라는 말은 율법의 한시성, 임시성, 제한성을 가리키는 것으로 약속하신 자손인 예수 그리스도가 오시기까지 율법은 그리스도에게로 인도하는 몽학선생(초등교사)의 역할일 뿐이라는 말이다. 그렇기에 예수님이 오신 이후에는 그 '역할이 끝났다'라는 것을 가리킨다.

이는 '율법이 전달된 방법'이나 '율법을 주신 목적'이 끝났다라는 것이 아니라 '율법의 역할'이 '완성되었다'라는 의미이다. 그러므로 율법을 폐기해도 된다(율법 무용론, 율법폐기론 등등)라는 말은 틀린 것이다.

구원자 예수님은 이 땅에 오셔서 대속죽음을 통해 율법을 완성하셨다. 이후 그 예수 그리스도를 '오직 믿음'으로 구원(의롭다 칭함을 받게 됨)을 얻게 된다. 예수를 믿는 모든 사람은 그 즉시 영적 죽음에서 영적 부활이 되어 영생을 누리게 된다.

이때 모든 그리스도인들 안에는 성령님이 내주(內住)하게 된다. 내주하시는 성령님께 온전한 주권을 드리고 그분의 통치, 질서, 지배 하에 살아가는 것을 '현재형 하나님나라를 누린다'라고 한다. 이후 모든 인간에

---

67 디아타쏘(διατάσσω, to arrange thoroughly, to charge, appoint, from 1223 / diá, "through, thoroughly," intensifying 5021 /tássō, "to order, appoint") – properly, systematically order – literally, "all the way through (thoroughly) arrange.")

게 반드시 한 번은 찾아오게 되는 육신적 죽음(히 9:27)이라는 '이동(관문, 딤후 4:6, 아날뤼시스)'을 통해 미래형 하나님나라로 옮겨져 그곳에서 신(神)과 방불한 자(부활체, 고전 15:42-44)로 영원히 살아가게 된다.

그러므로 예수를 믿게 되면 '그 즉시' 하나님나라(현재형)에서 영생을 누리는 것이 되며 육신적 죽음 이후에도 영원히 '하나님나라(미래형)'를 누리게 되는 것이다. 다만 '하나님나라'란 '주권, 통치, 질서, 지배 개념'의 현재형 하나님나라와 지금은 볼 수 없지만 반드시 존재하는 '장소 개념'의 미래형 하나님나라의 차이일 뿐이다.

20 중보는 한 편만 위한 자가 아니니 오직 하나님은 하나이시니라

이 구절에서 '중보(中保, Mediator)' 곧 두 사람 사이에서 일이 성사되도록 주선하는 사람이란 하나님께서 은혜로 허락(신탁, 요 1:16-17)하신 율법을 인간에게 전했던 '모세'를 가리킨다. 그렇기에 중보자인 모세의 역할은, 이를테면 복덕방 중개업자로서 한 편만 위하면 안 되는 것이다. 양자 사이에서 최선을 다해 화해와 일치, 성사가 이루어지도록 노력해야 하는 것이 '중보'의 역할이다.

결국 중보자로 '부름받은' 모세의 경우 율법을 허락하신 하나님의 뜻을 잘 알고 그 뜻을 인간에게 잘 전하여야 할 책임이 있다. 더 나아가 모든 인간들은 그 율법을 통해 자신들의 죄성이 폭로됨으로(인류의 범죄를 율법이 드러냄으로) '죄에 대한 자각'은 물론이요 구원자 예수 그리스도의 '절대 필요성'을 인식해야 한다.

그 일에 모세는 중보자로 '쓰임받은' 것이다. 그러므로 모세는 한 편만 위하면 안 되고 양편(하나님의 뜻을 인간에게 바로 전해야 함)을 위해 일했으며 율법을 주신 하나님의 마음을 인간들에게 전했던 것이다.

'예수 그리스도의 은혜의 복음' 곧 '하나님의 은혜의 복음'은 "은혜 위에 은혜(요 1:16)"로서 율법도 복음도 당신의 은혜로 하나님께서 직접 주신 것이다. 차이가 있다면 "은혜와 진리는 예수 그리스도로 말미암아 온 것(요 1:17)"이요 율법은 또 하나의 은혜로서 하나님과 인간 사이의 중보인 모세를 통해 주어졌다(요 1:17)라는 것이다. 그렇기에 복음과 달리 율법은 그 가치와 한계에 있어 제한적이다.

20절은 전반부와 후반부를 나누어 해석하면 그 이해가 더욱 선명해진다. 전반부는 중보자 모세에게 허락하셨던 율법에 대한 설명이다. 그 율법을 중보자인 모세는 하나님과 인간 사이에서 마치 '복덕방 중개업자'처럼 양자 사이에서 최선을 다해 화해와 일치, 성사가 이루어지도록 노력해야 했던 것이다.

후반부의 "오직 하나님은 하나이시니라"고 말한 것은 흔히 해석하듯 '하나님의 유일성'을 드러내려는 것이 아니다. Burton은 '하나님의 일방적 언약' 즉 하나님께서 중보자의 손을 거치지 않고 직접 구원의 복음을 주셨다라고 해석했는데 나는 이 해석에 적극 동의한다.

곧 하나님께서는 '율법이라는 은혜'를 중보자인 모세의 손을 통해 간접적으로(indirectly) 인간에게 주셨다. 반면에 '은혜 위에 은혜(요 1:16-17)'인 예수 그리스도(복음)는 중보를 거치지 않고 직접적으로(directly) 인간에게 주셨다라는 말이다.

21 그러면 율법이 하나님의 약속들을 거스리느냐 결코 그럴 수 없느니라 만일 능히 살게 하는 율법을 주셨더면 의가 반드시 율법으로 말미암았으리라

"하나님의 약속"이란 '하나님의 언약' 혹은 '하나님의 은혜의 복음'을 가리키는데 율법이나 언약은 둘 다 하나님께서 인간에게 은혜로 주신 것이다. 단지 주신 '목적과 성격, 범위'가 다를 뿐이다.

율법은 '인간의 무능력'과 '죄인 됨', '구원자 예수 그리스도의 절대 필요성'을 알게 하려는 목적이었다. 그렇다고 하여 율법이 하나님의 약속들을 거스르는 것은 아니다. 다만 율법적 행위를 항상 모두 다 지켜 행함으로 의롭게 될 수 있는 인간이 없을 뿐인 것이다.

자꾸 반복하지만 율법의 목적은 하나님의 은혜(약속, 언약)로 주어지게 될 '하나님의 은혜의 복음'인 '예수 그리스도의 구속사역'의 절대 필요성을 깨닫게 하는 것이었다.

22 그러나 성경이 모든 것을 죄 아래 가두었으니 이는 예수 그리스도를 믿음으로 말미암은 약속을 믿는 자들에게 주려 함이니라

22절에서의 "성경이 모든 것을 죄 아래 가두었으니"라는 말에서의 '성경'이 가리키는 것은 '모세의 율법'을 말하는 것으로 이는 의인화(擬人化, characterization, anthromorphization)한 표현이다.

"가두었으니"의 헬라어는 쉿클레이오[68] (συγκλείω, v)인데 이는 쉰(σύν)과 클레이오(κλείω, v, to shut)의 합성어이다. 즉 '사방이 완전히 막혔다'라는 의미로서 율법으로 죄가 폭로되면 모든 인간은 죄의 벽으로 인해 사방이 완전히 막히게 된다. 그러면 죄 안에 사로잡혀 오도가도 못하여 모든 인간은 한 명도 예외 없이 모두가 다 죄인으로 서게 된다. 결국 하나님 앞에서는 "의인은 없나니 하나도 없다(롬 3:10, 3:19-23, 시 143:2)"라는 것을 드러내고 있다.

결론적으로 하나님은 율법을 온전히 준수할 수 없었던 '인간의 한계'를 너무나 잘 알고 계셨기에 '오직 믿음'을 통한 구원(의롭다 칭함)이라는 은혜(언약, 약속)를 허락하셨던 것이다.

23 믿음이 오기 전에 우리가 율법 아래 매인 바 되고 계시될 믿음의 때까지 갇혔느니라

이 구절에서의 "믿음"에 해당하는 헬라어는 텐 피스틴(τὴν πίστιν, πίστις, nf)인데 이는 '구원에 이르는 예수에 대한 믿음'이라는 의미로서 이때의 '믿음'은 동사(피스튜오)가 아니라 명사(피스티스)이다. 곧 하나님께서 만세 전에 은혜로 '택정'함을 입은 자들에게 주신(허락하신) '객관적 믿음(피스티스)'이라는 말이다.

---

68   쉿클레이오(συγκλείω, v, to shut together, enclose)는 쉰(σύν, sýn (a primitive preposition, having no known etymology) - properly, identified with, joined close-together in tight identification; with (= closely identified together))과 클레이오(κλείω, v, to shut)의 합성어이다

예수 그리스도께서 이 세상에 오시기 전, 계시될 믿음 곧 하나님의 작정과 예정, 섭리와 경륜에 따른 예수 그리스도의 구속사역이 주어지기 전까지 모든 인간은 율법의 멍에에 계속 매여[69](갇혀, 프루레오, φρουρέω) 있었다. 때가 되매 하나님께서 언약(약속)하신 그대로 구원자 예수님께서 이 땅에 "성육신(Incarnation)'하셔서 십자가 보혈이라는 대가 지불(대속제물, 화목제물)로 율법의 모든 요구를 다 이루셨다. 테텔레스타이(Τετέλεσται, It has been finished)이다.

이후 복음의 주체이신 그 예수를 '오직 믿음'으로 구원을 얻게 되었다. 더 이상은 율법 아래에서 율법에 종노릇 할 필요가 없어지게 된 것이다. 이것이 '바른 복음'이며 '바른 진리'이다.

그런데 은근슬쩍 물타기를 통해 유대주의적 율법주의자들은 그 믿음에 더하여 율법적 행위인 할례, 계명 준수, 절기 준수 등등을 첨가시켜 버렸던 것이다.

24 이같이 율법이 우리를 그리스도에게로 인도하는 몽학선생이 되어 우리로 하여금 믿음으로 말미암아 의롭다 함을 얻게 하려 함이니라

몽학선생(夢學先生, supervision) 혹은 초등교사(school-master)에 해당하는

---

69 매이다(갇히다)의 헬라어는 프루레오, φρουρέω, (from phrousos, "a sentinel, guard") – properly, to guard (keep watch) like a military sentinel; (figuratively) to actively display whatever defensive and offensive means are necessary to guard)이다.

헬라어는 파이다고고스[70](παιδαγωγός)인데 이는 파이스(παῖς, a child under training (strict oversight), emphasizing their ongoing development necessary to reach their highest (eternal) destiny)와 아고(ἄγω, to lead, bring, carry)의 합성어이다. 즉 '아이를 지도하고 가르치는 교사'라는 의미인데 당시 헬라시대에는 15-25세까지 '전문 노예'로서 멘토(Mentor)라고 불리우던 후견인(청지기)이 주인 아들의 양육에 대해 전반적인 책임(Mentoring)을 맡았다. 즉 25세까지는 아들이라도 전문 노예의 지도(영향력) 하에 머물러야 했다. 세월이 흘러 25세 이후 장성한 사람이 되면 온전한 주인으로서의 역할이 주어졌다. 사도 바울은 '전문 노예'인 몽학선생을 '율법'에 비유하여 우리의 주인 되신 예수님이 오시기까지, 곧 주인의 아들이 장성한 자로서 진정한 주인의 유업을 이을 때까지의 '초등교사'라고 했던 것이다.

율법에 대해 성경에는 '종의 멍에(행 15:10, 갈 5:1)', '후견인 혹은 청지기(갈 4:2)', '세상 초등학문(갈 4:3)', '계집종 하갈(갈 4:21-25)', '이 땅에 있는 예루살렘(갈 4:25)', '그림자(골 2:17)', '거울(약 1:23)', '모형(히 8:4-5)' 등등 다양하게 여러가지로 비유하며 상징적으로 표현하고 있다.

25 믿음이 온 후로는 우리가 몽학선생 아래 있지 아니하도다

70　몽학선생(夢學先生, supervision) 혹은 초등교사(school-master)의 헬라어는 파이다고고스(παιδαγωγός, from 3816 /país, "a child under development by strict instruction") - properly, a legally appointed overseer, authorized to train (bring) up a child by administering discipline, chastisement, and instruction, i.e. doing what was necessary to promote development)이다.

이 구절이 의도하는 바는 예수 그리스도 새 언약의 '성취'인 예수님의 '초림' 이후에는 더 이상 율법에 얽매여 종노릇하지 말라는 것이다. 더 나아가 믿음으로 의롭게 되는 '하나님의 은혜의 복음' 곧 '예수 그리스도의 복음'을 받아들이고 주인 되신 성령님의 통치, 지배, 질서 하에 들어가는 것이 마땅하다라는 의미이다.

그러므로 예수 그리스도를 믿음으로 영접한 모든 그리스도인들은 더 이상 율법의 지배(영향력) 아래 있지 않다라는 것을 선포하고 있는 것이다.

26 너희가 다 믿음으로 말미암아 그리스도 예수 안에서 하나님의 아들이 되었으니

"그리스도 예수 안에서 하나님의 아들이 되었으니"에서의 '아들'의 헬라어는 휘오스[71](υἱός, nm)인데 이는 '상속권'과 함께 '법적인 자녀로서의 권한 일체'를 모두 포함하고 있는 단어이다.

그렇기에 주인의 아들이라 할지라도 몽학선생 아래에 있던 어린(15-25세) 시절에는 전문 노예였던 몽학선생의 영향력 아래 있었다. 그러다가 장성한 이후에는 아버지로부터 '유업을 이을 자'인 '온전한 주인'으로서의 권리가 주어진다. 그러므로 '장성한 아들이 된 후'에는 즉 '예수님이 오신 이후'에는 더 이상 '율법'이라는 '몽학선생'에 얽매이지 않아도 된

---

71 아들의 헬라어는 휘오스(υἱός, nm, properly, a son (by birth or adoption); (figuratively) anyone sharing the same nature as their Father. For the believer, becoming a son of God begins with being reborn (adopted) by the heavenly Father - through Christ (the work of the eternal Son). In the NT)이다.

다라는 의미이다.

"믿음으로 말미암아, 그리스도 예수 안에서'라는 두 문장은 하나님의 아들(자녀)이 되는 전제조건인 바 그리스도인들은 '오직 믿음(Sola Fide)'을 통해 그리스도와의 신비적 연합(Union with Christ)이 이루어지게 됨을 알아야 한다.

27 누구든지 그리스도와 합하여 침례를 받은 자는 그리스도로 옷 입었느니라

따라서 유대인이든 이방인이든 상관없이 예수 그리스도 안에서 세례를 받은 '모든' 사람은 그리스도로 '옷 입은 것'이라는 말이다. 즉 예수 그리스도와 '하나(영접+연합)' 되었다라는 말이며 그리스도를 '주인'으로 모시고 성령님의 통치, 질서, 지배 하에서 예수를 '닮아가는 삶'을 살게 된다라는 것이다. 그렇기에 그리스도인들은 모든 정욕과 탐심을 십자가에 이미 못 박은(갈 5:24) 사람들임을 잊어서는 안 된다.

참고로 침례 혹은 세례(밥티조, βαπτιζω, 식초에 담그다) 밥토, βάπτω, 뜨거운 물에 담그다)라는 단어에는 4가지 주요한 의미가 들어있음을 알고 매번 되새겨야 할 것이다. 단순히 문자적인 단어의 선택에 매몰되지 말라는 말이다.

첫째로 침례 혹은 세례(밥티조, βαπτιζω)란, 예수 그리스도의 십자가 보혈로만 죄를 씻을 수 있다는 것을 인정하는 결단의 예식이다. 둘째, 그 구원자이신 예수님만을 나의 구주 나의 하나님으로 입으로 시인하고 마음으로 영접하는 결단의 예식이다. 셋째, 그 예수님과의 하나 됨 곧 연합을 고백하는 결단의 예식이다. 마지막 넷째는 그 예수님을 나의 주인으로 모시고 온전한 주권을 드리며 그분의 통치와 질서, 지배 하에 살아가겠다는 결단의 예식이다.

한편 "옷 입다"의 헬라어는 엔뒤오[72](ἐνδύω, v)인데 이는 엔(ἐν, in, on, at, by, with)과 뒤노(δύνω, v, to enter, to sink into)의 합성어로서 '군인이 자기를 보호하기 위해 갑옷을 입는 것'을 가리키는 것으로 여기에는 이중적 함의(含意)가 있다. 첫째는 '악한세력으로부터의 보호(롬 13:14, 엡 4:24, 골 3:10)'라는 의미가 있고 둘째는 '오직 믿음으로 그리스도인이 된 후 새 사람으로의 변함'이라는 의미가 있다.

결국 '예수 그리스도로 옷 입었다'라는 것은 '예수님과의 하나 됨'을 말하는 것으로 '예수쟁이'라는 그 옷을 입어도 전혀 어색하지 않고 자연스럽다라는 것이다. 그렇기에 주인 되신 예수님께서 악한 세력을 물리쳐 주시는 것을 감사함으로 받아들이고 예수쟁이인 새로운 피조물로서 예수님을 닮아가는 것이 마냥 기쁘고 자연스럽다라는 의미이다.

28 너희는 유대인이나 헬라인이나 종이나 자주자나 남자나 여자 없이 다 그리스도 예수 안에서 하나이니라

이 구절을 통해 당시 유대인들에게는 '3가지 자랑'이 있었음을 알 수 있다. 여자로 태어나지 않고 남자로 태어난 것, 종으로 태어나지 않고 자유인으로 태어난 것, 이방인으로 태어나지 않고 유대인으로 태어난 것

---

72 "옷 입다"의 헬라어는 엔뒤오(ἐνδύω, v, to clothe or be clothed with (in the sense of sinking into a garment))이다.

등이다. 바울은 굳이 그것을 드러내면서 예수를 믿어 구원을 얻은 후에는 그런 허탄한 자랑들이 예수 안에서는 전혀 의미가 없음을(롬 3:29-30) 지적하고 있는 것이다.

이 구절을 다시 해석하면, 만세 전에 당신의 은혜로 인종(유대인과 헬라인)이나 신분(종과 자유자), 성별(남성과 여성)에 관계없이 '택정된 자'에게 '피스티스(믿음)'를 허락하셔서 예수 그리스도를 믿는 그 '믿음(피스티스)' 안에서 하나(한 지체, 완전히 동일하다) 되게 하신 성령님을 통해 이루신 구원사건은 전적으로 '신실하신(피스토스)' 성부하나님의 은혜라는 것이다.

여기서 "하나"에 해당하는 헬라어는 헤이스(εἷς, one)인데 이는 '완전히 동일한 상태'를 가리킨다. 더 나아가 하나님의 유일성(딤전 2:5) 혹은 삼위일체 하나님은 '한(εἷς, one)' 분이라고 할 때에 내포되어 있는 '존재론적 동질성(Essential Equality)'을 가리키기도 한다.

29 너희가 그리스도께 속한 자면 곧 아브라함의 자손이요 약속대로 유업을 이을 자니라

"그리스도께 속한 자"라는 것은 '예수 그리스도의 복음'을 '오직 믿음'으로 받아들인 모든 사람을 가리킨다. 즉 율법을 지켜 의를 이루겠다고 열심을 부리고자 하는 유대인이 아니라 예수 그리스도를 믿게 된 택정된 모든 성도들만이 하나님의 약속의 유업을 받은 자라는 것을 말하고 있는 것이다.

이 구절에서의 "아브라함의 자손"이라는 의미는 혈통적, 육적인 이스라엘이 아니라 '영적인 유대인'을 가리키는 것으로 앞서 3장 26절에서는 "그리스도 안에서의 하나님의 아들"이라고 말씀하셨다.

괴짜의사 Dr. Araw의
쉽고 바르게 읽는 갈라디아서 장편(掌篇) 강의, 개정판

예수 믿음과 하나님의 계명을 붙들라

레마 이야기 4

너희 속에 그리스도의 형상이
이루기까지

모든 사람들 특히 그리스도인들은 누구나 다 '하나님의 형상'을 따라 창조(창 1:26-27)되었다. "하나님의 형상"이라는 말에서 '형상'의 히브리어는 쩨렘(צֶלֶם, nm, an image)과 데무트(דְמוּת, nf, likeness, similitude)이다. 그러므로 인간은 하나님의 형상(성품, 데무트, according to Our likeness)을 따라 그 모양(신체적. 쩨렘, in Our image)으로 지어진 것이다. 그리하여 여성(נְקֵבָה, nf, a female, 네케바)은 여성답게(womanly), 그리고 남성(זָכָר, nm, adj, male, 자카르)은 남성답게 (manly) 하나님의 보시기에 심히 '좋도록(토브)' 창조되었다.

모든 그리스도인들은 예외 없이 한번 사는 동안에 예수 그리스도의 심장으로 치환되는 '심장수술(cardiac surgery)'을 받는다. 그렇기에 예수를 믿은 이후 우리의 몸 속에는 예수 그리스도의 심장이 박동되고 있는 것이며 그 심장에서 분출되고 있는 '예수 그리스도의 피'가 온몸 구석구석을 흐르고 있는 것이다.

한편 사람의 심장은 1초에 70여 회를 힘차게 박동한다. 분출된 그 피는 온몸의 구석구석을 열심히 다니면서 100조 개의 세포에 산소와 영양분을 실어날라 세포들을 먹여 살린다. 그런 인간의 심장은 적어도 살아 있는 동안에는 멈추지 않는다. 그러나 멈추는 순간이 있다. 그렇기에 인간의 심장 박동은 임시적이고 일시적이며 제한적이다.

영구적으로 박동되는 심장을 원하는가?

그렇다면 예수 그리스도의 심장을 구하라. 결국 영생을 얻기 위하여는 영원히 박동되는, 멈추지 않는 강력한 심장이 필요한 것이다. 그것이 바로 '예수 그리스도의 심장(빌 1:8)'이라는 말이다.

예수 그리스도의 심장을 가진 그리스도인들은 그 심장이 박동될 때마다 예수님의 피가 온몸의 구석구석을 다니며 그를 먹여 살린다. 더 나아가 영원을 살아가게 하고 영원토록 살아있게 한다. 곧 영생(eternal life)이다. 예수님의 피가 공급하는 산소와 양분은 '말씀과 찬양과 기도'로써 그리스도인들을 영원히 살아가게 하는 원동력이자 주요 에너지원이다.

결국 예수를 믿은 후에는 그 즉시 일어나게 되는 신비스러운 심장수술로 인해 그리스도의 심장을 소유하며 살아가게 되는 것이라는 말이다. 그렇게 한 해 두 해 세월이 흐르면 우리도 모르는 사이에 우리에게는 놀라운 변화가 생기게 된다. 곧 예수 그리스도의 피를 공급받아 살아가면서 서서히 그리스도의 형상(갈 4:19)으로 변하여 간다는 것이다. 그리하여 세월의 흐름과 함께 점점 더 신(神)의 성품(벧후 1:4)을 소유하게 되며 종국적으로는 그리스도의 장성한 분량이 충만한 데까지 이르게(엡 4:13) 된다.

갈라디아서 4장은 '점점 더 자라감' 즉 '성장과 성숙'의 과정에 대해 말씀하고 있다. 예수를 믿은 후 우리는 '종'에서 '자유인'으로 단숨에 나아가게 된다. 더 나아가 '유업을 이을 자' 곧 '하나님의 자녀'가 된다. 여기서 '종'이란 노예를 말하는 것이 아니라 우리가 '종과 다름이 없다(종노릇 하다)'라는 의미이다. 또한 '자유인'이란 의미는 '아버지의 정한 때까지'는 후견인과 청지기의 영향 아래에 놓이게 되는 자유인이라는 말이다.

원래 우리는 본질상 자유인이기는 하지만 아버지 하나님의 작정과 예정, 섭리와 경륜을 따른 그분의 때(카이로스)를 기다려야만 한다. '때'가 되면 즉 그리스도의 장성한 분량이 충만하게 되면 '유업을 이을 자'로서 모든 것의 주인(진정한 하나님의 자녀)이 될 것이다. 그러므로 우리 안에 그리스도의 형상이 이루기까지 해산하는 수고를 아끼지 말아야 한다.

4-1 내가 또 말하노니 유업을 이을 자가 모든 것의 주인이나 어렸을 동안에는 종과 다름이 없어서

"어렸을 동안에는 종과 다름이 없어서"라는 말에서 '어리다'의 헬라어는 네피오스(νήπιος, adj, an infant, a simple-minded or immature person)이다. 이는 부정(否定)의 뜻을 나타내는 네(νή)와 말(言)을 의미하는 에포스(ἔπος)의 합성어이다. 곧 '어리다'라는 것은 '말을 잘 하지 못하다'라는 뜻으로서 '육체적으로나 정신적으로 미숙함(immature person)'을 가리킨다.

"종과 다름이 없어서"라는 것은 비록 아들로서 장차 유업(inheritance)을 이어받을 자유자이기는 하나 때가 되기까지는 종의 영향력 아래에 있기에 아무 것도 스스로 결정할 권한이 없다라는 것이다. 이런 모습을 가리켜 '마치 종(slavery)과 다름이 없다'라고 한 것이다.

2 그 아버지의 정한 때까지 후견인과 청지기 아래 있나니

'몽학선생(초등교사)', '청지기', '후견인' 등은 모두 다 같은 의미로 사용된 상징적인 단어들이다.

참고로 굳이 미묘한 차이를 구분해보자면 헬라시대에 파이다고고스(παιδαγωγός)는 몽학선생(蒙學先生 supervision), 혹은 초등교사(school-master)라는 의미로서 주인의 자녀를 6-7세에서 15세가 되기까지 아이의 외적 행동을 지도하거나 길에서 보호하는 등등의 일반적인 시중을 들었던 종을 가리켰다. 반면에 청지기(오이코노모스, οἰκονόμος)는 주로 재정을 담당했고 후견인[73] (에피트로포스, ἐπίτροπος)은 주로 훈련을 담당했다.

한편 이러한 초등교사(몽학선생)와는 달리 청지기 혹은 후견인은 주인의 아들을 15-25세까지 인격이나 학문, 성품 등을 돌보는 일 곧 교과목을 정하여 가르치는 일 등등(mentoring)을 맡았다. 이후 25세가 되면 그 아들은 아버지의 유업을 이어받아 온전한 주인이 되어 더 이상 청지기의 영향력 아래에 있지 않아도 되었다.

이 구절에서는 "그 아버지의 정한 때까지" 주인의 아들이 "후견인과 청지기 아래 있나니"라고 말씀하고 있다. 이는 유업을 이을 자로서 주인의 아들인 우리일지라도 그리스도가 오기 전까지(유업을 이을 자가 되기 전까지의 기간 동안에)는 율법(후견인과 청지기) 아래에 있어서 율법의 지도(영향력) 하에 가르침을 받아야한다라는 말이다.

결국 '율법'은 임시적, 일시적, 한시적, 제한적이라는 것을 비유로 설명한 것이다.

3 이와 같이 우리도 어렸을 때에 이 세상 초등 학문 아래 있어서 종노릇 하였더니

73　청지기의 헬라어는 오이코노모스(재정담당, οἰκονόμος, (from 3624 /oíkos, "house, household" and nemō, "to allot, apportion") - properly, a steward (literally, "household-manager"). See 3622 (oikonomia))이며 후견인의 헬라어는 에피트로포스(훈련담당, ἐπίτροπος, (a) (procurator) a steward, (b) (tutor) a guardian (appointed for an infant [under 14 perhaps] by the father or by a magistrate), 맡기다, 위탁하다)이다.

"초등학문[74](갈 4:9, 골 2:8, 20, 히 10:1-4)"이란 헬라어로 스토이케이온 (στοιχεῖον)인데 이는 고대 헬라의 자연철학에서 우주의 구성요소로 생각 했던 '공기, 물, 불, 흙'에 대한 관념을 연구했던 학문이다. 또한 '해, 달, 별에 대한 천체 숭배'를 상징하기도 한다. 이 구절에서는 하나님의 계시 의 한 방편으로서의 초등 단계인 '율법'을 지칭하고 있다.

더 이상 '몽학선생 아래 있지 않다'라는 것은 아비같은 참 스승(고전 4:15)이신 예수 그리스도께서 오셨기에 그 이후로는 더 이상 '율법의 굴레 와 속박, 지배를 받지 않는다'라는 의미이다.

결국 이 구절은 예수 그리스도께서 오신 구약과 신약의 개념과 더불어 예수님 오신 이후의 'already~not yet'까지의 개념도 전제하고 찬찬히 묵상해야 한다.

4 때가 차매 하나님이 그 아들을 보내사 여자에게서 나게 하시고 율법 아래 나 게 하신 것은

"때가 차매(합 2:3, 막 1:15)"라는 말에서의 '때'는 2절에서 말한 "아버지의 정한 때"를 가리킨다. '때'를 의미하는 헬라어 두 단어(카이로스와 크로노스)를 묵상하면 성부하나님의 작정과 예정, 섭리와 경륜을 이해하는데 도움을

---

74 "초등학문(갈 4:9, 골 2:8, 20, 히 10:1-4)"이란 헬라어로 스토이케이온(στοιχεῖον, basic principle, properly, fundamentals, like with the basic components of a philosophy, structure, etc.; (figuratively) "first principles," like the basic fundamentals of Christianity, (a) plur: the heavenly bodies, (b) a rudiment, an element, a rudimentary principle, an elementary rule)이 다.

준다.

'때'라는 헬라어[75]에는 카이로스(καιρός)와 크로노스(χρόνος)가 있는데 전자가 '하나님의 때'를 가리킨다면 후자는 '사람이 정한 때'를 가리킨다. 우리가 종종 착각하는 것 중의 하나가 자신이 정해놓은 크로노스를 가리켜 카이로스라고 우기는 것이다.

"차매"에 해당하는 헬라어는 플레로마[76](πλήρωμα, nn)인데 이는 '충만, 완성'이라는 의미로 그리스도의 오심(초림)은 하나님의 작정과 예정, 그리고 하나님의 간섭과 열심인 섭리와 경륜 하에 오신 것으로 '한 치 오차가 없다'라는 말이다.

한편 "하나님의 아들"이라는 말에서는 그리스도의 '신성(神性)'을 드러내고 있으며 "여자에게서 나게 하시고(창 3:15)"라는 말에서는 그리스도의 '인성(人性)'을 드러내고 있다. 그런 신인양성의 예수님은 성부하나님의 유일한 기름부음 받은 자로서 그리스도, 메시야이시다.

그 예수님만이 유일한 의인이시자 완전한 인간으로 이 땅에 오셨고 인간의 모든 죄를 영 단번(once for all)에 해결하신 후 당신의 의를 인간에게 전가(轉嫁, imputation)[77]하셨고 구속의 효력을 적용하셨다.

---

75 카이로스(καιρός, time as opportunity. 2540/ **kairós** (opportune time) is derived from kara ("head") referring to things "coming to a head" to take full-advantage of. 2540 (**kairós**) is "the suitable time, the right moment (e.g. Soph., El. 1292), a favorable moment"(DNTT, 3, 833)가 하나님의 때라고 한다면 크로노스(χρόνος, time (in general), especially viewed in sequence (a "succession of moments"); time in duration in the physical-space world, sovereignly apportioned by God to each person)는 사람이 정한 때를 가리킨다.

76 플레로마(πλήρωμα, nn, (a) a fill, fullness; full complement; supply, patch, supplement, (b) fullness, filling, fulfillment, completion)

77 전가는 자신의 허물이나 책임등을 남에게 덮어씌우는 것으로 의로움이나 죄과를 다른 사

"율법 아래 나게 하신 것"이라는 의미는 '하나님 앞에서 율법을 지켜야 할 인간적 책무', 곧 '모든 인간이 지고 있는 율법의 저주'를 감당하기 위해 인간으로 오셨고 율법 아래 나게 하셨다라는 의미이다. 그런 신인양성(神人兩性)의 예수님만이 유일한 구원자이시고 그리스도 메시야로서의 대속사역을 담당할 수 있다는 것도 함의(含意)하고 있다.

인간의 역사 속으로 들어오신 신인양성(神人兩性)의 예수님은 유대인으로 오셔서 할례를 받으셨고(눅 2:21) 유월절 절기도 지키셨다(요 2:13). 공생애 전(前)까지 일절 순종하심으로 배우셨다(히 5:5-9, Messianic Secret). 더 나아가 죄 없으신 예수님께서는 우리를 '대신하여(휘페르)' 십자가 보혈을 흘리심으로 구약율법이 요구하는 모든 것을 다 이루셨다(테텔레스타이). 그렇기에 그 예수님은 율법을 완성(마 5:17)하러 오신, 예수 그리스도 새 언약의 성취를 이루신 그리스도 메시야이시다.

5 율법 아래 있는 자들을 속량하시고 우리로 아들의 명분을 얻게 하려 하심이라

이 구절은 성부하나님께서 예수 그리스도를 이 땅에 보내신 목적에 대해 말씀하고 있다.

"율법 아래 있는 자들을 속량하시고"에서의 '율법 아래 있는 자들'이란 '율법의 본질을 알지도 못하고 제대로 지키지도 못하는 자들', 곧 '율법

람에게 돌리는 것(롬 3:21-30, 5:1-21, 갈 3:21-22)이다. 전가로 인해 이신칭의가 주어졌다. 첫째 아담의 불순종이 온 인류에게 전가되었고 둘째 아담의 복종과 의로우심이 예수를 믿으면 의롭다 칭함을 받게 하였다. 교회용어사전, 네이버지식백과

에 속하여 종노릇하는 자들'을 가리킨다.

"속량하시고"에서의 '속량하다'에 해당하는 헬라어는 엑사고라조 ($\dot{\varepsilon}\xi\alpha\gamma o\varrho\dot{\alpha}\zeta\omega$)[78]인데 이는 '대가 지불'이라는 말로서 '값을 주고 되사다'라는 의미이다. 결국 우리는 예수 그리스도의 속량하심으로 인해 '대속함'을 얻었을 뿐만 아니라 하나님과 '화목'케 되고 하나님의 아들로서의 '명분'을 얻게 되었다. 여기서 "아들의 명분(롬 8:15, 9:4, 엡 1:5)"이란 헬라어로 휘오데시아[79]($\upsilon io\theta\varepsilon\sigma i\alpha$, nf)라고 하는데 이는 하나님의 '양자(養子)'로서 아들의 위치(반열, 갈 4:28, 동급, Level)에 두다라는 의미이다.

6 너희가 아들인 고로 하나님이 그 아들의 영을 우리 마음 가운데 보내사 아바 아버지라 부르게 하셨느니라

성부하나님은 당신의 크신 은혜로 영원 전에 우리를 택하시고 때가 되매 우리를 부르셔서 예수 그리스도를 통해 당신의 '아들의 명분'을 허락하셨다. 더하여 "그 아들의 영(토 프뉴마 투 휘우 아우투, $\tau\dot{o}$ $\Pi\nu\varepsilon\hat{u}\mu\alpha$ $\tauo\hat{u}$ $\Upsilon io\hat{u}$ $\alpha\dot{u}\tauo\hat{u}$)"을 선물로 주셨다. '아들의 영'이란 우리 안에 계시는 성령(내주 성령)을 말하는데 '또 다른 보혜사' 즉 '진리의 영(요 14:17)'이요 '하나님의 영

---

78 "속량하다"란 헬라어로 엑사고라조($\dot{\varepsilon}\xi\alpha\gamma o\varrho\dot{\alpha}\zeta\omega$, ek, "completely out from" which intensifies 59 /agorázō, "buy-up at the marketplace") – properly, take full advantage of, seizing a buying-opportunity, i.e. making the most of the present opportunity (recognizing its future gain). Note the prefix (ek) which lends the meaning, "out and out," "fully" (WS, 917.))이다.

79 휘오데시아($\upsilon io\theta\varepsilon\sigma i\alpha$, nf, adoption, as a son into the divine family, hyiós, "son" and 5087 /títhēmi, "to place") – properly, sonship (legally made a son); adoption)

(롬 8:14)'으로서 '예수 그리스도의 영(빌 1:19)'을 가리킨다.

"보내다"의 헬라어는 엑사포스텔로[80]($\dot{\varepsilon}\xi\alpha\pi o\sigma\tau\dot{\varepsilon}\lambda\lambda\omega$)인데 이는 부정 과거 형으로 하나님께서 아들 된 우리에게 '영 단번에 성령을 주셨다'라는 것 (요 14:16)을 의미한다.

"아바 아버지"란 예수님께서 하나님을 가리켜 친히 사용하신 호칭이 다. '아바(אָב, אַבָּא, Ἀββᾶ father)'는 아람어로서 어린 아이가 아빠를 부르는 애칭으로 친근한 애정과 사랑이 담긴 말이다. '아버지'는 헬라어 파테르 [81]($\pi\alpha\tau\dot{\eta}\varrho$)를 번역한 단어이다. 이는 두 단어를 반복하여 사용함으로써 성 부 하나님에 대한 '친근감'과 '신뢰감'을 드러낸 것이다.

"부르다"의 헬라어는 크라조[82]($\kappa\varrho\dot{\alpha}\zeta\omega$)인데 이는 '동물의 본능적인 부르 짖음'을 가리키는 단어로 '억누를 수 없는 감격으로 인한 환호성(歡呼聲)' 을 가리킨다.

7 그러므로 네가 이 후로는 종이 아니요 아들이니 아들이면 하나님으로 말미암 아 유업을 이을 자니라

---

80 엑사포스텔로($\dot{\varepsilon}\xi\alpha\pi o\sigma\tau\dot{\varepsilon}\lambda\lambda\omega$, from 1537 /ek, "out from" intensifying 649 /apostéllō, "commission, send forth") - properly, send forth ("sent out from"))

81 파테르($\pi\alpha\tau\dot{\eta}\varrho$, pat☉r ("father") is used of our heavenly Father. He imparts life, from physical birth to the gift of eternal life through the second birth (regeneration, being born again). Through ongoing sanctification, the believer more and more resembles their heavenly Father - i.e. each time they receive faith from Him and obey it, which results in their unique glorification)

82 크라조($\kappa\varrho\dot{\alpha}\zeta\omega$, an onomatopoetic term for a raven's piercing cry ("caw"); (figuratively) cry out loudly with an urgent scream or shriek, using "inarticulate shouts that express deep emotion" (WS, 708))

이 구절을 통하여는 갈라디아 교인들이 예수 그리스도를 믿음으로 단순히 '상태의 변화'가 아니라 완전한 '신분의 변화'를 통해 하나님의 자녀가 되었음을 선포하고 있다.

"하나님으로 말미암아"라는 것은 실제로는 '하나님의 크신 은혜로 말미암아'라고 해석해야 한다. 그리고 "유업을 이을 자"에서의 '유업'이란 '하늘의 유업'인데 이는 '생명의 약속(딤후 1:1)' 혹은 '영생(딛 1:2-3, 엡 3:6-9)'을 가리킨다.

8 그러나 너희가 그 때에는 하나님을 알지 못하여 본질상 하나님이 아닌 자들에게 종노릇 하였더니

"그 때에는"이라는 말은 '예수 그리스도의 복음을 듣지 못하여 하나님을 모르던 때' 곧 '우상숭배의 자리 혹은 진노의 자리에 있던 시절'을 가리킨다.

"본질상 하나님이 아닌 자들에게 종노릇 하였더니"에서의 '하나님이 아닌 자들'이 가리키는 것은 당시 헬라 문화권 하(下)에서는 '제우스(Zeus, 주신(主神), 신들과 인간들의 아버지)나 아폴로(Apollo, Artemis 여신의 쌍둥이 남매) 등의 우상들'을 말하는 것이었다. 바울은 그런 우상들을 가리켜 하늘에나 땅에서 스스로 '신이라 칭하는 자(고전 8:5)'라고 했으며 혹은 '귀신(고전 10:20)'이라고도 했다.

"종노릇 하였더니"에서의 '종노릇 하다'에 해당하는 헬라어는 둘류오[83] (δουλεύω, v)인데 이는 '헌신적으로 숭배하다'라는 의미이다. 결국 하나님을 몰랐던 때에 모르고 행했던 것이라 할지라도 결과적으로는 그것이 귀신들에게 종노릇 한 것일 뿐만 아니라 그 우상들을 '헌신적으로 숭배했던 것'임을 지적하고 있는 것이다.

9 이제는 너희가 하나님을 알 뿐더러 하나님의 아신 바 되었거늘 어찌하여 다시 약하고 천한 초등 학문으로 돌아가서 다시 저희에게 종노릇 하려 하느냐

8절의 "그 때에는"이라는 말과 이곳 9절의 "이제는"이라는 말의 대조를 통해 갈라디아 교인들의 정체성에 따른 상태(역할과 수준)를 설명하고 있으며 이후로는 그들의 역할과 수준에 맞게 살아갈 것을 촉구하고 있다. 그러므로 우리 모두는 한번 인생을 살아갈 때 주신 소명Calling)과 사명(Mission)에 따른 정체성(Identity)에 맞게, '~답게', '부르심을 받은 부르심 그대로(고전 7:17, 20, 24)' 살아가는 몸부림이 있어야 한다.

한편 예수를 주(主)로 모시는 그리스도인들이라 할지라도 그 수준은 천차만별(千差萬別)이다.

모든 그리스도인들은 처음에는 '영적 아기의 상태'로 출발한다. 이때는 잘 먹고 잘 자고 잘 싸는(배변) 것만으로도 '귀여움과 이쁨'을 받는다.

83　둘류오(δουλεύω, v, to be a slave, to serve, (from 1401 /doúlos) - properly, to serve as a slave, having all personal ownership-rights assigned to the owner; (figuratively) to willingly give over the prerogative to be self-governing)

그러다가 몸이 커지면서 '종의 상태'가 되는데 이때에는 자기 몫에 맡겨진 일에 충성되게 일하여야 한다. '맡은 자에게 구할 것은 '충성'이기 때문이다. 세월이 흘러 다양한 훈련과 양육을 받으면 단순히 '종'이 아닌 '청지기의 상태'가 된다. 이때에는 충성만으로는 부족하다. 주인이 기뻐하실 일이 무엇인지를 먼저 적극적이고 능동적으로 찾아내어 그 일까지도 감당해내는 것이 중요하다. 이후 '제자(아포스톨로스)의 길'로, 종국적으로는 죽기까지 그 일을 감당해내야 하는 홀로서기의 '사역자(사명자)의 길'로 나아가야 한다.

"하나님을 안다"라고 하는 것은 '하나님이 누구신지를 알기에 하나님을 경외하고 하나님께 복종한다'라는 의미이다. 한편 "하나님의 아신 바 되었다"라고 하는 것은 '하나님의 자녀(양자, 후계자)로 인정을 받았다'라는 의미이다. 그렇기에 '하나님의 아신 바 된' 그리스도인이라면 이제 후로는 하나님과의 바른 관계와 친밀한 교제 속에서 살아가야 하는 것이다.

"알 뿐더러~ 아신 바 되었거늘"이라는 말을 직역하면 '너희가 하나님을 아는 것(having known God)이라기보다 하나님에 의해 알려지게(having been known by God)되었거늘'이라는 의미이다. 이는 인간의 지식과 상식으로 하나님을 알기는 역부족이기에 하나님께서 먼저 당신을 우리에게 '계시(아포칼립시스, ἀποκάλυψις)'하셨다라는 말이다. 즉 기독교는 '계시종교', '말씀종교', '은혜종교', '특별종교'라는 의미이다.

참고로 '계시종교'란 자신을 먼저 낱낱이 드러내셨다라는 의미이며 '말씀종교'란 모든 것을 말씀으로 창조하시고 말씀으로 인도해 가시며 말씀이 우리와 늘 함께 하시고 말씀에 의해 모든 것이 추진되어진다라는 의미이다. 곧 '오직 말씀'인 것이다.

'은혜종교'에서의 '은혜'란 아무 대가 없이, 아무 조건 없이 무조건적으로 일방적으로 주시는 은총이라는 의미이며, '특별종교'란 세상의 일반종교 혹은 자연종교라는 말과 반대되는 개념으로서 신(神)이신 예수 그리스도께서 인간을 친히 찾아오신 종교라는 의미이다.

한편 율법을 가리켜 "약하고 천한 초등학문"이라고 한 것은 '율법의 행위'를 빗대어서 말한 것으로 이는 마치 '율법을 행함으로 구원 곧 의롭다 함을 얻으려하는 것과 같다'라고 지적한 말씀이다. 다시 말하면 율법으로 돌아가는 것은 가치(Core Value)가 아닐 뿐더러 우선순위(Priority)도 아니며 바른 진리의 길이 아니라 '다른 복음', '거짓된 길'로 나아가는 것이라는 말이다. 이는 하나님의 은혜로 인한 '오직 믿음'으로 구원받는 '바른 복음'과는 점점 더 멀어져버리는 결과를 낳게 된다는 경고이기도 하다.

"종노릇(골 2:8, 롬 10:2)"이란 '자유를 박탈당하고 행위에 구속되는 것'을 가리킨다. 결국 주인이라고 자처하는 율법에 예속되어 종처럼 자유함을 박탈당함으로 마치 율법을 행(할례, 계명 준수, 절기 준수등)하여야만 구원이 되기라도 하듯 신봉(信奉, subscribe to, adhere to)하는 상태가 되어버린다라는 말이다.

10 너희가 날과 달과 절기와 해를 삼가 지키니

"날"의 헬라어는 헤메라(ἡμέρα, nf, day, a day, the period from sunrise to sunset)인데 이는 '안식일, 금식일' 등을 가리킨다(눅 18:12, 롬 14:5-6). 한편 특정한

날을 '삼가 지킨다'라는 것은 '그날에 얽매여 종노릇한다', '그날을 헌신적으로 숭배한다'라는 의미로 이는 이미 율법적 행위인 것이다. 이 말은 '그날'을 지키면 '복'이 주어지고 '그날'을 범하게 되면 '벌'이 주어지는 것이 아니라는 것이다. 결국 '그날'을 주신 하나님의 뜻을 알고 기념하라는 것이다. 곧 '살아도 주를 위하여 죽어도 주를 위하여' 그날을 지키는 것이며 모든 것은 '하나님께 영광(Soli Deo Gloria)'에 맞추어져야 한다. 그렇기에 '날을 중히 여기려거든 주를 위하여 중히 여기라'고 로마서 14장 6절은 말씀하고 있다.

"달"의 헬라어는 멘(μήν, nm, a (lunar) month)인데 이는 그 달 전체를 대표(민 28:11-14, 암 8:5)하는 매달의 첫 시작인 '월삭(חֹדֶשׁ, nm, 호데쉬(‹-하다쉬(חָדַשׁ, v, 새롭게하다), 月朔, New Moon), 새 달(호 5:7), 초하루(민 10:10, 왕하 4:23, 시 81:3), 매월 1일)'을 가리킨다. 앞서 언급했듯이 '그날(헤메라)'처럼 '월삭(호데쉬)'도 율법적 행위가 아니라 하나님의 영광을 위해 기념하여 드리는 것이다.

"절기"의 헬라어는 '때'를 의미하는 카이로스(καιρός, nm)인데 '유월절(과월절, Passover, 초실절, 무교절), 칠칠절(초실절로부터 50일째 날(출 34:22), Feast of Weeks, 맥추절, 오순절), 장막절(장막을 짓는 절기, Feast of Booths or ~Tabernacle, 수장절(감사), 초막절(풀로 장막), 유대력 7월 15일부터 1주일간), 나팔절(Feast of Trumpet, 유대력 7월 1일), 대속죄일(Day of atonement, 욤 키푸르, 유대력 7월 10일), 부림절(아람어 Purim, ‹-푸르, 주사위, 제비뽑기)' 등을 가리키고 있다.

이런 절기를 지키는 이유는 율법적 행위로서가 아니라 그 절기를 주신 하나님의 마음을 이해하고 감사하기 위함이다.

그렇기에 유월절에는 '희생제물 되신 예수 그리스도'를, 초실절에는 '부활의 첫 열매이신 예수 그리스도', 무교절에는 '거룩하신 하나님과 거룩함의 본을 보여주신 예수 그리스도'를 기념해야 한다. 한편 칠칠절에는 보리의 첫 단을 주신 하나님께 감사를, 장막절에는 출애굽 후 광야를 지나며 장막 생활을 허락하심에의 감사와 더불어 수장절(feast of ingathering)로서의 풍성한 한 해 농사를 허락하심에 감사를 드리는 것이다. 나팔절(a sacred assembly commemorated with trumpet blasts)이란 주인 되신 하나님의 인도 하에 한 해를 시작하며 결단하는 날이고, 대속죄일(大贖罪日, 속죄일, Yom Kippur)은 지난날부터 지금까지 알게 모르게 지었던 죄를 하나님께 진정으로 회개하고 용서를 비는 날이다. 동시에 향후 죄와 싸우되 피 흘리기까지 싸우며 그러다가 원치 않는 죄를 지으면 철저히 회개함으로 살아갈 것을 결단하는 절기이다. 부림절은 페르시아의 하만에 의해 유대민족이 말살될 절대절명(絕對絕命)의 순간에 역사의 주관자 하나님의 도우심으로 살아났음을 기념하는 것이다.

"해"의 헬라어는 에니아우토스(ἐνιαυτός, nm, a cycle of time, a year)인데 이는 '안식년(Sabbattical year, 7년마다 한 번씩 토지를 쉬게 하기 위해 정해진 제도), 희년(Year of Jubilee, 레 25장, 50년마다 공포된 안식의 해)' 등을 말한다. 역시 이런 날을 지키는 이유는 율법적 행위 때문이 아니다. 앞서 언급했듯이 '기념'하는 것으로 기독교인들이 절기를 지키는 이유는 명약관화(明若觀火)인 것이다.

이 구절에서의 "삼가 지키니"라는 말은 4장 8절의 "종노릇하였더니"라는 말과 상통하는데 이 단어에는 '헌신적으로 숭배하다'라는 의미가 들어있다. 한편 '삼가 지키다'의 헬라어는 파라테레오[84](παρατηρέω, v)인데 이는 파라(παρά, 가까운)와 테레오(τηρέω, 시선을 고정하다, 주의하다)의 합성어이다. 그러므로 둘을 연결하면 '자세히 관찰하다, 세밀히 조사하다'라는 의미로서 '엄격하게 지키다'라는 뜻이 된다.

결국 갈라디아 교인들이 바른 복음인 '오직 믿음'을 떠나 '다른 복음'인 율법의 규례를 그대로 엄격하게 답습(踏襲, follow, imitate)하고 있는 것을 지적하고 있는 것이다. 그렇기에 사도 바울이 '다른 복음'으로 나아가 율법적 행위에 종노릇하며 '삼가' 율법적 행위를 숭배하듯 지키던 갈라디아 교인들을 야단친다고 해서 하나님께서 은혜로 주신 율법마저도 폐기해야 한다고 말하는 것은 아니라는 것이다(골 2:16).

아무튼 '율법적 행위' 곧 '다른 복음'을 따라간 갈라디아 교인들에게 하나님의 엄한 말씀은 호세아 2장 11절을 통해 이렇게 나타난다.

"내가 그의 모든 희락과 절기와 월삭과 안식일과 모든 명절을 폐하겠고"_호 2:11

사족(蛇足)을 달자면 이 구절을 잘못 해석하여 '날과 달과 절기와 해를 지키지 말라'고 해서는 안 된다. 오히려 지켜야만 한다. 그날을 허락하신 하나님을 기념하면서 하나님의 뜻과 우리를 향한 아버지 하나님의 마음을 기억해야 한다. 주의할 것은 '그날을 지키면 복이 되고 지키지 않으면 저주가 된다'라는 율법화, 기복화는 곤란한 것이다.

---

84 파라테레오(παρατηρέω, v, to watch closely, to observe scrupulously/(from 3844 / pará, "from close-beside" and 5083 /tēréō, "carefully watch") - properly, closely watch with great personal interest; scrupulously observe to ensure final "success.")

예를 들면 헌금이나 십일조를 내면 복이 되고 내지 않으면 저주가 되는 것은 아니라는 말이다. 곧 우리가 헌금이나 십일조를 내는 것은 모든 것이 하나님의 것이며 모든 것이 하나님께로부터 왔고 그리하여 그리스도인으로서 복된 자가 되었으니 마땅히 기쁨과 감사함으로 드리는 것일 뿐이다.

11 내가 너희를 위하여 수고한 것이 헛될까 두려워하노라

이 구절은 '믿음은 율법을 완성시킨다'라고 강조했던 사도행전 13장 17-39절을 상기시킨다. 연이어 사도 바울은 너무나도 쉽게 미혹되어 버린 갈라디아 교인들의 율법적 행위(할례)를 중시하는 태도 곧 그런 우(愚)를 범한 것에 대해 질책하고 있는 것이다.

다시 말하면 율법을 완성시키신 하나님의 은혜의 복음인 '예수 그리스도의 복음'은 '오직 믿음(Sola Fide)'뿐임을 안타깝게 설명하고 있는 것이다. 더 나아가 율법을 행한다고 하여 '항상' '모두 다' 율법적 행위를 지킬 수 없는 제한되고 연약한 인간이기에 '율법을 행하므로 구원에 이를 수는 없다'라는 것을 쎄게 강조하고 있는 것이다.

이 구절의 말미에 사도 바울은 "~두려워하노라"고 말하고 있다. 이에 해당하는 헬라어가 포베오마이[85](φοβέομαι, v)인데 이는 단순히 '무섭고

---

85 포베오마이(φοβέομαι, v, to put to flight, to terrify, frighten/phobéō – to fear, withdraw (flee) from, avoid.)/φόβος, nm, (a) fear, terror, alarm, (b) the object or cause of fear, (c) reverence, respect)

떨린다'라는 의미가 아니다. 오히려 갈라디아 교인들이 그렇게나 쉽게 '오직 믿음'을 떠난 것, 아무렇지도 않게 '오직 믿음'을 떠나가버리는 것이 '못내 속상하다'라는 의미이다.

12 형제들아 내가 너희와 같이 되었은즉 너희도 나와 같이 되기를 구하노라 너희가 내게 해롭게 하지 아니하였느니라

"내가 너희와 같이 되었은즉 너희도 나와 같이 되기를"이라는 말씀의 해석은 크게 3가지[86]로 나뉜다.

첫째는 Crysostom, Erasmus의 견해로서 현재 너희 갈라디아 교인들이 율법 아래 들어가 버림으로 종이 된 것처럼 나 바울도 과거에 율법 아래 있어 종노릇을 했었다. 그러나 지금 '바른 복음의 진리'를 깨닫고 난 후에는 예수 그리스도 안에서 진정 자유함을 얻게 되었다. 그러므로 '바른 복음'을 소유함으로 자유함을 얻은 나(바울)처럼 되라고 해석했다.

둘째는 Luther, Calvin, Bengel의 견해로서 너희 갈라디아 교인들을 향한 나(바울)의 사랑을 알아주었으면 한다. 만약 내 마음의 진정성을 안다면 너희 갈라디아 교인들은 더 이상 머뭇거리지 말고 이런 나(바울)의 권면을 받아들이길 바란다라고 해석했다.

셋째는 De Wette, Lenski, Alford의 견해로서 나 바울이 유대인으로서 과거 '바른 복음의 진리'라고 착각하며 그렇게나 그리스도인들을 핍

---

86 그랜드 종합주석 15권, p573-574

박했었으나 부활의 예수님을 만난 뒤 그 율법을 과감히 떠나 스스로 율법에 대하여 이방인이 된 것처럼 현재 너희 갈라디아교인들도 지금의 율법의 멍에(종노릇)에서 벗어나 '오직 믿음' 안에서 자유함을 누리라고 해석했다.

이중 세 번째 견해를 학자들이 많이 지지하나 나는 셋 다를 지지한다. 왜냐하면 필자의 저서들을 통하여 계속 여러 번 밝혀왔듯이 본질을 훼손하지 않는 경우에는 학자들의 다양한 해석을 통해 묵상의 풍성함을 누릴 수 있기 때문이다.

"너희가 내게 해롭게 하지 아니하였느니라"는 것은 바울이 처음 그곳에서 복음을 전할 때 그들이 바울을 힘들게 하지 않았음을 상기시키는 말이다. 오히려 그곳에 거주하면서 자신들의 정체를 숨겼던 유대주의적 율법주의자들이 은근히 음성적으로 때로는 드러내놓고 바울을 힘들게 하곤 했다(행 13:50, 14:19).

13 내가 처음에 육체의 약함을 인하여 너희에게 복음을 전한 것을 너희가 아는 바라

"육체의 약함"이란 말에는 자신의 약점(질병)에 대한 진솔한 고백과 함께 당시의 문화적 배경이 담겨 있다. 고대에는 육체적이든 정신적이든 간에 질병을 가진 사람을 향해 약간은 경멸하는 투로 '신으로부터 저주를 받은 것'이라고 생각하는 경향이 있었다. 그러한 시대적 상황 속에 살았던 바울의 경우 그는 특별히 여러가지 질병이 있었다. 그렇기에 만약 사도 바울이 복음을 열정적으로 전파한 후에 병 발작이라도 있게 된다면 앞서 전했던 '바른 복음'이 약간은 이상해져버리게 되며 더 나아가 거짓 순회전도자들이 전했던 '다른 복음'이 '바른 복음'인 양 둔갑할 수 있는 틈새를 허락하는 것이 될 수도 있었다.

참고로 학자들은 바울이 가진 질병들을 가리켜 두통(Jerome), 안질(Farrar), 간질(Lightfoot), 말라리아(Emmet) 등등으로 해석했다. 안질(眼疾, Eye Disease)의 경우에는 갈라디아서 6장 11절, 4장 15절, 사도행전 9장 9, 18절을 근거로 들기도 한다. 간질(癎疾, Epilepsy)의 경우 갈라디아서 4장 14절, 고린도후서 10장 10절을 제시한다. 말라리아 등 열병의 경우 바울의 1차 전도여행 중 밤빌리아의 버가 지역에서 풍토병(風土病, endemy)인 말라리아(Malarria)로 인해 고열(High Fever), 두통(Headache), 간질(epilepsy)이나 경련(convulsion) 등이 있었을 것으로 추측하기도 한다. 사실 밤빌리아 지역은 힘들고 어려웠던 곳이다. 그렇기에 마가 요한은 도저히 견디지 못하고 그곳에서 포기한 후 예루살렘으로 되돌아가기도 했다(행 13:13, 15:38).

이 구절을 통하여 바울은 고백하기를, 당시 복음을 전할 때 육체의 질병으로 인해 자신은 상당한 어려움을 겪었으며 복음의 대상인 상대방들 또한 '혹시라도' 저 사람이 신의 저주를 받은 사람은 아닌가라는 의구심을 갖게 하기에 충분했을 것이라고 밝히고 있다. 그럼에도 불구하고 갈라디아 교인들은 바울이 가졌던 질병을 그가 전한 '바른 복음'과는 아무런 연결도 시키지 않았다라고 그 다음 구절인 14절에서 밝히고 있다.

14 너희를 시험하는 것이 내 육체에 있으되 이것을 너희가 업신여기지도 아니하며 버리지도 아니하고 오직 나를 하나님의 천사와 같이 또는 그리스도 예수와 같이 영접하였도다

"너희를 시험하는 것이 내 육체에 있으되"라는 말에서의 '너희를 시험하는 것'이란 바울이 가졌던 '간질(Epilepsy)'을 가리킨다. 당시 간질(Epilepsy)의 경우 '악마와 관련되었다'라고 생각했었기에 복음을 전하는 바울의 입장으로서는 곤혹스러웠을 뿐만 아니라 상당히 큰 약점이기도 했다. 동시에 복음을 전해 듣는 사람으로서도 큰 부담(큰 시험거리, 갈등 요소)이었을 것이다. 왜냐하면 당시 유대인들은 질병을 갖고 태어났거나 생후에 질병이 생기면 '신의 저주를 받은 것'이라고 생각했으며 더 나아가 알게 모르게 하나님 앞에 지었던 '죄로 인한 것(요 9:2)'이라고 생각했기 때문이다.

"내 육체에"라고 번역된 헬라어 원어는 테 사르키 무(τῇ σαρκί μου)인데 이는 '내 육체적인 외모에'라는 의미이다. 결국 '내 육체에 있으되'라는 것은 '내가 가졌던 질병의 증상이 겉으로 드러나곤 했으되'라는 것을 가리킨다.

"버리지도 아니하고"에서 '버리다'의 헬라어는 엑수데네오[87](ἐξουθενέω)인데 이는 동사 에크프튀오(ἐκπτύω)에서 파생되었다. 한편

---

87 엑수데네오(ἐξουθενέω, (from 1537 /ek, "completely out from," which intensifies **outheneō**, "bring to naught, reduce to nothing") - properly, cast out as nothing; set at nought; "to count as nothing, to treat with utter contempt, i.e. as zero" (WP, 2, 281); "set at nought, despise utterly" (A-S); to regard something as lacking any standing (value))

이 단어는 에크(ἐκ, ~로 부터)와 프튀오(πτύω, 침뱉다)의 합성어로 '버리다'라는 의미 외에도 경멸의 표시로 '침뱉다'라는 뜻이 있다. 당시의 '침뱉음'은 경멸의 표시와 아울러 '나와는 무관하다'라는 것을 천명하는 관습이기도 했다. 사실 바울과 같이 다니며 어울리다보면 자칫 바울의 질병으로 인해 갈라디아 교인들 또한 '신(神)으로부터 저주를 받은 자'의 동류(同類)로 취급당할 수도 있었다. 그럼에도 불구하고 갈라디아 교인들은 사도 바울을 "업신여기지도, 버리지도" 아니했던 것이다. 오히려 "하나님의 천사와 같이", "그리스도 예수와 같이" 영접하였다.

15 너희의 복이 지금 어디 있느냐 내가 너희에게 증거하노니 너희가 할 수만 있었더면 너희의 눈이라도 빼어 나를 주었으리라

"너희의 복이 지금 어디 있느냐"라는 것은 그랬던(14절처럼) 너희들이었음에도 불구하고 지금은 다시 율법의 종노릇하며 멍에를 메고 있는 것을 보니 너무 속상하다라는 말이다. 한편 지난날 바울이 전했던 '바른 복음'은 아무 대가 없이, 아무 공로 없이 은혜로 '오직 믿음'으로 구원이 주어진 것이었다. 이후 그 구원을 얻은 자에게는 넘치는 기쁨과 풍성한 복이 주어지기에 이루 말로 다 표현할 수가 없는 소중한 것인데 오늘 현재 '그 보물'을 어디에다 팽개쳐 두었느냐라는 속상함이 짙게 묻어 있는 표현이다.

그 큰 기쁨과 무한하신 은혜, 진정한 복을 그렇게나 빨리 걷어차 버리고 지금 율법 아래로 스스로 기어들어가 종노릇하며 속박되어 있는 너희의 모습은 예전에 나를 위해 너희의 눈이라도 뽑아주려던, '바른 복음의 진리'를 따르던 순전한 모습이 아님을 큰 소리로 외치고 있는 것이다. 동시에 다시 '복음의 진리'를 따라 '바른 복음'으로 회복하라는 강한 권면을 담고 있다.

"눈이라도 빼어 나를 주었으니라"는 말 속에는 그들의 바울을 향한 사랑의 깊고도 넓은 밀도(密度)를 느낄 수 있다. 더 나아가 평상시 바울의 안질(Eye disease)로 인한 고통을 보아온 그들로서는 차라리 자신들이 그 병에 대신 걸리기를 자청했던 듯하다. 바울에 대한 그윽한 사랑의 표현으로 전율이 느껴진다.

16 그런즉 내가 너희에게 참된 말을 하므로 원수가 되었느냐

"내가 너희에게 참된 말을 하므로"에서의 '참된 말'이란 '바른 복음' 즉 '복음의 진리(갈 2:16)'를 가리키는데 이는 유대주의적 율법주의자들의 거짓 유혹과 거짓 진리 곧 '다른 복음'을 일부러 드러내면서 대조하고자 사용한 말이다.

"원수가 되었느냐"라는 것은 '내가 참된 말을 함에도 불구하고 너희가 나를 원수로 대하느냐'라는 의미이다. 더 나아가 바울은 나는 너희를 '원수처럼 겁박하거나 탓하고 있는 것이 아니다'라고 말하고 있다. 우리는 서로 간에 원수가 아니기 때문에 나는 지금 너희에게 '참된 말을 하고 있는 것'이며 또한 너희가 계속하여 거짓된 저들을 따라가는 것은 오히려 '너희가 나를 원수로 여기는 것과 다름없다'라는 속상함과 안타까움을 천명하고 있는 것이다.

**17 저희가 너희를 대하여 열심내는 것이 좋은 뜻이 아니요 오직 너희를 이간
붙여 너희로 저희를 대하여 열심내게 하려 함이라**

　"열심내다"의 헬라어는 제로오[88](ζηλόω)인데 이는 '우열을 다투다, 투
쟁하다'라는 의미이다. 이에 대해 Hendriksen은 '어떤 사람에게 관심을
가지다'라고 해석하였는데 나는 이 해석에 동의한다. 즉 "저희가 너희를
대하여 열심내는 것이 좋은 뜻이 아니요"라는 것은 유대주의적 율법주의
자들이 너희에게 접근하여 관심을 가진 척하는 것은 실상은 '좋은 뜻이
아니다'라는 의미이다.

　"이간 붙이다"의 헬라어는 에크클레이오(ἐκκλείω, I shut out, exclude,
separate)인데 이는 에크(ἐκ)와 클레이오(κλείω)의 합성어로서 '내쫓다, 배
제하다'라는 의미인데 이 구절에서는 '사이를 갈라놓다'라는 뜻이다. 즉
유대주의적 율법주의자들이 바울이 전한 '바른 복음의 진리'에서 갈라

---

88 "열심내다"의 헬라어는 제로오(ζηλόω, (a) intrans: I am jealous, (b) trans: I am jealous
of, with acc. of a person; I am eager for, am eager to possess, with acc. of a thing/(an
onomatopoetic word, imitating the sound of boiling water) - properly, to bubble over
because so hot (boiling); (figuratively) "to burn with zeal" (J. Thayer); "to be deeply
committed to something, with the implication of accompanying desire - 'to be earnest, to
set one's heart on, to be completely intent upon' " (L & N, 1, 25.76))이다.
　'열심(ζῆλος, nm, nn) (a) eagerness, zeal, enthusiasm, (b) jealousy, rivalry/ to have
warmth of feeling for or against, to be zealous or jealous/　(an omamopoeic term that
mimics the sound of water bubbling over from heat and perhaps derived from 2204 /zéō,
"to boil") - properly, burning emotion (inner feeling boiling over, "boiling from heat,"
J. Thayer); (figuratively) something very fervent ("red-hot") as with Spirit-fueled zeal to
serve the Lord. This root (zē-) is used both negatively ("jealousy") and positively ("zeal")
depending on the context)'

디아 교인들을 떠나게(믿음을 떼어놓기 위해) 하려고 훼방했다라는 것이다. 즉 '바울과 갈라디아 교인들 사이를 갈라지게 하려는 술책이었다'라는 말 이다.

18 좋은 일에 대하여 열심으로 사모함을 받음은 내가 너희를 대하였을 때뿐 아 니라 언제든지 좋으니라

"좋은 일에 대하여 열심으로 사모함을 받음은"에서의 '사모함을 받다' 에 해당하는 헬라어는 젤루스다이[89](ζηλοῦσθαι, V-PNM/P)인데 이는 '스스 로 열심을 내다(중간태)'라는 의미로도 쓸 수 있다. 동시에 당연히 수동태 로 해석할 수도 있다. 결국 '좋은 일' 곧 '바른 복음의 진리'를 위하여 스 스로 열심을 내는 것은 언제든지 좋다라는 의미이다.

"열심(ζῆλος, nm, nn)으로 사모함을 받음은"에서의 '열심'이란 '사랑하는 자에게 집중하는 태도'를 말한다. 영국 속담에는 "사랑하면 눈이 1,000 개가 생긴다"라는 말이 있다. 모든 관심이 온통 상대에게 있게 되며 상대 의 세심한 움직임까지도 보게 된다라는 의미이다. 결국 '좋은 일' 곧 '바 른 복음, 오직 믿음'에 집중하라는 것이다.

---

89 젤루스다이(ζηλοῦσθαι, V-PNM/P) or Deponent verb, ζηλόω, (a) intrans: I am jealous, (b) trans: I am jealous of, with acc. of a person; I am eager for, am eager to possess, with acc. of a thing./(an onomatopoetic word, imitating the sound of boiling water) - properly, to bubble over because so hot (boiling); (figuratively) "to burn with zeal" (J. Thayer); "to be deeply committed to something, with the implication of accompanying desire - 'to be earnest, to set one's heart on, to be completely intent upon' " (L & N, 1, 25.76).)

"내가 너희를 대하였을 때뿐 아니라"라는 것에서의 '때'가 가리키는 것은 사도 바울이 제1차 전도여행 시 '그곳에서 복음을 전하며 저들과 한 자리에 있을 때'를 말한다.

19 나의 자녀들아 너희 속에 그리스도의 형상이 이루기까지 다시 너희를 위하여 해산하는 수고를 하노니

12절에는 "형제들아"라고 호칭하였으나 이곳 19절에는 갈라디아 교인들을 향한 사랑을 노골적으로 드러내면서 "자녀들아"라는 호칭으로 바뀌어 있다. 18절을 해석하면서 영국 속담을 빌어 '관심과 사랑'에 대해 언급했지만 실제로 서로 사랑하는 사이에는 상대를 향한 "눈이 1,000개" 생기는 것이 사실이다. 천 개의 눈동자마다 상대가 들어있음은 물론이요 삼라만상(森羅萬象) 무엇을 보더라도 상대가 가장 먼저 눈에 띄는 법이다. 또한 상대에 대한 관심으로 상대방의 일거수일투족(一擧手一投足)이 최고의 관심사가 될 수밖에 없다. 그렇기에 상대에 대한 지극한 관심은 아무리 숨기려 해도 결국은 겉으로 드러나게 되어있다라는 말이다.

"나의 자녀들아"라는 말은 '믿음으로 낳은 자녀들'을 가리키는 것으로 그들을 향한 바울의 열정과 각오, 애착과 사랑의 정도(고전 4:15)를 드러낸 것이다. 그렇기에 "해산하는 수고"라고 빗댄 것이다. 여기서 "해산하는 수고"에 해당하는 헬라어는 오디노[90](ὠδίνω)인데 이는 '해산의 고통을 겪다'라는 의미로 '죽음과 방불할 정도의 고통을 겪다'라는 뜻이다. 바울에게 소망이 있다면 죽음을 각오하고서라도 그리스도의 형상을 갈라디아 교인들의 마음 속에 다시 심고자 하는 것이다.

우리는 "그리스도의 형상이 이루기까지(갈 6:17, 고후 4:10)"라는 말씀을 따라 세월의 흐름과 더불어 점점 더 그리스도의 장성한 분량이 충만한 데까지 자라가야 한다. 그러므로 그리스도의 성품(벧후 1:4)을 지니고 예수 그리스도의 심장을 가지고(빌 1:8) 그리스도의 장성한 분량이 충만하기까지(엡 4:13) 자라가야 한다.

20 내가 이제라도 너희와 함께 있어 내 음성을 변하려 함은 너희를 대하여 의심이 있음이라

바울의 갈라디아 교인들과 함께 하고픈 간절한 마음이 이 구절에서 절절하게 느껴진다.

"내 음성을 변하려 함은"이라고 말한 것에서는 지금까지와는 달리 갈라디아 교인들의 흔들림에 대해 꾸짖었던 것을 이제는 온유한 태도로 설득하겠다라는 '태도의 전환'을 볼 수 있다. 더 나아가 서신을 통한 간접적인 의사전달보다는 서로 얼굴과 얼굴을 맞대어(Face to face) 대화하고 싶

---

90 오디노(ὠδίνω, to have birth pangs, I am in travail, suffer birth-pangs, properly, travail (in childbirth), birth pangs; (figuratively) the need to deliver something ("give birth") which completes a painful (birthing) process/ὠδίν, nf, a birth pang, the pain of childbirth, acute pain, severe agony, a snare)

다는 바울의 갈망도 담겨 있다.

"의심이 있다"의 헬라어는 아포레오(ἀπορέω, to be at a loss, be perplexed/ mid: I am in doubt)인데 이는 너희의 상태에 대해 '정확하고도 확실한 바가 없어 당황스럽기도 하고 어떻게 해야 할지 모르겠다'라는 의미가 들어 있다.

21 내게 말하라 율법 아래 있고자 하는 자들아 율법을 듣지 못하였느냐

"내게 말하라"는 것은 명령어로서 진리를 선포할 때 바울이 권위 (Authority)를 드러내면서 상대에게 좀 더 강조하려는 표현이다. 이 구절에 서의 "율법"은 일상적인 율법의 제도를 가리키지만 좁은 의미로는 '토라 혹은 모세오경[91](תּוֹרָה, νόμος, nm)'을 가리키기도 한다. 참고로 모세오경(펜 타튜코스, πεντάτευχος)은 창세기, 출애굽기, 레위기, 민수기, 신명기이다.

"율법 아래 있는 자들"이란 율법주의자들과 함께 그들에 동조하는 모 든 무리들까지도 포함하여 지칭하고 있는 것이다.

"듣지 못하였느냐"에서의 '듣다'에 해당하는 헬라어는 아쿠오[92](ἀκούω)

---

91 토라 혹은 모세오경(תּוֹרָה, νόμος, nm, law. 3551 (nómos) is used of: a) the Law (Scripture), with emphasis on the first five books of Scripture; or b) any system of religious thinking (theology), especially when nomos occurs without the Greek definite article.)을 가리 킨다. 모세오경은 펜타튜코스(πεντάτευχος, pentáteuchos, 'five scrolls' Pentateuch means simply "five books or five books of Moses ". In Greek, the Pentateuch (which Jews call the Torah)이다.

92 아쿠오(ἀκούω, I hear, listen, comprehend by hearing; pass: is heard, reported/ properly, to hear (listen); (figuratively) to hear God's voice which prompts Him to birth faith within (cf. Ro 10:17))

인데 이는 '정성을 기울여 듣다'라는 의미이다. 즉 "율법을 듣지 못하였느냐"라고 일갈하고 있는 것은 '왜 바른 복음이 아닌 다른 복음인 율법적 행위에 그토록 정성을 기울여 듣느냐'라는 것으로 '결코 그러지 말라'고 외치는 큰 목소리이다.

22 기록된 바 아브라함이 두 아들이 있으니 하나는 계집종에게서 하나는 자유하는 여자에게서 났다 하였으나

원래 아브라함에게는 이삭과 이스마엘 외에도 후처인 그두라에게서 낳은 여러 아들들 곧 시므란, 욕산, 므단, 미디안, 이스박, 수아가 있었다(창 25:1-2). 그러나 바울은 이 구절에서 율법과 복음(은혜, 믿음, 구원)의 차이를 일부러 드러내기 위해 이삭과 이스마엘, 사라와 하갈을 대조하고 있는 것이다(롬 9:7-9).

사실 이삭도 이스마엘도 둘 다 아브라함의 씨인 것은 틀림없다. 그러나 그 어머니의 신분이 하나는 자유인이었고 하나는 계집종이었음에 주목해야 한다.

이 구절에서는 두 여인 곧 사라(이삭)와 하갈(이스마엘)을 통해 복음(은혜, 믿음, 구원)의 무한함과 항구성, 율법의 한계와 제한성을 비교하고 싶은 것이다. 곧 자유하는 여인이라는 사라에게서 자유하는 아들(이삭) 즉 약속의 자손을 통해 복음의 능력이 주어지며 율법의 종으로 비유되는 하갈에게서 이스마엘이라는 율법의 멍에가 씌워지는 것을 대조하여 보여주고 있다.

23 계집종에게서는 육체를 따라 났고 자유하는 여자에게서는 약속으로 말미암 았느니라

이 구절은 로마서 9장 8-9절의 말씀을 요약한 것이다.

"곧 육신의 자녀가 하나님의 자녀가 아니라 오직 약속의 자녀가 씨로 여기심을 받느니라 약속의 말씀은 이것이라 명년 이때에 내가 이르리니 사라에게 아들이 있으리라 하시니라"_롬 9:8-9

"육체를 따라"라는 것은 "육신의 자녀"라는 의미로서 남녀 사이의 자연적인 생식력에 의해 태어난 것을 가리키는 말이다. 그렇기에 '이스마엘'이 상징하는 바는 '인간 스스로의 힘으로 성취할 수 있는 어떤 것'을 말한다. 이는 '율법주의자'가 인간 스스로의 힘으로 율법적 행위를 통해 구원이 될 수 있다라고 생각하는 것을 상징한다.

반면에 '이삭'은 '약속의 자녀'로서 '약속을 따라' 난 것으로 남녀 사이의 자연적인 생식능력으로는 결코 태어날 수 없음을 가리킨다. 결국 '이삭'이 상징하는 바는 인간의 힘으로는 도저히 불가능(창 13:16, 15:4)하다라는 것이다. 이는 하나님의 작정(decree)과 예정(predestination), 섭리(providence)와 경륜(dispensation)에 의하지 않고는 도저히 이루어질 수 없는 것으로 '복음, 믿음, 구원, 은혜'를 상징한다.

결국 "계집종에게서는 육체를 따라 났고"라는 말은 '율법은 율법적 행위를 통해 의로워진다'라는 것이며 "자유하는 여자에게서는 약속으로 말미암았느니라"는 것은 '복음은 하나님의 언약의 성취를 통해 의로워진다'라는 말이다.

24 이것은 비유니 이 여자들은 두 언약이라 하나는 시내산으로부터 종을 낳은 자니 곧 하가라

"비유니"라는 말은 '사라(복음, 신약, 은혜, 진리)'와 '하갈(율법, 구약, 행위)'의 비유가 바로 '복음'과 '율법'의 차이를 설명하기 위해 주어졌다라는 의미이다.

참고로 성경에 사용된 '비유'라는 단어의 헬라어를 살펴보면 다음과 같다. 일반적으로 예수님께서 하셨던 '비유'는 파라볼레[93]($\pi\alpha\varrho\alpha\beta o\lambda\acute{\eta}$, nf)라고 하는데 이는 파라($\pi\alpha\varrho\alpha$, 곁으로)와 발로($\beta\acute{\alpha}\lambda\lambda\omega$, 던지다)의 합성어이다. '파라볼레(마 13:3, 10, 막 4:2, 10, 눅 8:4, 9-11)'란 '2개의 유사성을 가진 사물 혹은 사건을 대조시켜 거기에 담긴 원리 혹은 교훈을 설명하는 것'을 말한다. 예를 들면, 4종류의 땅에 뿌려진 씨 비유(파라볼레)가 있다.

반면에 이 구절에서 쓰인 "비유"의 헬라어는 알레고레오[94]($\dot{\alpha}\lambda\lambda\eta\gamma o\varrho\acute{\epsilon}\omega$)인데 이는 알로스($\ddot{\alpha}\lambda\lambda o\varsigma$, 다르게)와 아고류오($\dot{\alpha}\gamma o\varrho\epsilon\acute{\nu}\omega$, 말하다)의 합성어이다.

---

93 파라볼레($\pi\alpha\varrho\alpha\beta o\lambda\acute{\eta}$, nf), (a) a comparison, (b) a parable, often of those uttered by our Lord, (c) a proverb, an adage/from 3844 /pará, "close beside, with" and 906/bállō, "to cast") – a parable; a teaching aid cast alongside the truth being taught. This casts additional light by using an arresting or familiar analogy, (which is often fictitious or metaphorical, but not necessarily))

94 알레고레오($\dot{\alpha}\lambda\lambda\eta\gamma o\varrho\acute{\epsilon}\omega$, to speak allegorically/present passive participle $\dot{\alpha}\lambda\lambda\eta\gamma o\varrho o\grave{\nu}\mu\epsilon\nu o\varsigma$)인데 이는 알로스($\ddot{\alpha}\lambda\lambda o\varsigma$, another of the same kind; another of a similar type, 다르게)와 아고류오($\dot{\alpha}\gamma o\varrho\epsilon\acute{\nu}\omega$, 말하다/$\dot{\alpha}\gamma o\varrho\acute{\alpha}$, nf, an assembly, place of assembly)의 합성어이다. 네이버 지식백과 참조

즉 '역사적 사실이나 잘 알려진 사실로부터 의미를 추출하여 특정한 사실을 해석하는 것'[95]으로 '우의(寓意, 알레고리 곧 추상적인 개념을 직접 표현하지 않고 다른 구체적인 대상을 이용하여 표현하는 문학 형식, 〈천로역정〉, 〈동물농장〉, 〈이솝우화〉)적으로 말하는 것'을 의미한다. 그렇기에 이 구절에서 바울은 사라와 하갈이라는 역사적 인물을 비유로 들어서 믿음(복음)과 율법에 관련된 모형을 설명한 것(알레고레오)이다.

"두 언약"이란 하나님께서 일방적 은혜로 아브라함과 맺은 약속(갈 3:16-18, 복음을 상징하는 아브라함 언약)과 시내산에서 율법을 통해 모세와 맺은 약속(갈 3:19, 율법)을 가리킨다(Hendriksen). 전자의 경우 인간에게 은혜로 자유함을 보장한다면 후자의 경우에는 율법을 통해 인간이 죄인임을 드러낸다. 그렇기에 율법은 인간의 모든 행위에 대해 제한 곧 구속과 억압의 역할인 것이다.

"하나는 시내산으로부터 종을 낳은 자니 곧 하가(하갈)라"고 한 것은 '율법의 한계'를 상징적으로 설명한 것이다. 즉 율법은 하나님의 은혜로 천사를 통해 모세에게 주어진 것은 사실이지만 그렇다고 하여 구원에의 보장은 아닌 것이다. 오히려 율법을 통해 모든 인간이 '죄성을 지닌 죄인'임을 알고 '구원자의 절대 필요성'을 깨닫게 하는 것이 율법의 목적이라는 것이다. 그럼에도 불구하고 율법의 행위를 쫓아가는 사람들을 가리켜 '율법의 노예'가 되었다라고 말하는 것이며 '하갈의 종'이라고 비유한 것이다.

---

95 그랜드종합주석 15권, p577

참고로 "하가"라는 말은 헬라어로 하가르(Ἄγαρ, Hagar, the servant of Sarah, concubine of Abraham)라고 하며 같은 음역을 지닌 히브리어는 하가르(הָגָר, Sarah's Eg. maid, the mother of Ishmael)이다. 개역개정판은 '하갈'로, 개역한글판은 '하가'로 표현되었다.

25 이 하가는 아라비아에 있는 시내산으로 지금 있는 예루살렘과 같은 데니 저가 그 자녀들로 더불어 종노릇 하고

"아라비아에 있는 시내산"이라는 말은 하나님께서 시내산에서 모세를 통해 인간에게 신탁하셨던 '율법'을 상징하고 있다. 결국 "이 하가는 아라비아에 있는 시내산으로"라는 말에서의 '하가'는 '율법'을 상징한다는 의미이다.

율법은 인간의 죄를 드러낼 뿐만 아니라 율법에는 그런 죄인 된 인간을 향한, 동시에 죄에 대한 저주가 들어있다. 즉 율법의 행위를 다하지 못하는 인간을 향한 '구속과 억압'이 들어있다. 또한 약속의 땅, 가나안(시온산)이 아닌 '시내산을 하갈에 비유'한 것은 약속의 자손이 아니며 자유자가 아닌 계집종의 자녀라는 신분을 드러내기 위함이다.

"지금 있는 예루살렘"이란 율법에 의거하여 제사가 진행되던 성전(히에론, ἱερόν), 곧 하드웨어(Hardware)를 상징한다. 즉 '예루살렘 성전'은 '율법'을 상징한다는 의미이다.

결국 "지금 있는 예루살렘"은 인간을 규례(계명 준수)로 얽매이게 하는, 구속과 억압을 주는 '율법'을 상징하며 "위에 있는 예루살렘"은 인간을 자유케 하는 '은혜, 복음, 구원, 믿음'을 상징한다.

"그 자녀들로 더불어 종노릇하고"에서 '그 자녀들'이란 '율법에 얽매여 살던 유대인들'과 '율법주의에 사로잡혀 자유함을 박탈당한 모든 사람들'을 가리킨다.

"~와 같은 데니"라는 말의 헬라어는 쉬스토이케오(συστοιχέω, to stand in the same rank, correspond to)인데 이는 '열을 지어 걸어간다'라는 군사 용어로서 '동일체'임을 가리킨다. 결국 '하가'는 '시내산'으로서 '지금 있는 예루살렘'을 상징하며 '율법의 범주 아래 있다'라는 의미이다.

26 오직 위에 있는 예루살렘은 자유자니 곧 우리 어머니라

이 구절의 "오직 위에 있는 예루살렘"이란 '하늘의 예루살렘(히 11:6, 12:22)' 혹은 '거룩한 성 새 예루살렘(계 21:2)'을 가리키는 것으로 이는 하나님의 약속(언약)을 상징하는 '복음' 곧 '은혜와 진리'를 통해서만 들어갈 수 있는 천국을 말한다. 그렇기에 "자유자"란 약속의 자녀를 낳은(품은) '자유하는 여자 사라', '약속의 유업을 받은 자', '복음 곧 은혜와 진리 가운데 있는 자'라는 말의 또 다른 상징적 표현이다. 동시에 그 '사라'는 우리(믿음으로 구원된 우리)의 어머니로서 '자유하는 여인'의 상징이기도 하다.

앞서 언급했듯이 아브라함 언약(3중 언약: 창 12장의 정식 언약, 창 15장의 횃불 언약, 창 17장의 할례 언약)의 성취자로 오신 예수 그리스도를 통해서만 들어갈 수 있는 '오직 위에 있는 예루살렘'은 '미래형 하나님나라'이다. 그곳은 예수 그리스도를 믿음으로 '하나님의 자녀' 된 거듭난 그리스도인들('자유하는 여자 사라', '약속의 유업을 받은 자', '복음 곧 은혜와 진리 가운데 있는 자')만이 영원히 거할 수 있는 곳이다.

"곧 우리 어머니라"는 것에서의 우리의 어머니는 '자유하는 여자 사라'를 가리키는 것으로 앞서 언급했듯이 '자유하는 여자 사라'는 '복음' 곧 '은혜와 진리', '약속의 유업'을 상징한다. 그렇기에 '하나님의 신실하신 약속(롬 11:26)'을 상징한 말이다. 결국 예수 그리스도를 믿어 그리스도인이 된 우리는 '약속의 유업을 이을 자'이며 하나님의 은혜의 복음인 '예수 그리스도의 복음'에 의해 "위에 있는 거룩한 성 새 예루살렘"으로 들어갈 자임을 가리킨다.

한편 '어머니 된 두 여인'이 있는데 하나는 '자유하는 여자인 사라'이고 다른 하나는 '계집종인 하갈'이다. 이는 자유인과 계집종으로서의 그들의 신분이 그 자손에게 그대로 이어진다라는 의미를 내포하고 있다.

결론적으로 이 구절의 모호성을 해소하기 위해 필자의 해석을 정리하면 다음과 같다. "오직 위에 있는 예루살렘"이란 '거룩한 성 새 예루살렘'에서 '거룩한 성 예루살렘'으로 살아가는 자를 말하며 "자유자"라는 것은 '오직 믿음'으로 구원된 자를, "우리 어머니라"는 것은 '복음' 곧 '하나님의 약속'을 상징한다. 이를 연결하면 '복음' 곧 '하나님의 약속'인 '오직 믿음'으로 구원된 자는 '거룩한 성 새 예루살렘(미래형 하나님나라)'에서 '거룩한 성 예루살렘(교회)'으로 살아가게 된다라는 말이다.

참고로 이단 사이비 중 하나인 '안상홍 하나님의 교회'에서 주장하는 '하나님 어머니 교리(장길자, 김주철)'는 그런 의미에서 이 26절의 말씀과는 전혀 상관이 없다. 결국 우리가 성경을 해석할 때 문자를 따라가며 면밀하게 살피는 것은 중요하나 그 말씀에 담긴 상징이나 의미하는 바 또한 잘 분별함으로 나아가야 한다.

27 기록된 바 잉태치 못한 자여 즐거워하라 구로치 못한 자여 소리 질러 외치라 이는 홀로 사는 자의 자녀가 남편 있는 자의 자녀보다 많음이라 하였으니

"잉태(gestation, conception)치 못한 자여"라는 말은 아이를 임신(회임)해보지 못한 자를 가리키며 "구로(labor)치 못한 자여"라는 것은 '해산의 고통을 모르는 자'라는 의미이다.

"홀로 사는 자"의 자녀라는 것은 '광야'의 자녀를 의미한다. 그렇다보니 '홀로 사는 자'란 언뜻 드는 생각에 '하갈'일 것이라고 추측하기 쉽다. 그러나 이 구절에서의 "홀로 사는 자"가 가리키는 것은 '잉태치 못한 자', '구로치 못한 자', '자기 부인의 삶을 사는 자'를 의미하는 것으로 '사라'를 가리킨다.

남편은 있었으나 아이가 없었던 사라는 자신의 여종 하갈을 통해 자손을 잇고자 했다. 그러나 아브라함의 아이를 가지게 되자 돌변해버린 하갈로 인해 사라는 '씨받이' 계획이 실패로 돌아간 채 쓸쓸하게 '홀로 사는 자'로 광야같은 쓸쓸한 삶을 살았던 것이다. 그러다가 '완전히 죽은 몸'과 같았던 사라가 그의 나이 90세가 되자 '주시마 약속'했던 '약속의 아들' 이삭을 얻게 되었던 것이다(창 21:5, 창 17:17).

이런 배경 가운데 사라에게 아이가 없을 때 하나님은 "잉태치 못한 자여 즐거워하라 구로치 못한 자여 소리 질러 외치라"고 하셨던 것이다. 더 나아가 "홀로 사는 자"인 사라의 자녀가 장차 하늘의 별처럼 바다의 모래처럼 많아질 것이라고 약속하셨다. 결국 "홀로 사는 자(사라)의 자녀가 많다"라는 것은 이삭의 후손들을 통해 복음이 확산되어 영적 아브라함의 후손, 즉 약속의 자손이 훨씬 더 많아지며(창 15:5) 더 큰 영적 축복을 받게 되리라는 것을 말씀하고 있다.

한편 "남편 있는 자의 자녀"에서의 '(육신의) 남편 있는 자'가 가리키는 것은 '하갈'이다. '남편'이란 육신적인 생식능력을 가지고 있는 남자라는 의미이며 하갈의 자녀는 '이스마엘과 그 후손'을 가리킨다.

28 형제들아 너희는 이삭과 같이 약속의 자녀라

이스마엘이 하나님의 뜻과는 무관하게 육체적인 생식능력에 의해 태어났다면 이삭은 철저히 육체적인 생식능력 밖의, 인간의 뜻을 배제한 하나님의 약속으로 태어난 자녀였다. 바울은 이를 비유로 얘기하며 갈라디아 교인들은 이삭처럼 약속의 사녀 반열(班列)이지만 거짓 교사인 유대주의적 율법주의자들을 따르는 이들은 마치 이스마엘이 하나님의 유업을 받지 못하듯이 그들 역시 하나님의 자녀가 아님을 드러내고 있다.

"이삭과 같이 약속의 자녀라"에서의 '이삭과 같이'에 해당하는 헬라어는 카타 이사악(κατὰ Ἰσαὰκ)인데 이는 '이삭을 따라'라는 의미로 '이삭의 대열(반열, 등급, level)에 서 있는 약속의 자녀이다'라는 것을 의미한다.

29 그러나 그 때에 육체를 따라 난 자가 성령을 따라 난 자를 핍박한 것 같이 이제도 그러하도다

당시 육체를 따라 육체의 생식 능력으로 난 자였던 이스마엘은 성령을 따라 하나님의 약속으로 난 자인 이삭을 지속적으로 핍박(창 21:8-9)했다.

"사라가 본즉 아브라함의 아들 애굽 여인 하갈의 소생이 이삭을 희롱하는지라"_창 21:9

이와 동일하게 바울도 갈라디아 지역에서 '바른 복음'을 전할 때 '다른 복음'을 전하던 그들 곧 유대주의적 율법주의자들로부터 핍박을 받았던 것이다(행 13-14장).

30 그러나 성경이 무엇을 말하느뇨 계집종과 그 아들을 내어 쫓으라 계집종의 아들이 자유하는 여자의 아들로 더불어 유업을 얻지 못하리라 하였느니라

"그러나 성경이 무엇을 말하느뇨"라는 것은 '그러한 이스마엘의 행위에 대해 성경은 무엇이라 기록하고 있냐'라는 의미이다. 창세기 21장에는 '약속을 받은(자유하는 여자의)' 자녀를 보호하기 위해 '약속받지 못한(계집종의)' 자녀를 쫓아내는 하나님의 신실하심을 보여주고 있다.

Robertson은 이 구절을 해석하면서 예수 그리스도를 통한 하나님의 은혜의 복음 전파를 방해(행 13-14장)함과 동시에 복음의 진리를 거스르는 유대주의적 율법주의자들을 이스마엘에 비유하며 그들의 결국을 경고하고 있는 것이라고 해석했는데 필자 또한 이 해석에 전적으로 동의하고 있다.

31 그런즉 형제들아 우리는 계집종의 자녀가 아니요 자유하는 여자의 자녀니라

"계집종의 자녀"란 하갈의 자녀 즉 '이스마엘과 그 후손'을 말하며 바울이 갈라디아 지역에서 복음을 전할 당시에 자신을 방해했던 세력 즉 유대주의적 율법주의자들을 가리키기도 한다. 25절의 "지금 있는 예루살렘"으로 상징된 자들이다.

반면에 "자유하는 여자의 자녀"란 하나님의 약속(언약)으로 말미암은 사라의 자녀 즉 '이삭과 그 후손'을 가리킨다. 이들은 "위에 있는 예루살렘"인 '거룩한 성 새 예루살렘'에 들어갈 예수 그리스도의 복음을 받아들인, 그리하여 율법으로부터 자유한, 하나님의 은혜로 '오직 믿음'으로 구원을 얻은 모든 사람들을 가리킨다.

괴짜의사 Dr. Araw의
쉽고 바르게 읽는 갈라디아서 장편(掌篇) 강의, 개정판

예수 믿음과 하나님의 계명을 붙들라

그리스도 예수의 사람들은
육체와 함께 그 정욕과 탐심을
십자가에 못 박았느니라

모든 그리스도인들은 예외없이 2,000년 전(前) 예수님께서 우리의 모든 수치와 저주를 안고 우리를 '대신하여(휘페르)' 십자가에 달리셨을 그때 우리도 함께 그 십자가에 달렸다. 그렇게 십자가에서 함께 죽었다. 그때 우리의 옛 사람은 완전히 죽은 것이다. '육체와 함께 그 정욕과 탐심'을 '십자가에 못 박은 것'이다.

예수님은 십자가에서 죽으시고 사흘 뒤에 죽음을 이기시고 부활하셨다. 그때 함께 십자가에 달려 죽었던 우리도 예수님과 더불어 살아났다.

육체와 함께 정욕과 탐심으로 채워졌던 옛 사람은 온전히 죽고 예수님 안에서 완전히 새 사람(새로운 피조물)이 된 것이다. 그 후로 우리는 '죄와 사망의 법'에서 '생명의 성령의 법'으로 옮겨지게 되었고 완전한 해방 가운데 자유하게 되었다. 예수 그리스도 안에서 진정한 자유함을 얻게 된 것이다. 이는 대표와 연합의 원리를 잘 요약하고 있는 것으로 기독교의 복음은 확실할 뿐만 아니라 선명하기까지 하다.

우리는 구원자이신 예수를 믿는다. 그분은 성부 하나님의 유일한 기름 부음 받은 자이신 그리스도, 메시야이시다. 이를 가르쳐주시고 깨닫게 하셔서 우리에게 믿음(피스티스)을 허락하신 분이 성령님이시다. 그 성령님의 인(印)치심을 통해 우리는 하나님의 자녀가 되었다. 그런 우리 안에는 성령님이 내주하시며, 우리는 주인 되신 성령님께 온전한 주권을 내어드림과 동시에 그분의 통치, 질서, 지배 하에서만 살아간다.

성령충만함으로!

그런 우리를 가리켜 '현재형 하나님나라'라고 한다. 이후 모든 인간은 반드시 한번은 죽게 되는 '육신적 죽음'이라는 '이동(옮김, 아날뤼시스, 딤후 4:6)'을 통해 미래형 하나님나라에 들어가 영생을 누리게 된다.

예수를 믿어 '영적 죽음'에서 '영적 부활'된 우리는 '진정한 생명'을 소유하게 되는데 곧 영원한 삶, 영생이다. 결국 예수를 믿어 영적 부활된 그리스도인들은 '지금' 영생을 누리는 가운데 현재형 하나님나라를 살아간다. 장차 '죽음(아날뤼시스)'이라는 미래형 하나님나라에로의 '관문(이동, 옮김)'을 통과한 후 계속하여 영생을 누리게 될 것이다. 그러므로 예수를 믿어 구원을 얻은 그리스도인들은 지금도 앞으로도 영원히 영생 가운데 하나님나라를 누리는 신비 속에 살아가게 되는 것이다.

주인 되신 삼위일체 하나님만을 찬양하며 경배하며…….

다른 하나님, 한 분 하나님!

할렐루야!

갈라디아서의 후반부인 5-6장(참조, 갈라디아서 어떻게 설교할 것인가, How주석, 최갑
종교수)은 다시 네 부분으로 나눌수 있다. 곧 첫째, 5장 1-12절, 둘째는 5
장 13-24절, 셋째는 5장 25-6장 10절과 마지막 넷째 결언 부분인 6장
11-18절이다.[96]

첫째로 5장 1-12절에는 "그리스도께서 우리로 자유케 하려고 자유를
주셨으니 이제 후로는 굳세게 서서 다시는 종의 멍에를 메지 말라(5:1)"고
말씀하고 있다. '종의 멍에를 메는 삶'이란 '반드시 할례를 받아야만 구
원이 완성된다'라고 믿는 것으로 율법적 행위(할례)를 통해 온전히 의롭다
칭함을 받을 수 있다는 것을 말한다. 곧 유대주의적 율법주의를 신봉하
는 것을 가리킨다.

둘째로 5장 13-24절에는 "그리스도 예수의 사람들은 육체와 함께
그 정욕과 탐심을 십자가에 못 박은 사람(5:24)"임을 기억하라고 말씀하
고 있다. 이는 성령님을 주인으로 모시고 유한된 일회의 삶을 살아가되
13-16절에서는 '자유와 사랑의 섬김'이라는 성도의 삶의 원리에 대해,
17-24절에서는 성령을 따른 삶과 육을 따른 삶의 대조적인 결과를 보여

---

96 cf. 갈라디아서 어떻게 설교할 것인가, How주석, 최갑종

주시며 '왜 성령을 따라 살아야 하는지'를 보여주고 있다.

셋째로 5장 25절-6장 10절까지에서는 그런 너희는 성령님을 주인으로 모시고 살아가되 방향을 정하시고 인도해가시는 성령님의 뜻을 따라 행하여야 함을 보여주고 있다. 결국 이제 후로는 총체적 삶에 대해 성령님께 온전한 주권을 드리고 그분의 통치, 질서, 지배 하에서 성령의 열매를 풍성하게 맺는 삶을 살아야 한다라고 말씀하고 있다.

한편 "성령의 열매"에 해당하는 헬라어는 카르포스 투 프뉴마토스 에스틴(καρπὸς τοῦ Πνεύματός ἐστιν, the fruit of the Spirit is)인데 여기에서 '성령의 열매' 그 다음에 사용된 헬라어 동사가 '단수'라는 사실이 아주 흥미롭다. 이는 9가지 성령의 열매가 한 인격 안에 가져야 할 '9가지 성품'임을 강조한 것이다. 곧 '성령의 열매'라는 것은 어떤 사역에의 종류가 아니라 예수 그리스도 안에서 한 피 받아 한 몸 이룬 '하나된 지체'인 형제, 자매들을 섬김에 있어 '9가지 성령의 열매'로 서로서로 풍성하게 나누라고 주신 '신(神)의 성품'이라는 것이다.

성령의 9가지 열매(성품)에 대해 좀더 소상하게 설명하면 다음과 같다.

첫째는 "사랑(Love)"으로 헬라어로는 아가페(ἀγάπη, nf, love, goodwill, properly, love which centers in moral preference. So too in secular ancient Greek)인데 이는 '인간에 대한 하나님의 구속적 사랑, 인간에게 반영된 하나님의 사랑(롬 5:5)' 곧 일방적이고도 절대적인 사랑을 말한다. 그렇기에 '아가페'라는 사랑은 성령의 열매 중 가장 근본적이고도 본질적인 것으로 바울은 "믿음, 소망, 사랑 그중에 제일은 사랑이라(고전 13:13)"고 강조하기도 했다.

둘째는 "희락(Joy)"인데 헬라어로는 카라(χαρά, nf, joy, delight, another feminine noun from the root xar-, "extend favor, lean towards, be favorably disposed")이다. 이는 '세상적 기쁨이나 단순한 재미가 아니라 그리스도 안에서 얻게 되는 진정한 기쁨(빌 3:1)'을 말한다. 그리스도인의 넘치는 기쁨(카라)은 풍성한 하나님의 은혜(카리스)를 통해 거저 누리게 되는 것으로, '의, 평화, 소망'과 관련(롬 14:17, 15:13, 32-33)이 있다. 또한 앞서 언급(갈 1:3)했듯이 그리스도인들은 샬롬의 관계를 통해 거저주시는 풍성한 은혜를 받아 기쁨과 감사로 살아가게 되는 것이다.

세째는 "화평(Peace)"으로 헬라어로는 에이레네(εἰρήνη, nf, one, peace (God's gift of wholeness), quietness, rest/(from eirō, "to join, tie together into a whole"), 히브리어 샬롬)라고 한다. 헬라 세계에서는 '마음이나 육체의 고통에서 벗어난 평온함' 혹은 '자족(自足)하는 마음'을 의미하나 히브리 전통은 조금 다르다. '화평'에 해당하는 히브리어 샬롬(שלום)은 '하나님과의 하나 됨(연합, 바른 관계와 친밀한 교제)'으로 인해 하나님 안에서만 견고함을 누리고 하나님 안에서만 안식을 누리는 것을 말한다. 또한 가시적인 번영(prosperity)까지도 포함한다. 그러므로 '평강의 하나님(롬 15:33, 16:20, 고후 13:11, 빌 4:9, 살전 5:23)'이라고 할 때에는 인간과 좋은 관계(화평, 바른 관계)를 맺으시는 하나님이라는 의미이다.

네째는 "인내(Patience)"로서 헬라어로는 마크로뒤미아(μακροθυμία, nf, patience, long-suffering/from 3117 /makrós, "long" and 2372 /thymós, "passion, anger") - properly, long-passion, i.e. waiting sufficient time before expressing anger)인데 이는 마크로스(μακρός, adj, long, distant, far; of long duration)와 뒤모스(θυμός, passion)

의 합성어이다. 박해와 도전, 분노와 시련 앞에서도 전혀 흔들리지 않고 끝까지 참아내는 것을 의미한다. 곧 '긴 마음으로 기다리면서 예수의 십자가를 생각하며 현재의 분노를 참고 지금의 고난을 이겨내며 소망(미래형 하나님나라에의 입성과 영생)을 붙들고 종말시대 동안에 일곱 재앙을 견디어 가는 것'을 말한다.

다섯째는 "자비(Kindness)"로서 헬라어로는 크레스토테스(χρηστότης, nf, goodness, excellence, uprightness/(a noun, derived from 5543 /xrēstós, "useful, profitable")kindness that is also serviceable)인데 이는 상대를 향한 지극한 친절함(시 5:15-17, 21, 8:34, 9:15, 18:2)을 의미한다. 그러나 헬라 고전에서는 '뛰어남, 정직, 선함'의 의미로도 쓰였고 70인역에서는 '선함(시 141:3), 번영(시 106:5)'으로도 쓰였다. 나는 '온유하고 관용하며 너그러운 성품'으로 해석한다. 더 나아가 '나보다 상대의 입장을 먼저 생각하고 헤아려 주는 대자대비(大慈大悲)하신 예수님의 성품'으로 해석한다.

여섯째 성령의 열매인 "양선(Goodness)"은 아가도쉬네[97](ἀγαθωσύνη, nf, 롬 15:14, 엡 5:9, 살후 1:11)인데 이는 '친절(자비)+선함(성령님께 지배되어짐)'을 말한다. 협의적으로는 '이웃에게 선을 베푸는 행위'이나 광의적으로는 성령님의 지배 하에서 '예수님의 성품을 지니고 예수님처럼(Christ-likeness) 살아가는 삶'을 말한다. 베드로전서와 디모데전서에서는 '선한 양심(벧전 3:16, 21,

---

97 아가도쉬네(ἀγαθωσύνη, nf)는 intrinsic goodness, especially as a personal quality, with stress on the kindly (rather than the righteous) side of goodness/(from 18 /agathós, "inherently good," see there) - properly, intrinsic goodness (especially as a unique quality and condition, note the -synē suffix); as relating to believers, the goodness that comes from God (Souter) and showing itself in spiritual, moral excellence (virtue), 롬 15:14, 엡 5:9, 살후 1:11)이다.

딤전 1:5, συνειδήσεως ἀγαθῆς, 쉬네이데세오스 아가데스, 성령님께 지배된 양심)'을 지니고 살아가는 삶을 가리키기도 했다.

일곱째는 "충성(Faithfulness)"인데 이는 '하나님의 신실함, 신실성'에 근거한 '인간의 윤리적 신실성'을 가리킨다. 헬라어로는 피스티스[98](πίστις, nf, 요일 5:4)이며 이는 '예수를 향한 믿음과 하나님의 계명'을 붙들고 인내하며 끝까지 바른 정체성을 가지고 살아가는 것을 의미한다. 그렇게 한 번 인생에서 성도답게 본분을 다하며 살아갈 때 그런 사람을 가리켜 '충성되다'라고 말하는 것이다.

여덟째 "온유(Gentleness)"의 헬라어는 프라우테스[99](πραΰτης, nf) 인데 플라톤이나 아리스토텔레스의 고전에서는 '부드러움을 겸비한 신사다움'이라고 묘사했다. 신약성경에서는 '인정(人情), 상냥함, 잘 훈련된, 잘 절제된, 잘 길들여진, 치유된(갈 6:1)'이라는 뜻으로 사용되었다(고전 4:21, 고후 10:1, 엡 4:2, 골 3:12, 딤후 2:25, 딛 3:2, 약 3:13, 벧전 3:15).

한편 '온유'는 거의 매번 '겸손'이라는 단어와 짝을 이루어 한 몸처럼 붙어 다니는데 이는 '외유내강(外柔內剛)의 모습'과 함께 '자기를 지켜나가

---

98 피스티스(πίστις, nf)는 faith, faithfulness/(from 3982/**peithô**, "persuade, be persuaded") - properly, persuasion (be persuaded, come to trust); faith. Faith (4102/pistis) is always a gift from God, and never something that can be produced by people. In short, 4102/pistis ("faith") for the believer is "God's divine persuasion" - and therefore distinct from human belief (confidence), yet involving it. The Lord continuously births faith in the yielded believer so they can know what He prefers, i.e. the persuasion of His will, 요일 5:4) 이다.

99 프라우테스(πραΰτης, nf)는 mildness, gentleness/compare 4236 /**praótēs**, another feminine noun which is also derived from the root pra-, emphasizing the divine origin of the meekness) - meekness ("gentle strength") which expresses power with reserve and gentleness)이다.

되 상대에 대해 거칠지 않으며 상대를 포용하고 기다리면서 상대를 천천히 부드럽게 고쳐주는 것'까지를 포함한다.

필자는 성령의 열매를 생각하며 지난날부터 대인관계에 있어서의 '바른 언어생활'에 대해 많은 고민을 해 왔다. 그리하여 Dr. Araw의 '언어 사용의 4원칙'을 천명했다.

첫째는 삼사일언(三思一言)이다. 즉 모든 대화를 하기 전에 '먼저 세 번 생각하고 그런 후에 한 번 말하라'는 것이다.

둘째는 이청일언(二聽一言)이다. 곧 상대의 대화를 주의 깊게 경청하되 적어도 '두 번은 들은 후에 한 번 말하라'이다.

셋째는 일정일언(一正一言)이다. 곧 매사 매 순간 '한 번 말하더라도 바른 말을 하라'이다.

넷째는 일적일언(一適一言)이다. '바른 말이라도 시기가 적절하지 않으면 말하지 말라'이다.

결국 '온유 겸손한 사람'이란 1적1언을 시의적절(時宜適切, well-timed, timely)하게 사용하는 사람이라고 필자는 정의하고 있다.

아홉째 "절제(Self-control)"는 엥크라테이아[100](ἐγκράτεια, nf)인데 이는 헬라 문헌에서는 '식탐, 욕정에의 절제, 자기 통제'를 의미한다. 그러나 기독교적인 관점에서는 '이미 그러나 아직(Already~Not yet)의 상태'에 있는, 곧 제한되고 연약한 인간이 욕심과 정욕, 탐심을 절제하며 삶의 기준과

---

100 엥크라테이아(ἐγκράτεια, nf)는 self-mastery, self-restraint, self-control, continence/(from 1722 /en, "in the sphere of" and 2904 /krátos, "dominion, mastery") - properly, dominion within, i.e. "self-control" - proceeding out from within oneself, but not by oneself)이다.

원칙인 말씀 앞에서, 그리고 삶의 주인이신 성령님 앞에서 그분께 기꺼이 순복(순종과 복종)하는 자세를 '절제(節制)'라고 한다.

마지막 넷째부분으로서 5-6장에서의 마지막 결언 부분인 6장 11-18절을 가리켜 학자들은 '갈라디아서 전체의 요약' 혹은 갈라디아서를 이해하는 '해석학적인 열쇠'[101]라고 흔히들 해석하고 있다.

결국 예수를 믿어 영적 죽음에서 영적 부활되어 새 삶(영생)을 얻게 된 갈라디아 교인들은 주인 되신 성령님의 통치 하에서 하나님의 백성답게 전인적이고도 총체적인 삶을 살아야 한다라는 것이다. '오직 믿음'의 바탕 위에서 현재형 하나님나라를 누리고 미래형 하나님나라에의 소망(엘피스, 입성과 영생)을 가지고 예수 그리스도의 사랑을 실천하며 살라는 것이다.

한편 율법에 대한 그리스도인들의 만연(漫然, prevail)한 오해가 있는데 첫째는 율법만이 하나님의 계시로서 철저하게 이를 지켜 행함으로 구원에 이를 수 있다라고 하는 주장이다. 전형적인 유대주의적 율법주의자들의 생각이다. 둘째는 율법은 예수님 오신 이후로 더 이상 필요없기에 폐기해야한다라고 주장하는 율법 폐기론이나 율법 무용론, 심지어는 반(反) 율법적, 무(無) 율법적 태도이다. 결론부터 얘기하면 둘 다 율법을 대하는 올바른 태도가 아니다.

율법에 대한 바울의 관점을 부정적인 측면과 긍정적인 측면으로 나누어 성경을 통해 묵상해보면 다음과 같다.[102]

---

101 How 주석 42권, 갈라디아서 어떻게 설교할 것인가, p282, 305 재인용

102 갈라디아서 주석, 이레서원, 최갑종, 2016. P410-411

율법을 바라보는 바울의 시각(view point)	
부정적인 뉘앙스(nuance)	긍정적인 뉘앙스(nuance)
1.율법을 행함으로 의롭게 될 수는 없다 (갈 2:16, 21, 3:11, 롬 3:28).	율법 또한 신령한 것은 사실이다(롬 7:12).
2.율법은 1)약속(언약)보다 후대에 주어졌다. 2)약속(언약)보다 열등하다. 3)약속(언약)을 폐하지 못한다 (갈 3:15-23).	율법 또한 거룩하다(롬 7:14).
3.율법은 죄를 깨닫게 할 뿐 죄를 해결하지는 못한다 (롬 3:20, 7:7-8, 고전 15:56). ->율법은 범죄와 죄를 가중시킨다 (갈 3:19, 롬 5:20, 7:5, 8-13).	율법 또한 진리와 지식의 근간이다(롬 2:20). ->율법은 사랑으로 계속 성취되어가야 한다 (갈 5:14, 롬 13:8, 10).
4.율법은 사람을 저주와 사망에 이르게 한다 (롬 7:9-10). ->율법은 죄와 사망의 법이다(롬 8:2).	하나님이 모세를 통해 신탁하셨던 율법은 본래 살리는 것, 곧 생명을 위한 것이었다 (갈 3:12; 롬 7:10, 10:5).
->율법은 그것을 지켜 의롭게 되려는 자에게 저주를 가져온다 (갈 3:21).	->율법은 우리를 그리스도에게로 인도하는 몽학선생이다(갈 3:24). ->율법은 믿음을 통해 폐기되지 않고 오히려 확립(완성)된다(롬 3:31).
5.율법은 생명(영생)을 가져다주지 못한다 (갈 3:21).	율법 준수, 계명 준수, 절기 준수가 성령의 열매와 반대되는 것은 아니다 (갈 5:23).

1)그리스도는 율법의 마침(완성)이 되셨다(롬 10:4).
2)C인은 율법에 대해 죽어(갈 3:21) 율법에서 해방되었다(갈 3:25, 5:1, 롬 7:6).
->그리하여 생명의 성령의 법아래 놓이게 되었다(롬 8:1-2).
3)율법(은혜)을 넘어 그리스도의 법(은혜 위에 은혜라)으로 성취되어야 한다
(갈 6:2, 요 1:16).

율법(롬 5:13-20, 갈 2:16-21, 히 7:19-28)은 하나님의 은혜로 천사들로 말미암아 모세라는 중보의 손을 빌어 인간에게 베푸신 것(갈 3:19)이다. 그리하여 인간은 그 '율법을 통해' 죄를 깨닫게 되었고 영원히 저주받을 죄인임을 자각하게 되었다. 이후 구원자이신 '예수님의 절대 필요성'을 알게 된 것이다. 그렇기에 율법은 예수님께로 인도하는 초등교사(몽학선생)로서 "약속하신 자손이 오시기까지 있을 것(갈 3:19)"이다.

참고로 요한복음 1장 16절의 "은혜 위에 은혜러라"는 것은 율법을 주신 것도 '하나님의 은혜'이나 율법을 완성하신 은혜와 진리 가운데의 '예수 그리스도'는 '은혜 위에 은혜(Grace for Grace, χάριν ἀντὶ χάριτος)'라는 의미이다.

옛 언약을 예표하는 율법과 예수 그리스도 새 언약(약속, 복음, 믿음, 생명의 성령의 법)의 성격을 표를 통해 비교해보자. (다음 페이지 표 참고)

한편 율법적 행위를 통해 의로워지려 하는 자들 곧 유대주의적 율법주의자들인 거짓 선지자들을 향한 엄중한 하나님의 징벌(갈라디아서 주석, 최갑종, 이레서원, p559-568)은 다음과 같다.

첫째, 믿음에 더하여 '할례'를 받음으로 온전히 '의롭게 되었다'고 떠드는 자들은 실상은 가짜일 뿐이며 더 나아가 '오직 믿음'이라는 '바른 복음'의 본질과 충돌되기에 결국 구원자이신 예수 그리스도로부터는 아무런 유익을 얻지 못하게 된다(5:2).

둘째, '오직 믿음'에 더하여 구원을 완성한다랍시고 은근히 '할례'를 부각시킴으로 율법을 중시하려는 자들은 율법에 얽매이게 됨으로 결국 율법 전체를 행할 의무를 지게 된다(3:10, 5:3).

옛 언약인 율법과 예수 그리스도 새 언약의 비교	
옛 언약(율법)	**예수 그리스도의 새 언약**
옛 언약(율법); 새 언약의 그림자	새 언약; 옛 언약(율법)의 실체
아담 언약	=예수 그리스도의 새 언약
노아 언약	
아브라함 언약	1)성취-초림
모세 언약	
다윗 언약	2)완성-재림
시내산	시온산
(율법-율법적 행위로 구원)	(약속-복음: 은혜, 믿음으로 구원)
모세의 율법	예수 그리스도의 생명의 성령의 법
지상의 예루살렘(성전)	천상의 예루살렘(하나님나라)
: 현세적,	: 내세적,
현실적 유대인들의 정신적 지주	영적 유대인들의 소망
육체를 따라 난 자	약속을 따라 난 자
	: 유대인이든 이방인이든
: 혈통(선민)으로서의 유대인	'오직 믿음'으로 구원
계집종의 아들	자유하는 여인의 아들
: 율법의 속박, 종노릇	: 복음으로 인간을 자유케 함
죄와 사망의 법	생명의 성령의 법
율법적 행위, 할례	복음; 오직 믿음, 은혜, 약속
속박, 멍에, 종 됨	자유, 유업을 이을 자
저주, 죽음	생명, 삶, 복
육, 죄	영혼, 의, 그리스도, 성령
세상의 초등원리	사랑의 원리
1)도덕법(moral law); 십계명	신약; 구약의 율법이
	예수 그리스도에 의해 완성되었으나
	여전히 신약교회 안에서도 유효함
2)시민법(civil law); 유대인을 이방인과 구분하는	(예)
할례, 음식법, 정결법, 유월절 등 절기 준수	1)안식일→주일
	2)할례→세례 곧 마음의 할례
	3)성전법→'성령의 전'으로서의
3)제의법(ceremonial law); 번제, 소제, 화목제,	거룩과 거룩함으로 살아가기
속죄제, 속건제 등	4)제사→하나님이 기뻐하시는
	거룩한 산 제사(예배, 롬 12:1)로

셋째, 그런 자들은 율법에 얽매여 종노릇하게 되므로 예수 그리스도에게서는 끊어짐을 당하게 된다(5:4). 결국 그런 자들의 종말은 하나님의 은혜의 복음으로부터 '끊어지고 떨어져'나가 하나님의 은혜의 복음(토 유앙겔리온 테스 카리토스 투 데우, τὸ εὐαγγέλιον τῆς χάριτος τοῦ Θεοῦ, the gospel of the grace of God)인 '예수 그리스도의 십자가 구속의 은혜'로부터 단절되어 버린다(5:4).

반면에 '바른 복음'에 서 있는 자들을 향한 하나님의 복은 다음과 같다.

첫째, 성령을 통해 '오직 믿음(피스티스, 롬 1:17)'으로 주어진 의(예수 그리스도)의 소망(엘피스, 미래형 하나님나라에의 입성과 영생)이 약속된다(5:5).

둘째, '바른 복음'에 서 있는 자들은 그리스도 예수 안에 거하기에 할례나 무할례나 아무 상관이 없이 자유를 위하여 부르심을 입어(5:13) 진정한 자유함을 누리게 된다(5:6, 5:1).

셋째, '바른 복음'에 서 있는 자들은 예수 그리스도의 십자가 사랑에 대한 '오직 믿음'을 통해 구원을 얻게 된다(5:6). 곧 '구원자'이신 예수님(이에수스)만이 '성부하나님의 유일한 기름부음' 받은 자, 즉 그리스도(크리스토스) 메시야(마쉬아흐)이심을 알고 그분의 속량(대가 지불, 엑사고라조)에 대한 크신 '그 사랑'의 헌신을 '오직 믿음'으로 받아들여 구원을 얻게 되는 것이다.

매 순간 잊지 말아야 할 못된 거짓선지자들의 행위가 있는데 그리스도인들이라면 이런 부분에 대해 바싹 긴장하고 근신하면서 그들의 행태를 잊지 말아야 한다.

첫째, 거짓 순회전도자들이 갈라디아 교인들로 하여금 바울이 전했던 '바른 복음의 진리'에 순종치 못하게 미혹하였듯이(5:7) 오늘날에도 이단

사이비들은 진리를 그럴듯하게 포장하여 연약한 그리스도인들을 '다른 복음'으로 밀어 넣어버린다(3:1, 5:8)라는 사실에 긴장해야 한다.

둘째는 적은 누룩이 온 덩이에 퍼지듯(5:9) 거짓 순회전도자들은 처음에는 조금씩 거짓 교훈으로 몇몇 사람들만 설득한다. 그러다가 시간이 흘러가며 틈이 보이기 시작하면 점점 더 확장해가다가 종국적으로는 전체 교인을 혼란 가운데 빠뜨려 버리는데 이런 사실에 긴장해야 한다.

셋째는 거짓 순회전도자들은 간교한 거짓말을 통해 마치 바울이 표리부동(表裏不同, two-faced, treacherous)하기라도 하듯 누명을 씌워 비난(5:11)했는데 이런 공작질에 긴장해야 한다. 예를 들면 바울이 처음에는 할례를 전해놓고 이제 와서는 그 할례를 반대하고 있다라며 교묘하게 속였던 것이다.

마지막 넷째는 '오직 믿음'이라는 구원의 조건에 하등의 영향을 미치지 못하는, 아무 것도 아닌 할례라는 의식을 가지고 마치 대단한 것이기라도 한 양 갈라디아 교인들을 요란케 해버렸듯 오늘날의 이단 사이비들도 비본질을 가지고 본질을 호도(糊塗, mislead, cover up, gloss over)해버리곤 한다라는 사실에 긴장해야 한다.

5-1 그리스도께서 우리로 자유케 하려고 자유를 주셨으니 그러므로 굳세게 서서 다시는 종의 멍에를 메지 말라

이 구절은 지금까지(1-4장)의 결론이자 갈라디아서 핵심 장(5장)의 핵심 절로서 흔히 기독교인의 자유대헌장(Magna Carta)이라고까지 불린다. 성부 하나님의 유일한 기름부음 받은 자, 그리스도 메시야이신 구원자 예수님께서, 율법의 저주 아래 놓여 죽을 수밖에 없었던 우리의 죗값을 속량(엑사고라조)하셨다. 즉 대가 지불인 십자가 보혈을 통해 죄와 사망의 법에서 우리를 해방시켜 생명과 성령의 법으로 들어가게 하심으로 우리를 자유케 하셨다.

"그리스도께서 우리로 자유케 하려고 자유를 주셨으니"에서의 '자유를 주셨으니(요 8:32, 36, 고후 3:17, 갈 5:13)'에 해당하는 헬라어는 엘류데로센(ἠλευθέρωσεν, has set free)이다. 이는 '동작의 결과'를 나타내는 '단순과거형'으로 예수의 십자가 죽음과 부활은 역사적 사실(Fact)이었음을 드러내고 있는 말이다.

결국 우리는 '말씀'이신 로고스(Λόγος)께서 육신이 되셔서 우리에게 허락하신 하나님의 은혜의 복음(오직 그리스도 Solus Christus, 오직 성령 Solus Spiritus, 오직 말씀 Sola Scriptura)을 통해 '오직 믿음(Sola Fide)', '오직 은혜(Sola Gratia)'로 자유함을 얻게 된 것이다. 그렇기에 우리는 그저 '오직 하나님께만 영광(Soli Deo Glorai)'을 돌릴 뿐이다. 곧 6's Sola이다.

Sola Scriptura (오직 말씀)

Sola Fide (오직 믿음)

Sola Gratia (오직 은혜)

Solus Christus (오직 예수)

Solus Spiritus (오직 성령)

Soli Deo Gloria (오직 삼위하나님께만 영광)

"종의 멍에"라는 말에서의 '멍에'에 해당하는 헬라어는 쥐고스[103](ζυγός, nm)인데 이는 '짐을 끄는 짐승의 목에 얹는 나무 틀'을 가리킨다. 동시에 '포로된 자의 굴레, 속박(렘 28:10-11)'이나 '종의 생활(마 11:29-30)'을 의미하기도 한다. 이 구절에서는 인간 생활을 규제하는 율법의 '속박'이나 '구속적 제한' 즉 율법적 사고방식이나 가르침(율법 준수, 계명 준수, 절기 준수, 음식법, 제사법, 할례 등등)으로 인한 '얽매임'을 의미한다.

"메다"의 헬라어는 에네코[104](ἐνέχω)인데 이는 엔(ἐν, in, on, at, by, with)과 에코(ἔχω, to have, hold)의 합성어로서 '덫에 걸리다'라는 뜻이 함의(含意)되어 있다. 그러므로 '종의 멍에를 메지 말라'는 것은 다시 종으로 돌아가 자유를 잃어버리는 우(遇)를 범하지 말라는 의미이다. 결국 유대주의적 율법주의자들이 숨겨 놓은 교묘한 덫에 빠지지 말라는 의미이다.

이 구절에서 특별히 집중해야 할 핵심단어 하나를 고르라면 "다시는"이다.

"다시는!"

우리는 '다시는'이라는 이 단어에 방점을 두어 힘있게 발음하면서 큰

---

103 쥐고스(ζυγός, nm, a yoke, properly, a yoke; a wooden bar placed over the neck of a pair of animals so they can pull together; (figuratively) what unites (joins) two people to move (work) together as one)

104 에네코(ἐνέχω, (a) I have a grudge against, am angry (with), (b) pass. or mid: I am entangled, entangle myself)

소리로 외치며 '다시는'이라고 마음판에 결단함으로 단단히 새겨야 할 것이다.

2 보라 나 바울은 너희에게 말하노니 너희가 만일 할례를 받으면 그리스도께서 너희에게 아무 유익이 없으리라 3 내가 할례를 받는 각 사람에게 다시 증거하노 니 그는 율법 전체를 행할 의무를 가진 자라

"할례법"은 율법의 3대 기둥(할례법, 정결법, 나그네 환대법) 중 하나이다. 구약 의 '할례(מוּל, 히브리어 물, 너는 죽고 나로 살아야만 한다)'란 신약의 '세례(헬라어 밥티조)' 와 동일한 의미로서 4가지 고백에 대한 결단을 말한다.

첫째, '예수 그리스도의 십자가 보혈로만 죄를 씻음(정결케 됨)'에 대한 힘 있는 고백과 결단이다. 둘째는 '그 예수님을 나의 구주 나의 하나님으로 영접(입으로 시인하고 마음으로 믿음)함'에 대한 강력한 고백과 결단이다. 셋째, 그 예수님과의 '연합' 곧 '하나 됨(Union with Christ)'에의 결단과 고백이다. 마지막 넷째는 이후로 성령님께 '온전한 주권(성령충만 가운데)'을 드리고 성 령님의 '통치', '질서', '지배 하'에 살겠다라고 하는 처절하고도 확고부 동한 신앙고백이다.

이런 사실과는 달리 저들은 교언영색(巧言令色, fine words & insinuationg countenance, flattery)으로 믿음으로 구원을 얻는 것은 맞지만 그것만으로는 약간 부족하다고 하면서 믿음에 할례를 더함으로 '구원이 완성된다'라 며 갈라디아 교인들을 속였다. 결국 구원에 이르기 위하여는 '할례'가 필 요하다라고 속삭였던 것이다. 구원의 완성에 이른다고 했던 그들의 이런

'조건적인 할례'는 사실(fact)을 왜곡한 것으로 새빨간 거짓말이다.

만약 할례를 받아야만 구원이 완성된다라고 하면 하나님의 은혜의 복음인 '오직 믿음'이라는 예수 그리스도의 은혜의 복음을 평가절하(平價切下, devaluation)하는 것이 된다. 그러므로 '할례가 구원의 조건이다'라는 것을 받아들이는 순간 율법에 갇히게 되고 그 율법에 속박됨으로 율법의 종노릇을 하게 되어 멍에를 메게 되는 것이다.

분명한 것은 우리는 율법의 종이 아니라 예수 그리스도의 종이라는 사실이다. 그렇기에 율법에 얽매이는 자는 예수 그리스도의 자유케 하시는 은혜에 결코 참여할 수가 없다.

"다시 증거하노니"라고 말한 것은 예수 그리스도의 무한하신 은혜를 힘있게 강조함과 동시에 할례의 무익에 대하여 반복적으로 강조한 것이다.

'할례를 받는다'는 행위는 율법이 구원의 조건에 해당한다라는 것을 '암묵적으로 동의'하는 것이기에 그런 행위 후에는 율법을 행할 의무를 지게 되는 셈이 된다. 결국 율법의 모든 의무를 다 행하여야만 구원을 얻게 되는데 문제는 율법을 모두 다 행할 육체가 하나도 없다라는 점이다.

결국 율법으로는 의롭다 함을 얻을 육체가 없기에 다시 율법의 저주 아래로 들어가 버리게(신 27:26, 롬 2:13, 9:32, 10:3, 갈 5:4) 되는 것이다. 오늘의 우리들 또한 갈라디아 교인들을 향한 바울의 큰 외침을 잘 새겨들어야 할 것이다.

4 율법 안에서 의롭다 함을 얻으려 하는 너희는 그리스도에게서 끊어지고 은혜에서 떨어진 자로다

'그리스도 안에서(ἐν Χριστῷ, 엔 크리스토)'라는 말에는 아주 깊은 울림이 있다. 왜냐하면 이 말은 그리스도와의 신비적 연합(Union with Christ, 하나 됨)을 의미하는 말로서 예수 그리스도에게 '소속'이 되고 예수 그리스도의 '소유'가 된 것을 말하기 때문이다. 결국 이 말 속에는 예수를 '오직 믿음'으로 의롭다 함을 얻게 되는 '대표와 연합의 원리(롬 5:1-5)'가 내포되어 있음을 알아야 한다.

한편 모든 그리스도인들은 내주하시는 주인 되신(주권자이신) 성령님의 통치(질서, 지배)를 따라 살아가기에 예수 그리스도께서 원하시는 삶을 살아가게 됨으로 주님 주시는 진정한 복(בָּרַךְ, v, 바라크, 에쉐르, אֶשֶׁר, nm, אָשַׁר, v)을 누릴 수 있게 된다.

참고로 '복을 받다'라는 히브리어는 '바라크(בָּרַךְ, v, 바라크, to kneel, bless)'인데 이의 원뜻은 '하나님 앞에 무릎 꿇고 기도하다, 하나님을 찬양하고 경배하다'라는 것이다. 그렇기에 '하나님께 무릎 꿇고 기도하는 사람', '하나님을 찬양하고 경배하는 그 사람'은 '이미 복받은 사람'이라는 의미가 된다.

'복'을 의미하는 또 다른 히브리어 단어는 에쉐르(에쉐르, אֶשֶׁר, nm)이다. 이는 동사 아솨르(אָשַׁר, v, to go straight, go on, advance)에서 파생되었는데 '똑바른 길을 걸어가다'라는 의미이다. 곧 '바른 길을 걸어가는 사람'은 이미 '복 있는 사람' 혹은 '복받은 사람'이라는 말이다. 여기서 '길'이란 "길이요 진리요 생명이신 예수 그리스도(요 14:6)"를 가리킨다. 결국 '예수 그리스도를 믿고 그 길(진리이신 예수님)을 따라간 그 사람은 이미 복받은 사람'이라는 말이다.

한편 이 구절에서의 "율법 안에서(ἐν νόμῳ, 엔 노모) 의롭다 함을 얻으려하는'이라는 말은 '율법적 행위나 율법을 통한 자기 의를 드러냄으로 의롭다 함을 얻으려 하는'이라는 의미로 그런 사람의 결국은 그리스도에게서 끊어지고 하나님의 은혜에서 떨어지게 될 뿐이다.

죄인 된 모든 인간은 육신적 연약함 때문에 율법을 다 지켜 행할 수는 없다. 그렇기에 율법 안에서 의롭다 함을 얻으려 하는 모든 인간은 비극적인 결과를 맞게 될 뿐이라고 경고하고 있는 것이다.

"그리스도에게서 끊어지고 은혜에서 떨어진 자로다"에서의 '끊어지다'에 해당하는 헬라어가 에크핍토[105](ἐκπίπτω)인데 이는 '~로부터 떨어지다'라는 의미이다. 그러므로 '그리스도에게서 떨어지고 은혜에서도 떨어져'라는 표현은 동일한 의미를 반복하여 두 번 거듭 사용함으로 강조한 것이다.

결국 구원을 위해 자기 의를 드러낸다라거나 율법적 행위를 추구하려는 이는 마치 포도나무이신 예수에게서 떨어져 나간, 예수님과는 '상관 없는 가지' 꼴이 되고 만다라는 말이다. 종국적으로 그 가지와 잎들은 말라비틀어져 죽게 될(요 15:6) 것을 말씀하고 있다.

105　에크핍토(ἐκπίπτω, I fall out, I fall off, fall away; hence in nautical language: I fall off from the straight course; of flowers: I fade away, wither away; I fall from, lose, forfeit; I am cast ashore; I am fruitless)

"은혜에서 떨어진 자로다"에서의 '은혜에서'에 해당하는 헬라어는 테스 카리토스(τῆς χάριτος, from grace)이고 '은혜에서 떨어지다'에 해당하는 헬라어는 테스 카리토스 엑세페사테(τῆς χάριτος, from grace, ἐξεπέσατε, you have fvallen away)인데 이는 하나님의 은혜의 복음(토 유앙겔리온 테스 카리토스 투 데우, τὸ εὐαγγέλιον τῆς χάριτος τοῦ Θεοῦ, the gospel of the grace of God)인 '예수 그리스도의 십자가 구속의 은혜'로부터 멀리 떨어져 나간 것을 의미한다.

5 우리가 성령으로 믿음을 좇아 의의 소망을 기다리노니

모든 그리스도인들은 만세 전에 하나님의 은혜로 택정하심을 입었다. 그리하여 때가 되매 복음이 들려져서 성령님께서 주신 믿음(고전 12:3, 롬 1:17, 객관적 믿음, 주신 믿음, 피스티스)으로 말미암아 우리가 믿음(고백한 믿음, 반응한 믿음, 피스튜오)으로 고백함으로 의의 소망 되신 초림의 예수 그리스도로 인해 의롭다 하심(칭의, 稱義)을 입어 하나님의 자녀로 인침을 받게 된 것이다.

이후 예수 그리스도와 연합(Union with Christ)되어 하나(Unity) 된 우리 안에는 주인 되신 성령님이 계셔서 우리를 다스리시고 지배하시며 우리는 그분의 질서 하에서 살아가게 된다. 이를 '현재형 하나님나라'를 살아간 다라고 말한다. 이후 '이동(옮김, 딤후 4:6, 아날뤼시스)'이라는 '육신적 죽음(히 9:27)'을 통과한 후에는 미래형 하나님나라에서 부활체(고전 15:42-44)로 영생을 누리게 된다. 물론 그 천국에는 예수님의 재림 후 백보좌 심판을 통과해야만 들어갈 수 있으며 그리스도인들은 너끈히 신원(伸寃, Vindication, revenge, redress a grievance)을 통해 통과하게 된다.

한편 많은 그리스도인들이 혼란스러워하는 문제가 하나 있는데 우리가 죽는 날과 예수님의 재림의 날에 시간차가 존재하게 되는 경우이다. 예를 들어 만일 내가 오늘 죽었는데 예수님은 100년 뒤에 재림하신다면 그때까지 나는 '어디에서' '어떤 상태'로 있게 될까라는 것이다. 이에 대한 명확한 답을 얻지 못한다면 궁금증과 불안감이 엄습할 수밖에 없다.

이는 '육신적 죽음'에 대한 명확한 개념과 더불어 '죽음 이후의 상태와 상황'이 명료하지 않음으로 인한 일종의 딜레마(dilemma, 진퇴양난)이다. 그러다보니 결국 그리스도인에게 있어 가장 숭고한 예배인 '순교(殉敎, martyrdom)'에 대한 두려움이 엄습할 수밖에 없다.

이런 궁금증을 해결하려면 먼저 피조물인 인간의 시각, 판단, 상식과 창조주이신 전능하신 하나님은 완전히 다르다는 것(사 55:8-9)을 알아야 한다. 더 나아가 시공(時空, time and space)에 있어서 하나님은 초월하시는 분이심을 알아야 한다. 베드로후서 3장 8절의 말씀은 육신적 죽음 이전과 죽음 이후("주께는~")의 상황을 이해하는데 많은 도움을 준다.

"사랑하는 자들아 주께는 하루가 천 년 같고 천 년이 하루 같은 이 한

가지를 잊지 말라"_벧후 3:8

결국 우리의 육신적 죽음 이후에는 시공(時空)을 나누는 것 자체가 무의미하며 죽음과 동시에 시공은 하나가 됨을 알아야 한다.

"하루가 천 년 같고 천 년이 하루 같은."

그렇다면 예수님의 재림은 우리 각 개개인의 육신적 죽음과 동시에 일어나게 된다라는 것이다. 곧 내가 죽는 바로 그날이 부활의 그 순간이 되는 것이다. 각자의 죽는 날은 하나님의 주권 하에 있으니 우리가 잘 모르기는 하지만 확실한 것은 언제 죽든지 관계없이 바로 그날이 개개인에게 있어서 예수님의 재림의 날이며 바로 그날에 천국 곧 미래형 하나님나라에로 즉시 들어가게 된다라는 것이다.

그러므로 그리스도인들은 반드시 맞게 될 육신적 죽음과 그 죽음 이후를 걱정할 필요가 없다. 언제 죽든지 우리는 그 즉시 부활하여 미래형 하나님나라에의 입성과 영생을 누릴 수 있게 되기 때문이다. 이에 대한 분명한 확신을 가지게 되면 비록 육신적 연약함을 가졌다 할지라도 심지어는 인간적으로 보기에 무지막지하게 다가오는 '순교'라 할지라도 죽음과 부활, 영생에 대한 설레임을 가질 수 있게 될 것이다.

우리가 예수를 믿어 구원을 얻게 되면 우리 안에는 성령님이 내주하셔서 우리를 다스리신다. 앞서 언급했듯이 '현재형 하나님나라'이다. 이는 장소 개념이 아니라 주권, 통치, 질서, 지배 개념이다. 또한 예수를 믿는 즉시 영적 죽음에서 영적 부활이 되어 영생에 들어가게 된다. 이후 육신적 죽음을 통과한 후 곧 예수님의 재림 시에는 부활체로 부활(고전 15:42-44)하여 분명한 장소 개념인 '미래형 하나님나라'에 가서 영생을 누리게 된다.

　군이 사족(蛇足)을 달자면 미래형 하나님나라가 '장소'라고 하여 지금 불완전한 육신을 가진 우리가 살아가고 있는 3차원적 장소로만 생각하여서는 안 된다라는 점이다. 천국에 대한 정확한 '장소'에 대하여는 그저 잘 모른다고 해야 할 뿐이다. 그것이 겸손한 태도이다. 당연히 그때 가서 보면 분명하게 알게 될 것이다.

　결론적으로 예수님을 믿어 영적 죽음에서 살아나 영적 부활이 되면 그 즉시 현재형 하나님나라에서 영생을 누리는 것이 된다. 지금도 앞으로도 영생 가운데 하나님나라(현재형)를 누리다가 육신적 죽음(아날뤼시스) 이후에는 미래형 하나님나라에서 계속하여 영생을 누리게 된다. 결국 예수를 믿어 부활이 된 그리스도인들은 지금도 앞으로도 영원히 하나님나라에서 영생을 누리게 되는 것임을 알아야 한다.

　"예수께서 가라사대 나는 부활이요 생명이니 나를 믿는 자는 죽어도 살겠고 무릇 살아서 나를 믿는 자는 영원히 죽지 아니하리니 이것을 네가 믿느냐"_요 11:25-26

6 그리스도 예수 안에서는 할례나 무할례가 효력이 없되 사랑으로써 역사하는 믿음뿐이니라

　"그리스도 예수 안에서는 할례나 무할례가 효력이 없되"라는 말씀을 뒷받침하기라도 하듯이 바울은 디모데로 하여금 할례를 받게(행 16:3) 했고 디도에게는 할례를 의도적으로 받지 않게 했다(갈 2:3). 즉 '할례'는 '구원, 복음'에 있어서의 본질이 아님을 의도적으로 드러낸 것이다. 결국 이 구절은 유대주의적 율법주의를 공격하며 이신칭의(以信稱義), 이신득의(以信得義)를 강조한 것이다.

"사랑으로써 역사하는 믿음뿐이니라"는 말은 '구원자'이신 예수님(이에수스)만이 '성부하나님의 유일한 기름부음' 받은 자, 곧 그리스도(크리스토스) 메시야(마쉬아흐)이심을 알고 그분의 속량(대가 지불, 엑사고라조)에 대한 크신 그 사랑의 헌신을 '오직 믿음'으로 받아들여야만 구원이 된다라는 의미이다.

7 너희가 달음질을 잘 하더니 누가 너희를 막아 진리를 순종치 않게 하더냐

"너희가 달음질을 잘 하더니"에서의 '달음질'이란 모든 성도들의 유한된 한번 인생, 곧 그 연수가 길어야 70이요 강건하면 80이라도 그 연수의 자랑은 수고와 슬픔뿐이요 신속히 가니 우리가 날아가니이다라고 했던 시편(90:10) 말씀의 '직선 인생'을 가리킨다. 이를 가리켜 '달려갈 길(행 20:24, 딤후 4:7)"이라고 표현하기도 했다.

그리스도인들은 육신의 장막을 벗는 그날까지 누리게 되는 현재형 하나님나라에서, 내주하시는 성령하나님의 앞서가심(나하흐의 하나님), 함께하심(에트, 임마누엘의 하나님), 동행하심(할라크의 하나님) 속에 살아가게 된다. 그러므로 매사 매 순간의 '달음박질'이라는 일상의 삶으로서의 신앙생활조차도 게을리하지 말아야 할 것(고전 9:24, 행 20:24, 빌 3:14, 딤후 4:7)이다.

"누가 너희를 막아 진리를 순종치 않게 하더냐"에서의 '막다'에 해당하는 헬라어는 엥콥토[106](ἐγκόπτω)인데 이는 '방해하다'라는 뜻을 넘어 '의도적으로 경주자의 앞에 끼어들어 경주자로 하여금 그 달리던 방향에서 벗어나게 하다'라는 의미를 가지고 있다.

8 그 권면이 너희를 부르신 이에게서 난 것이 아니라

바울서신에서 "권면하다"에 해당하는 헬라어 단어는 파라칼레오 (παρακαλέω)가 주로 사용되었다. 그러나 이 구절에서는 파라칼레오 대신에 페이스모네[107](πεισμονή, nf)가 쓰였는데 특히 이 단어는 '좋은 의미'의 권면에는 쓰이지 않고 주로 '부정적인 의미'에 사용되곤 했다. 그렇기에 당연히 이 구절에서는 페이스모네(πεισμονή)가 쓰였던 것이다.

당시 유대주의적 율법주의자들은 '권면'이라는 가면을 쓰고 갈라디아 교인들을 미혹하기 위해 간사하게 '교묘한 술책'으로 권면(πεισμονή)을 했던 것이다. 이러한 권면은 "너희를 부르신 이" 곧 '하나님'의 말씀도 아니며 하나님의 뜻도 아님을 폭로하고 있는 것이다. 결국 그러한 권면 (πεισμονή)은 거짓전도자들의 거짓 속삭임일 뿐임을 드러내고 있다.

---

106   엥콥토(ἐγκόπτω, to cut into, impede, detain/(from 1722 /en, "in" and 2875 /kóptō, "cut") – properly, cut into (like blocking off a road); hinder (A-S) by "introducing an obstacle that stands sharply in the way of a moving object" (Souter); (figuratively) sharply impede, by cutting off what is desired or needed; to block (hinder))

107   파라칼레오(παρακαλέω, (a) I send for, summon, invite, (b) I beseech, entreat, beg, (c) I exhort, admonish, (d) I comfort, encourage, console/(from 3844 /pará, "from close-beside" and 2564 /kaléō, "to call") – properly, "make a call" from being "close-up and personal.")는 페이스모네(πεισμονή, nf, persuasion, conviction, a yielding to persuasion/ (a feminine noun derived from 3982 /peíthō, πείθω, "persuade") – used only of self-produced persuasion (Gal 5:8))로 쓰였다.

9 적은 누룩이 온 덩이에 퍼지느니라

이 구절에서 사용된 "적은 누룩이 온 덩이에 퍼지느니라"에서의 '적은 누룩'이란 비유는 그릇된 길로 행했던 고린도 교회의 모습(고전 5:6, 눅 12:1, 막 8:15)을 상징적으로 지적한 것으로 그들은 '도덕적 교만', '종교적 교만', '개인적 욕망과 탐욕', '불경건한 악'을 조금씩 점진적으로 일삼았다. 그러다가 종국적으로는 일상화되면서 점점 더 빈번하게 행하곤 하였는데 그러한 과정을 비유로 들어 '마치 적은 누룩이 온 덩이에 퍼지는 것 같다'라고 한 것이다.

"너희의 자랑하는 것이 옳지 아니하도다 적은 누룩이 온 덩이에 퍼지는 것을 알지 못하느냐"_고전 5:6

결국 이 구절은 지난날 그랬던 고린도 교회의 모습과 지금 갈라디아 교회에 '가만히 들어온' 유대주의적 율법주의자들의 점진적인 악한 영향력이 너무나 흡사한 것을 두고 비유로 한 말씀이다.

반면에 성경에는 비유적으로 '누룩의 확산적 성질'을 좋은 의미로 사용하기도 했다. 곧 천국 복음의 영향력, 변화력, 정복력 등등(마 13:33, 눅 13:20-21)이다.

"또 비유로 말씀하시되 천국은 마치 여자가 가루 서말 속에 갖다 넣어 전부 부풀게 한 누룩과 같으니라"_마 13:33

"또 가라사대 내가 하나님의 나라를 무엇으로 비할꼬 마치 여자가 가루 서 말 속에 갖다 넣어 전부 부풀게 한 누룩과 같으니라 하셨더라"_눅 13:20-21

10 나는 너희가 아무 다른 마음도 품지 아니할 줄을 주 안에서 확신하노라 그러나 너희를 요동케 하는 자는 누구든지 심판을 받으리라

"나는 너희가 아무 다른 마음도 품지 아니할 줄을 주 안에서 확신하노라"에서의 '아무 다른 마음'이란 '율법적 행위'나 '자기 의'로 인하여 '의롭다 칭함을 받아 구원에 이르게 된다'라는 유대주의적 율법주의자들에게 동조하는 마음을 가리킨다. 결국 그런 마음을 품지 않았을 것을 확신한다라는 의미이다.

"너희를 요동케 하는 자는 누구든지 심판을 받으리라"에서의 '너희를 요동케 하는 자'에 해당하는 헬라어 호 데 타라쏜 휘마스(ὁ δὲ ταράσσων ὑμᾶς, the one however troubling you)는 당시 '바른 복음의 진리'로부터 갈라디아 교인들을 유혹함으로 '바른 진리'를 거스리게 했던 '유대주의적 율법주의자 전체'를 지칭하고 있기에 단수(V-PPA-NMS)로 쓰였다(Alford, Meyer, Vincent).

11 형제들아 내가 지금까지 할례를 전하면 어찌하여 지금까지 핍박을 받으리요 그리하였으면 십자가의 거치는 것이 그쳤으리니

"내가 지금까지 할례를 전하면 어찌하여 지금까지 핍박을 받으리요"라는 말은 유대주의적 율법주의자들의 교활한 모함에 대한 반문적 성격의 대답이다. 그들은 바울이 유대인으로서 '할례법'을 중시(디모데에게 할례를 받게 했기에, 행 16:3)한다라는 거짓 소문을 퍼뜨렸다. 이에 대해 바울은 답하기를, '만약 정말 그랬다면 그들에게 왜 핍박을 받았겠느냐'라며 반문하고 있는 것이다. 결국 5장 6절의 '할례나 무할례나 그리스도 예수 안에서는 효력이 없다'라는 것을 강조하면서 할례는 구원의 조건이 아님을 분명히 하고 있는 것이다.

더 나아가 바울은 그들의 교활하고 교묘한 함정에 빠지지 말 것을 갈라디아 교인들에게 당부하고 있다. 동시에 유대주의적 율법주의자들을 향하여는 더 이상 거짓 계략이나 근거 없는 모함 등을 하지 말라고 소리 없는 일침을 가하고 있는 것이다.

"그리하였으면 십자가의 거치는 것이 그쳤으리라"는 말의 의미는 '십자가의 구속과 함께 율법적 행위로도 구원이 된다'라고 가르쳤다면 십자가를 전하는 일에 거치는 것(걸림돌)이 없었을 것이라는 말이다. 즉 그들과 적절하게 타협을 하였다면 복음과 십자가를 전하는 그 일에 그들과 충돌됨이 없이 훨씬 더 쉽게 전할 수 있었을 것이라는 의미이다.

그러나 바울은 그들과 전혀 타협함 없이 그리스도를 '오직 믿음'으로 구원을 얻는 십자가 보혈만이 '바른 진리'이며 '바른 복음'이라고 전했다. 그러자 저들(유대주의적 율법주의자들)은 거짓과 모함, 속임수와 교활한 혀놀림으로 바울이 전하는 그 '바른 복음의 진리'에 거침돌(덫을 놓아 버림, 올가미를 씌움)을 두어 핍박을 했던 것이다.

한편 "거치는 것"에서의 '거치다'에 해당하는 헬라어는 스칸달론(σκάνδαλον, nn, a stick for bait (of a trap), generally a snare, a stumbling block, an offense)인데 이는 동물을 잡는데 사용하는 '덫', '올가미'를 가리킨다.

12 너희를 어지럽게 하는 자들이 스스로 베어버리기를 원하노라

"너희를 어지럽게 하는(ἀναστατόω, 아나스타토오)[108]자들"이란 '거짓 선지자들'을 가리키는 것으로 10절의 '요동케 하는(ταράσσων) 자들'보다 의미가 훨씬 더 강한 것이며 이들의 정체가 바로 유대주의적 율법주의자들이라는 것이다.

"스스로 베어 버리기를 원하노라"에서의 '스스로 베어 버리다'에 해당하는 헬라어는 아포코프토[109](ἀποκόπτω)인데 이는 아포(ἀπό, form, away from)와 코프토(κόπτω)의 합성어로서 '끊어버리다, 제거하다'라는 의미이다.

한편 이 구절에서 언급한 '할례'의 본래 의미는 단순히 남자 성기의 끝 표피를 자르는 의식이지만 유대주의적 율법주의자들은 그 행위 자체를 대단히 중시했다.

그래서 바울은 그들을 향해 "스스로 베어버리기를 원하노라"고 하면서

---

108 '어지럽게 하다'의 헬라어는 아나스타토오(ἀναστατόω, to stir up, unsettle/(literally, "change standing from going up to down"; see the root, 450 /anístēmi) - properly, turn something over (up to down), i.e. to upset (up-set), raising one part up at the expense of another which results in dislocation (confusion); to unsettle, make disorderly (dis-orderly)) 이다.

109 아포코프토(ἀποκόπτω, I smite, cut off, cut loose; mid: I emasculate, castrate, mutilate myself.)이다. 이는 아포(ἀπό, form, away from)와 코프토(κόπτω, (a) I cut, cut off, strike, smite, (b) mid: I beat my breast or head in lamentation, lament, mourn, sometimes with acc. of person whose loss is mourned/properly, to cut; be incised (struck), resulting in severance ("being cut off"); (figuratively) to mourn (lament) with a cutting sense of personal, tragic loss, i.e. "cut to the heart.")의 합성어로서 '끊어버리다, 제거하다'라는 의미 이다.

'그렇게 중요한 의식이라면 차라리 성기 표피만 베어낼 것이 아니라 성기 자체를 베어버리라'고 하면서 조롱의 뜻으로 빈정거린 것이다.

13 형제들아 너희가 자유를 위하여 부르심을 입었으나 그러나 그 자유로 육체의 기회를 삼지 말고 오직 사랑으로 서로 종노릇 하라

이 구절은 5장 1절을 다시 반복하면서 좀 더 구체화하고 있는 말씀이다. 갈라디아서는 율법을 완성하신 예수 그리스도를 통해 진정한 자유함을 얻게 되었다라고 강조한다. 그렇기에 그리스도 예수는 "은혜 위에 은혜(요 1:16)"인 것이다.

"그 자유로 육체의 기회를 삼지 말고"라는 말은 복음을 통해 얻은 자유함으로 방종이나 육체적 쾌락, 죄의식의 상실로 나아가지 말고 오히려 '성도다운, 더욱더 절제된 생활이 필요하다'라는 것을 촉구한 것이다. 더 나아가 '바른 복음의 진리'를 깨달은 그리스도인의 삶의 중심은 '사랑'이기에 앞으로는 더욱더 '서로' 사랑할 것과 '먼저' 사랑할 것을 강조한 것이다.

"오직 사랑으로 서로 종노릇하라"에서의 '종노릇하다'에 해당하는 헬라어는 둘류오[110](δουλεύω)인데 이는 '종의 일을 하다'라는 의미로서 '성도 간에 서로 지녀야 할 섬김의 자세'에 대하여 말씀하고 있는 것이다.

---

110 둘류오(δουλεύω, to be a slave, to serve/(from 1401 /doúlos) - properly, to serve as a slave, having all personal ownership-rights assigned to the owner; (figuratively) to willingly give over the prerogative to be self-governing)

14 온 율법은 네 이웃 사랑하기를 네 몸 같이 하라 하신 한 말씀에 이루었나니

이 구절의 말씀(레 19:18)은 마태복음(19:19, 22:39)을 통해 예수께서 강조하셨던 말씀이기도 하다. '사랑'이라는 단어는 기독교인이 붙잡아야 할 최대강령 중의 하나이다. 요한일서 3장에는 '사랑'에 대해 구체적으로 말씀하고 있다. 문제는 사랑의 대상인 '이웃'에 대한 '범위'이다.

'누가 내 이웃인가'

사랑하는 자만 사랑한다면 무슨 소용이 있을까?

예수님은 그 '이웃'의 범위에 대해 원수까지에로 확대하셨다(마 5:43-48). 그렇다고 하여 '원수'의 범위가 적그리스도 곧 '사마귀(사단, 마귀, 귀신)'까지도 포함해야한다는 것은 아니다. '원수'의 범위는 지금 나를 힘들게 하고 괴롭히는 그 사람까지를 말한다. 왜냐하면 혹시라도 그들 중에는 '카데마이(ἐπὶ τοὺς καθημένους ἐπὶ τῆς γῆς, 계 14:6)'가 있어 '복음을 통해 훗날 돌아오게 될지도 모를 사람'이 포함되어 있을 수 있기 때문이다.

한편 예수의 사도(보내심을 받은 자, 아포스톨로스, ἀπόστολος)였던 바울은 로마서(10:12)를 통해 그 '이웃'을 '이방인까지' 포함시켰다.

"유대인이나 헬라인이나 차별이 없음이라 한 주께서 모든 사람의 주가 되사 저를 부르는 모든 사람에게 부요하시도다"_롬 10:12

15 만일 서로 물고 먹으면 피차 멸망할까 조심하라

이 구절에서는 '바른 복음의 진리'를 받아들인 그리스도인들의 책임있는 삶의 자세(태도)를 조건문으로 강조하고 있다.

"물고 먹으면"에 해당하는 헬라어는 다크네테 카이 카테스디에테(δάκνετε καὶ κατεσθίετε)인데 이는 '맹수들이 먹이를 두고 서로 싸우는 모습'을 가리킨다. 이는 마치 그리스도인들이 사랑을 잃게 되자 서로 격렬하게 싸우며 분쟁하는 모습을 연상시키고 있다. 소아시아 일곱 교회 중 에베소 교회(계 2:4)가 처음 사랑을 잃어버린 후 일어났던 모습이기도 하다. 오늘날 한국교회 안에서 일어나는 이념 논쟁, 세대 갈등, 남녀 갈등, 직분 갈등 등등 여러가지 분쟁으로 인해 마구 싸우는 모습과 흡사하다. 드물게는 교회 내의 문제를 사회 법정에까지 가지고 가서 서로서로 고소하고 고발하는 모습과 같다.

지난날 친구 변호사가 했던 말이 뼈아프게 다가온다. 자신은 교회 내의 송사라든지 목사, 장로 간의 송사만큼은 절대 다루지 않는다라고 하면서 혀를 내두르곤 했다.

"목사와 장로의 싸움은 무섭다. 서로를 사단이라고 한다. 그들은 싸우는 동안 내내 일말의 화해도 없었고 상대에 대한 용서도 내보이지 않았다. 전혀 양보가 없었다. 상대 중 어느 한 편이 죽어야 비로소 그 싸움이 끝이 났다. 세상 사람들은 술 한잔으로 풀기도 하는데……."

제발, 교회 내의 문제를 교회 밖으로 끌고 나가지 말라. 혹시라도 싸우려거든 교회 안에서 오랜 기간 동안 기도하며 상식적으로 싸우길 바란다.

꼭 싸우려거든,

코람데오(Coram Deo)를 의식하며…….

16 내가 이르노니 너희는 성령을 좇아 행하라 그리하면 육체의 욕심을 이루지
아니하리라

　"너희는 성령을 좇아 행하라"는 것은 예수 그리스도를 구세주로 믿은 (성령 세례) 후 세례(십자가 보혈로 죄 씻음, 영접, 연합 즉 하나 됨, 신앙고백)를 받고 이후 내 주(內住)하시는 주인 되신 성령님을 따라 살되 성령 충만(온전한 주권 이양, 통치, 질서, 지배 하에 살아감)함으로 살아가라는 의미이다.

　여기서 "좇아 행하라"에 해당하는 헬라어는 페리파테오[111](περιπατέω) 인데 이는 '두루 다니다, 머물러 있다'라는 의미로서 "성령을 좇아 행하라"는 것은 '성령의 주권과 지배, 통치 하에 머물라', '성령님의 질서 하에서만 두루 행하라'는 말이다. 이와 동일한 의미로 고린도전서(7:17, 20, 24)에서는 '행하라, 지내라, 거하라'고 말씀하셨다. 이는 '그렇게 걸어가라, 그렇게 행하며 지내라, 그분 안에서 행하며 거하라, 그렇게 인내하고 견디며 살아가라'는 의미이다.

　결국 주인(주권자) 되신 성령님의 '통치'와 '질서', '지배' 하(下)에 살아가라는 말로서 곧 '성령충만 하라'는 의미이다.

　"육체의 욕심을 이루지 아니하리라"에서의 '육체의 욕심'에 해당하는 헬라어는 에피뒤미안 사르코스(ἐπιθυμίαν σαρκὸς)인데 이는 '인간의 죄성'

111　페리파테오(περιπατέω, I walk, hence Hebraistically (in an ethical sense): I conduct my life, live/(from 4012 /perí, "comprehensively around," which intensifies 3961 /patéō, "walk") - properly, walk around, i.e. in a complete circuit (going "full circle"))

에서 나오는 탐욕으로 인한 '악한 욕망(the desire of the flesh)'을 가리키는 것으로 성령의 인도하심과는 정반대 방향으로 나아가는 것을 가리킨다. 그렇기에 '바른 복음의 진리'를 벗어나 '율법적 행위'로 자기 의를 이룰 수 있다고 하면서 그렇게 율법을 고집하며 살아가는 것 자체가 육체의 욕심을 따라 사는 것이라는 의미이다.

17 육체의 소욕은 성령을 거스리고 성령의 소욕은 육체를 거스리나니 이 둘이 서로 대적함으로 너희의 원하는 것을 하지 못하게 하려 함이니라

이 구절은 로마서 7장 18-25절의 말씀을 요약한 것으로 우리의 마음 가운데 매사 매 순간 일어나는 '영적 싸움'의 성격에 대해 설명하고 있는 것이다. 로마서에서는 그런 우리를 가리켜 "곤고한 사람(롬 7:24)"이라고 칭하고 있다. 한편 '곤고하다'의 헬라어는 탈라이포로스[112]($\tau\alpha\lambda\alpha i\pi\omega\varrho o\varsigma$, adj)인데 이는 '빨래를 짤 때 중앙에 끼여있는 내가 양 끝에서부터 조여오는 압박 때문에 힘들어하고 괴로워하는 상태'를 가리킨다.

한편 이 구절에서의 "육체의 소욕"과 "성령의 소욕"은 서로 상반(相反)되는 말이다. '소욕'이란 '욕심'이라는 말로서 '소원' 혹은 '역할'이라는 말로 번역되기도 하나 여기서는 '과도한 욕망, 넘치는 욕구'를 의미하고

---

112 탈라이포로스($\tau\alpha\lambda\alpha i\pi\omega\varrho o\varsigma$, adj, distressed, wretched, afflicted, miserable/(an adjective, derived from **talaō**, "to bear, undergo" and **pōros**, "a callous," J. Thayer) - properly, wretched (beaten-down) from continued strain, leaving a person literally full of callouses (deep misery) - describing a person with severe side-effects from great, ongoing strain (significant hardships)

있다. 티모시 켈러(Timothy Keller, 미 목사, 신학자, 기독교 변증가)는 좋은 것을 과도하게 욕망하다 보면 결국은 과장과 허세로 빠져 오히려 '육체의 소욕'에 더 빠질 수 있다라며 경고하기도 했다.

"육체의 소욕은"에서의 '육체'란 '하나님의 생기(성령님)가 떠난 상태(창 2:7, 6:3)'를 가리킨다. 사무엘상 15장 18절에서는 "죄인 아말렉"이라고 표현했는데 이는 '하나님을 떠난(대적하는) 모든 상태'를 고유명사(固有名詞, a proper noun)화하여 '죄인 혹은 육신'이라는 의미로 사용한 것이다. 결국 '육체', '죄인', '육신', '아말렉'은 모두 다 같은 의미를 가지고 있다.

신실하시고 좋으신 하나님은 영적 죽음 상태의 인간들에게 예수 그리스도를 통해 그 육체(육신)에 생기(성령)를 주시마 약속하셨다(욜 2:28, 요 14:26, 20:22). 그리하여 때가 되매 예수님이 오셨고 십자가 대속죽음을 통해 모든 것을 다 이루신 후 부활 승천하셨다. 이후 예수 그리스도를 영접한 모든 이들의 마음 가운데 성령님이 임하셔서(내주성령) 온전한 주인이 되어주신다. 주인 되신 성령님은 그런 우리를 영원히 다스리신다(행 1:8, 16, 2:4, 33, 롬 7:17-25).

'육체의 소욕'에서의 '소욕'의 헬라어는 에피뒤메오[113]($\dot{\varepsilon}\pi\iota\theta\upsilon\mu\dot{\varepsilon}\omega$, v)인데 이는 에피($\dot{\varepsilon}\pi\dot{\iota}$, on, upon)와 뒤모스($\theta\upsilon\mu\dot{o}\varsigma$)의 합성어이다. 한편 '육체의 소욕'

---

113 에피뒤메오($\dot{\varepsilon}\pi\iota\theta\upsilon\mu\dot{\varepsilon}\omega$, v, I long for, covet, lust after, set the heart upon/from 1909 /epí, "focused on" intensifying 2372 /thymós, "passionate desire") - properly, to show focused passion as it aptly builds on (Gk epi, "upon") what a person truly yearns for; to "greatly desire to do or have something – 'to long for, to desire very much' " (L & N, 1, 25.12))는 에피($\dot{\varepsilon}\pi\dot{\iota}$, on, upon)와 뒤모스($\theta\upsilon\mu\dot{o}\varsigma$, an outburst of passion, wrath/(from thyō, "rush along, getting heated up, breathing violently," cf. J. Thayer) – properly, passion-driven behavior, i.e. actions emerging out of strong impulses (intense emotion))의 합성어이다.

혹은 '육을 따라 산다'라는 말은 '육의 지배' 곧 '죄와 불의, 사단의 지배를 받고 살아가는 삶'을 가리킨다. 그런 삶의 열매(쓴 뿌리)는 5장 19-21절에 언급된 15가지의 악들을 가리킨다. 곧 "음행, 더러운 것, 호색, 우상숭배, 술수, 원수를 맺는 것, 분쟁, 시기, 분냄, 당 짓는 것, 분리함, 이단, 투기, 술 취함, 방탕함" 등이다.

그렇게 '육을 따라 사는 자들'은 하나님의 택정(Election)된 자들이 아니기에 즉 '유기된 자들'이기에 미래형 하나님나라에 들어가지 못한다. 그렇다고 하여 그런 그들을 향해 '너희들은 죄가 너무 많아서 구원받지 못한 것이다'라고 해서는 안 된다.

구원받은 우리는 우리가 택정함을 입은 이유를 정확하게 알 수 없지만 하나님의 '오직 은혜'로 택정함을 입었기에 그저 감사할 것밖에 없다. 하나님의 하나님 되심에 찬양할 것밖에 없다. 이와는 달리 하나님의 작정(Decree)과 예정(Predestination) 속에 유기(Reprobation)된 자들은 매사 매 순간 죄에 대한 무감각함으로 인해 점점 더 육체의 소욕을 따라 살아가게 될 뿐이다.

한편 모든 그리스도인들의 내면에는 두 가지 성품(롬 7:21-25)이 존재한다. 이는 이상한 일이 아니다. 왜냐하면 모든 인간은 '이미 그러나 아직(Already~not yet)'의 상태에 있기 때문이다. 그러므로 모든 그리스도인들은 육체의 장막을 벗는 그 순간까지는 두 성품으로 인해 곤고함을 겪을 수밖에 없다. 이 둘은 매사 매 순간 서로 충돌하고 서로를 거스리며 서로 견제하고 서로를 제어하려 들기에 그리스도인들의 삶에서 '영적 싸움'은 불가피한 것이다.

그러므로 "육체의 소욕"과 "성령의 소욕"이라는 두 성품이 우리의 내면에서 심히 다툴 때 우리는 육신의 장막을 벗는 그날까지는 "죄와 싸우되 피 흘리기까지(히 12:4)" 싸워야 한다. 그러나 예수 재림의 그날 곧 마지막 그날에는 완성된 모습(롬 8:1-2, 고전 15:55-58, 42-44, 부활체)으로 신과 방불한 자(고전 15:44, 신령한 자)가 되기에 그런 내적 갈등은 없어지게 된다. 이후 미래형 하나님나라에서 삼위하나님과 더불어 영생을 누리게 될 것이다.

18 너희가 만일 성령의 인도하시는 바가 되면 율법 아래 있지 아니하리라

'율법'은 인간에게 죄와 사망의 굴레를 씌우지만 '하나님의 은혜의 복음'은 생명과 성령을 통해 자유함을 허락한다. 그렇기에 '바른 복음의 진리'를 받아들인 성도는 더 이상 율법의 굴레와 속박의 결과인 '죄와 사망의 법'에 있지 않고 '생명과 성령의 법'에 있게 된다. 로마서 8장 1-2절은 이런 사실을 반복하여 강조하고 있다.

"그러므로 이제 그리스도 예수 안에 있는 자에게는 결코 정죄함이 없나니 이는 그리스도 예수 안에 있는 생명의 성령의 법이 죄와 사망의 법에서 너를 해방하였음이라"_롬 8:1-2

19 육체의 일은 현저하니 곧 음행과 더러운 것과 호색과

"육체의 일"에 해당하는 헬라어는 에르가 테스 사르코스(ἔργα τῆς σαρκός, the works of the flesh)인데 여기서 '일'은 복수(N-NNP)로 쓰였다. 육체를 따라 살아가는 인간 군상들의 다양한 패역의 모습들을 복수로 사용한 것이다.

"현저하니"의 헬라어는 파네로스(φανερός, adj, apparent, clear, visible, manifest; adv: clearly)인데 이는 '눈에 띄게 공공연히 드러나다'라는 의미이다. 결국 육체의 소욕을 따라 살아가면 그 열매는 현저하게 눈에 띄게 된다라는 것이다.

"음행과 더러운 것과 호색과"라는 것은 '인간의 성적(性的)인 죄악들'을 의미한다. 비슷하나 미묘한 차이가 있는데 다음과 같다.

"음행"의 헬라어는 포르네이아[114](πορνεία, nf)인데 이는 '율법에서 규정 짓고 있는 성적 부도덕(부도덕하고 불법적인 성관계, 간음, 간통 등)'을 말한다.

"더러운 것"의 헬라어는 아카다르시아[115](ἀκαθαρσία, nf)인데 이는 '부정(깨끗하지 못한 성적 범죄)', 즉 '광범위한 성적 죄악'을 포괄하는 것으로 '내면과 외면의 모든 성적인 죄'를 총칭한 것이다.

"호색"의 헬라어는 아셀게이아[116](ἀσέλγεια, nf)인데 이는 '극한 방탕'으로 인한 '극단적인 성적 부패나 퇴폐 행위' 혹은 성적 죄악을 행하고도

---

114 포르네이아(πορνεία, nf, fornication, whoredom; met: idolatry/(the root of the English terms "pornography, pornographic"; cf. 4205 /**pórnos**) which is derived from **pernaō**, "to sell off") – properly, a selling off (surrendering) of sexual purity; promiscuity of any (every) type)

115 아카다르시아(ἀκαθαρσία, nf, uncleanness, impurity/(from 1 /A "not" and 2513 / **katharós**, "clean because unmixed, pure") – ritual impurity, caused by leprosy, open infection, child birth, touching a corpse, etc)

116 아셀게이아(ἀσέλγεια, nf, licentiousness, (outrageous conduct, conduct shocking to public decency, a wanton violence), wantonness, lewdness/(from **aselgēs**/"brutal") – properly, violent spite which rejects restraint and indulges in lawless insolence (wanton caprice))

전혀 부끄러워하지 않는 태도 즉 '죄악을 탐닉하는 태도'를 가리킨다.

20 우상 숭배와 술수와 원수를 맺는 것과 분쟁과 시기와 분냄과 당 짓는 것과 분리함과 이단과

"우상숭배와 술수"는 불신앙(불신, 불의)의 죄, 불경건(바른 예배를 드리지 않는 것)의 죄 곧 '종교적 범죄'를 말한다.

"우상숭배"의 헬라어는 에이돌로라트레이아[117](εἰδωλολατρεία, nf)인데 이는 에이돌론(εἴδωλον, nn)과 라트레이아(λατρεία, nf)의 합성어이다. 즉 '우상숭배'란 '하나님 외 다른 피조물을 섬기거나 다른 형상을 만들어 하나님처럼 신격화하여 섬기는 모든 행위(롬 1:23)'를 말한다. 헬라의 다신교(多神敎, polytheism)의 영향이 컸으며 이방교회들 특히 고린도 교회가 가장 경계해야(고전 10:14-22)할 부분 중 하나였다.

"술수"의 헬라어는 파르마케이아[118](φαρμακεία, nf)인데 이는 원래 '약을 제조하다'라는 의미로서 우상에게 제사드릴 때 마술, 술책, 제반 미신 행위를 통해 병을 낫게 하던 것을 가리키던 말이다. 곧 '사람을 속이거나 해롭게 하는 마술 행위'를 가리킨다.

---

117 에이돌로라트레이아(εἰδωλολατρεία, nf, image worship, service (worship) of an image (an idol))이다. 이는 에이돌론(εἴδωλον, nn, an image (for worship), by implication a false god)과 라트레이아(λατρεία, nf, service rendered to God, perhaps simply: worship/ (from 3000 /latreúō, "render sacred service") - sacred (technical) service)의 합성어이다.

118 파르마케이아(φαρμακεία, nf, the use of medicine, drugs or spells, magic, sorcery, enchantment/(from **pharmakeuō**, "administer drugs") - properly, drug-related sorcery, like the practice of magical-arts, etc. (A. T. Robertson))

"원수를 맺는 것"에 해당하는 헬라어는 에크드라(ἔχθρα, nf, yesterday, enmity, hostility, alienation/properly, enemy (hatred, hostility); enmity)인데 이는 복수로 쓰여있다. 왜냐하면 이 단어는 '여러 계층과 민족, 집단 사이에서 서로 적대감을 가지고 갈등을 유발하는 것들'을 가리키기 때문이다. 이는 '서로서로 미워하고 시기하다'라는 의미의 '반목(反目, antagonism between)'이라는 단어와 흡사하며 '원수나 적대관계'를 가리킨다. 반의어(反意語)는 '친구관계'이다. 한편 Lightfoot에 의하면 갈라디아 지역은 본래 켈트족(Celts, 프랑스 남부지방에 살던 유목민족으로 인도-아리아 계통)의 후예였기에 다른 지역보다 호전적이어서 이런 표현을 사용했다고 한다.

"분쟁"의 헬라어는 에리스[119](ἔρις, nf)인데 이는 '서로 원수를 맺는 행위'로 분쟁으로 인한 '다툼'이라는 단어가 늘 함께 붙어 다녔다. 당시 할례의 논쟁에서도 늘 '분쟁과 다툼'이 뒤따랐다.

"시기"의 헬라어는 젤로스[120](ζῆλος, nm, nn)이고 "분냄"의 헬라어는 뒤모스[121](θυμός, nm, 과도한 분노)이다. 가만히 보면 '시기와 분냄'은 원인과 결과

---

119 에리스(ἔρις, nf, contention, strife, wrangling/(a primitive word, NAS dictionary) - literally quarrel, strife; properly, a readiness to quarrel (having a contentious spirit), affection for dispute)

120 젤로스(ζῆλος, nm, nn, (a) eagerness, zeal, enthusiasm, (b) jealousy, rivalry, to have warmth of feeling for or against, to be zealous or jealous/(an omamopoeic term that mimics the sound of water bubbling over from heat and perhaps derived from 2204 /zéō, "to boil") - properly, burning emotion (inner feeling boiling over, "boiling from heat," J. Thayer); (figuratively) something very fervent ("red-hot") as with Spirit-fueled zeal to serve the Lord. This root (zē-) is used both negatively ("jealousy") and positively ("zeal") depending on the context)

121 뒤모스(θυμός, nm, an outburst of passion, wrath/(from thyō, "rush along, getting heated up, breathing violently," cf. J. Thayer) - properly, passion-driven behavior, i.e. actions emerging out of strong impulses (intense emotion), 과도한 분노)

의 관계임을 알 수 있다. 즉 '시기'란 자기 이기심의 충족을 이루기 위한 열심으로서 그 결과 '분(忿)'을 내게 되는 것이다.

"당 짓는 것"에 해당하는 헬라어는 에리데이아[122](ἐριθεία, nf)이다. 이는 '삯꾼'이라는 의미의 헬라어 에리도스(ἔριθος, it is derived from working for hire, a hireling; from the Maced. age down, a spinner or weaver, a worker in wool)에서 유래 되었다. 즉 '당 짓는 것'이라는 의미는 '논쟁의 객관성을 상실하고 자신 의 유익을 위해 한쪽에 치우쳐 줄을 서는 것'을 말한다. 지난 19대 정부 였던 2017-2022년까지를 되돌아보면 줄곧 5년 동안 대한민국의 정치 에서 벌어졌던, 무법(無法)을 자행하며 마치 영원히 자기들의 세상인 양하 는 무리들을 떠올리면 쉽게 이해할 수가 있다. '끼리끼리'의 정치, '패거 리' 정치, '그들만의 리그' 등이다.

"분리함"의 헬라어는 딕소스타시아[123](διχοστασία, nf)인데 이는 앞서 '당 짓는 것'의 결과로 나타나는 것이다. 즉 '자기가 속한 당파의 이익을 위 해 분쟁까지도(롬 16:17) 마다치 않고 일으키는 것'을 말한다. 작금의 '검수 완박(검찰수사권 완전 박탈)'이라는 무법과 탈법이 좋은 예이며 고린도 교회의 병폐였던 '분파(고전 1:12-13)'가 적절한 실례이다.

"이는 다름 아니라 너희가 각각 이르되 나는 바울에게, 나는 아볼로에

---

122 에리데이아(ἐριθεία, nf, (the seeking of followers and adherents by means of gifts, the seeking of followers, hence) ambition, rivalry, self-seeking; a feud, faction/(from **eritheuō**, "work for hire") - properly, work done merely for hire (as a mercenary), referring therefore to carnal ambition (selfish rivalry))

123 딕소스타시아(διχοστασία, nf), standing apart, dissension, division/(from dixa, "separately" and 4714 /**stásis**, "a standing, stance") - properly, separate-standings ("standing apart"), used of divisions which wrongly separate people into pointless (groundless) factions)

게, 나는 게바에게, 나는 그리스도에게 속한 자라 하는 것이니 그리스도께서 어찌 나뉘었느뇨 바울이 너희를 위하여 십자가에 못 박혔으며 바울의 이름으로 너희가 세례를 받았느뇨"_고전 1:12-13

"이단"의 헬라어는 하이레시스[124]($\alpha\tilde{\iota}\varrho\epsilon\sigma\iota\varsigma$, nf)인데 이는 '정통교리에 반하는 이단'이라는 의미 외에도 '자신들의 입장만 옳다고 주장하며 분쟁과 다툼을 일삼는 자들'을 동시에 일컫는 말이다.

참고로 '이단'과 '사이비'는 구별되어야 한다. '사이비'는 말 그대로 '가짜, 사기꾼'이라면 '이단'은 교리가 다른 것이다. 그러나 한국의 이단은 거의 다 사이비이기에 '이단=사이비'라는 등식이 성립된 것이다.

21 투기와 술 취함과 방탕함과 또 그와 같은 것들이라 전에 너희에게 경계한 것 같이 경계하노니 이런 일을 하는 자들은 하나님의 나라를 유업으로 받지 못할 것이요

"투기"의 헬라어는 프도노스[125]($\varphi\theta\acute{o}\nu o\varsigma$, nm)인데 이를 이해하려면 이와 비슷한 단어인 '시기'라는 단어와 구별해야 한다.

---

124 하이레시스($\alpha\tilde{\iota}\varrho\epsilon\sigma\iota\varsigma$, nf, choice, opinion, a self-chosen opinion, a religious or philosophical sect, discord or contention/(a feminine noun derived from 138 /hairéomai, "personally select, choose") – properly, a personal (decisive) choice. 139 /haíresis ("a strong, distinctive opinion") is used in the NT of individual "parties (sects)" that operated within Judaism. The term stresses the personal aspect of choice – and hence how being a Sadducee (Ac 5:17) was sharply distinguished from being a Pharisee (Ac 15:5; 26:5))

125 프도노스($\varphi\theta\acute{o}\nu o\varsigma$, nm, envy, a grudge, spite/(a primitive word, perhaps akin to 5351 /phtheírō, "decay, break-down, corrupt") – properly, strong feeling (desire) that sours, due to the influence of sin; (figuratively) the miserable trait of being glad when someone experiences misfortune or pain)

'시기(猜忌, ζῆλος, nm, nn, (a) eagerness, zeal, enthusiasm, (b) jealousy, rivalry)'가 '타인을 질시하고 멀리하는 것'이라면 '투기(妬忌, (φθόνος, nm)'는 시기보다 '훨씬 더 적극적인 행동'을 가리킨다. Hendriksen은 아벨에 대한 가인의 그 행동은 '투기의 결과'라고 했다.

"술 취함(잠 23:35, 31:5, 엡 5:18)"에 해당하는 헬라어는 메데(μέθη, nf, deep drinking, drunkenness)인데 이는 '지나친 폭음'을 의미한다. 그렇기에 '지나친 폭음'의 결과 이성이 상실되어 판단력과 진리에 대한 바른 분별력이 사라져버려 '바른 복음의 진리'에서 멀어짐으로 하나님나라를 유업으로 받지 못하게 된다.

"방탕"의 헬라어는 코모스[126](κῶμος, nm)인데 이는 '술에 취해 마구 떠들고 무절제하게 행동하는 것'으로 '술 취함과 방탕'은 당시 헬라 세계에 있던 이방종교의 축제에서 흔하게 관찰되었다.

"이런 일을 하는 자들은"에서의 '이런 일'이란 '음행, 부정, 방탕, 우상숭배, 술수, 반목, 다툼, 질투, 분노, 이기심, 분열, 분파, 시기심, 술취함, 환락' 등 육체의 소욕으로 생기는 15가지 악을 가리킨다. 그러나 악의 종류는 셀 수 없이 많기 때문에 상기 15가지 외에도 인간의 모든 악들은 다 요약할 수가 없을 정도이다.

상기 15가지의 악들은 다시 4개의 범주로 나눌 수 있다.[127] 3개의 성적

---

126 코모스(κῶμος, nm, a feasting, reveling, carousal, a village festival/(originally, village-merrymaking that took place at the gathering of the grapes, Souter) - a riotous party (drunken feast) which hosted unbridled sexual immorality; hence, revelings (debauched "partying"))

127 갈라디아서(Rhetoric of 'Ethos' and 'Pathos', 이레서원, 최갑종, 2016, p592

인 악(음행, 부정, 방탕), 2개의 종교적인 악(우상숭배, 술수), 공동체를 파괴시키는 8개의 사회적인 악(반목, 다툼, 질투, 분노, 이기심, 분열, 분파, 시기심), 2개의 무절제한 악(술 취함, 환락)이다.

바울은 이에 대해 '하나님나라를 유업으로 받지 못할 죄'라고 강한 어조로 경고(엡 5:5, 고전 6:9-10, 마 5:20, 7:21, 18:3, 19:23-24, 막 9:47, 10:15, 눅 18:17, 25, 요 3:5)함과 동시에 '영생을 얻지 못하게 될 죄'라고 엄중하게 경고하고 있다(마 19:29, 막 10:17, 눅 10:25, 18:18, 요 3:16, 5:24).

이는 얼핏 상기의 15가지 악을 행하면 구원을 받지 못한다는 잘못된 판단을 할 수가 있으나 로마서 8장(31-38절)은 "그 어떤 죄도 우리를 그리스도 예수 안에 있는 하나님의 사랑에서 끊을 수 없느니라"라고 분명하게 말씀하셨음을 기억해야 한다. 굳이 사족을 달자면 그렇다고 하여 죄를 지어도 괜찮다는 말은 아니다.

한편 로마서 8장은 얼핏 갈라디아서 5장 21절과 모순이 되는 듯 보인다. 그러나 "이런 일을 하는 자는"에서의 '하는'에 해당하는 헬라어 프라쏜테스(πράσσοντες, V-PPA-NMP, doing)를 찬찬히 묵상하면 전혀 모순이 아닌 것을 알 수 있다.

왜냐하면 '하는'이라는 것은 '지속적으로 행하는', 즉 성령님의 통치 하에 있지 않은 '불신앙을 가진'이라는 의미이기 때문이다. 그렇기에 상기의 구절은 로마서 1장 18절, 히브리서 3장 18-19절의 '불경건(순종치 않음)이나 불의(불신, 믿지 아니함)"를 말하는 것이다. 결국 불신자(예수를 믿지 않는 자, 유기된 자)는 당연히 하나님나라를 유업으로 받지 못 하게 되는 것이다.

22 오직 성령의 열매는 사랑과 희락과 화평과 오래 참음과 자비와 양선과 충성과 23 온유와 절제니 이같은 것을 금지할 법이 없느니라

19절의 "육체의 일(행위)"에 해당하는 헬라어는 에르가 테스 사르코스(ἔργα τῆς σαρκός, the works of the flesh)로서 '일'이 복수(N-NNP)로 쓰였다. 반면에 "성령의 열매"에 해당하는 헬라어는 카르포스 투 프뉴마토스 에스틴(καρπὸς τοῦ Πνεύματός ἐστιν, the fruit of the Spirit is)으로 '성령의 열매'가 단수로 쓰였다. 결국 육과 관련해서는 '일들(τὰ ἔργα, the works)' 곧 '행위들'을 복수로 강조하고 있으나 성령과 관련해서는 '열매(Ο καρπὸς, the fruit)'를 단수로 대조하고 있음에 주목해야 한다.

'성령의 열매'는 인간적 노력의 결실이 아닌 성령하나님의 사역적 속성으로서 '한' 인격(그렇기에 단수로 쓰임) 안에 온전히 갖추어야 할 '9가지 신(神)의 성품'을 말한다.

특별히 성령의 열매는 하나님의 성품으로 예수 그리스도 안에서 한 지체 된 형제 자매들을 자발적으로 서로서로 '먼저' 섬기며 서로서로 '먼저' 나누라고 주신 것이다. 오해하지 말아야 할 것은 '성령의 열매' 곧 '9가지 신(神)의 성품'은 우리가 노력한다고 하여 계발되는 것은 아니며 더 나아가 본인이 감당하고 짊어져야 할 사역(고역, 苦役, backbreaker)으로서의 성품도 아니라는 것이다.

성령의 9가지 열매는 아가페(ἀγάπη)인 사랑(Love)과 카라(χαρά)인 희락(Joy), 화평(Peace)인 에이레네(εἰρήνη), 인내(Patience)인 마크로뒤미아(μακροθυμία), 자비(Kindness)인 크레스토테스(χρηστότης), 양선(Goodness)

인 아가도쉬네(ἀγαθωσύνη), 충성(Faithfulness)인 피스티스(πίστις), 온유 (Gentleness)인 프라우테스(πραΰτης), 절제(Self-control)인 엥크라테이아 (ἐγκράτεια)를 말한다. 앞서 15가지 악을 네 범주로 나눈 것처럼 성령의 열매도 세 그룹으로 나눌 수 있다.[128]

먼저 '사랑, 희락, 화평'은 인간의 내면적인 '마음'에 해당하는 것이다. 반면에 인간관계에 영향을 미치는 '자질'에 관한 것으로는 '인내, 자비, 양선'을 들 수 있다. 마지막으로 '행동'을 일으키는 원리로는 '충성, 온 유, 절제'를 들 수 있다(마음-)자질(성품)-)행동(습관화, 생활화)).

이중 '사랑'이 성령의 열매 중 가장 으뜸되는 덕목(고전 13:13)인 바 이는 고린도전서 13장(4-7절)에 기술되어 있는 사랑의 15가지 특징과 상통하 는 말씀이다.

"사랑은 오래 참고 사랑은 온유하며 투기하는 자가 되지 아니하며 사 랑은 자랑하지 아니하며 교만하지 아니하며 무례히 행치 아니하며 자기 의 유익을 구치 아니하며 성내지 아니하며 악한 것을 생각지 아니하며 불의를 기뻐하지 아니하며 진리와 함께 기뻐하고 모든 것을 참으며 모든 것을 믿으며 모든 것을 바라며 모든 것을 견디느니라"_고전 13:4-7

"그런즉 믿음, 소망, 사랑, 이 세 가지는 항상 있을 것인데 그 중에 제 일은 사랑이라"_고전 13:13

---

128 갈라디아주석, 이레서원, 최갑종 지음, 2016, p595-596

24 그리스도 예수의 사람들은 육체와 함께 그 정과 욕심을 십자가에 못 박았느니라

"육체와 함께 그 정(情)과 욕심을"에서의 정(情)의 헬라어는 파데마[129] ($\pi\acute{\alpha}\theta\eta\mu\alpha$, nn)인데 이는 '열정', '고난(롬 8:18)' '괴로움(골 1:24)'을 의미하는 말로서 '욕심보다 훨씬 더 강렬한 욕망'을 의미한다. 또한 "욕심"의 헬라어는 에피뒤미아($\grave{\epsilon}\pi\iota\theta\upsilon\mu\acute{\iota}\alpha$, nf, desire, eagerness for, inordinate desire, lust)인데 이는 '과도한 욕심', '지나친 욕심', '탐욕'을 말한다.

결국 '정과 욕심' 혹은 '정욕과 탐심'은 자족(自足)하지 못하고 세상 방식을 부러워할 뿐만아니라 세상의 가시적인 것에 최고의 가치를 두고 그것에 따라 우선순위를 두고 살아가는 인간의 탐욕을 말한다. 그로 인한 악한 열매들이 상기 언급한 15가지 '육체의 소욕'들이다.

결론적으로 그리스도 예수의 사람들은 자신들의 육체와 함께 "그 정과 욕심"을 십자가에 못 박아야 한다. 동시에 그리스도인들은 2,000년전 예수님과 함께 그 십자가에서 죽었다. 그리하여 '육체의 소욕'이나 '죄'에 대하여는 죽은 자이기에 아예 반응하지 않고 살아가야 한다. 그렇더라도 영적 싸움에 임하면 물러서지 말고 당당하게 피 흘리기까지 싸워야 한다. 예수와 함께 다시 살아나 '그리스도 안에서 새로운 피조물'이 되었다 할지라도 아직은 'already~not yet'이기 때문이다.

---

129 파데마($\pi\acute{\alpha}\theta\eta\mu\alpha$, nn, that which befalls one, a suffering, a passion/(a) suffering, affliction, (b) passion, emotion, (c) an undergoing, an enduring/(from 3958 /pásxō, "the capacity to feel strong emotion, like suffering") – properly, the capacity and privilege of experiencing strong feeling; felt, deep emotion, like agony, passion (ardent desire), suffering, etc)

영적 싸움의 대상은 다음과 같다.

먼저는 우리의 '옛 사람과 죄의 몸(롬 6:6)'과의 한판 싸움이다. 사실 우리는 2,000년 전 예수님과 함께 십자가에 못 박혔다가 예수님의 부활과 더불어 다시 살아났다. 이후 그리스도인들은 새 사람으로 살아가기는 하나 'already~not yet'이기에 계속 반복하여 넘어질 수 있다. 그래도 다시 일어서야 한다. 그리하여 자신의 육신적 제한된 몸을 '죄의 종노릇'이 아닌 '의의 종노릇'으로 살아가야 한다.

둘째는 '자기 자아(갈 2:20)'나 '육체의 정욕과 안목의 정욕과 이생의 자랑(갈 5:24, 6:12-14, 요일 2:16, 벧후 1:4)', '이 땅의 일과 소망', '소욕(빌 3:18-20) 등 지나친 탐심이나 탐욕', '자신의 죄(벧전 2:24)', '세상 지혜(고전 1:20, 잔 머리, 권모술수)', '세상의 영(고전 2:12)', '세상의 염려(고전 7:32-34)', '세상의 초등 학문(갈 4:3, 9)', '세상 풍속이나 더러움(엡 2:2, 벧후 2:20)', '세상과의 교제(약 4:4)' 등등과의 한판 싸움이다.

이 모든 것들 또한 2,000년 전 예수님이 십자가에 달리셨을 때 우리와 함께 못 박혔다. 이후 우리는 그런 것들이 다시 내 속에서 꿈틀거릴 때마다 당당하게 대적함으로 몸부림을 쳐야 한다.

이때 몸부림은 우리가 하지만 힘과 능력은 성령님으로부터 옴을 잊지 말아야 한다.

성령님의 힘과 능력을 원하는가?

그렇다면 우리 안에 주인으로 계시는 성령님의 '생명의 성령의 법' 아래로 들어가 그분의 통치와 질서, 지배 하에서 즐겨 순종할 것을 권한다.

25 만일 우리가 성령으로 살면 또한 성령으로 행할지니

이 구절에서는 "너희가"가 아닌 "우리가"라는 말을 사용함으로써 바울 자신을 먼저 포함시키면서 동시에 지체들에게는 설득력있는 권면과 더불어 최고의 해결책을 제시하고 있다.

"성령으로 살면"이라는 것은 '성령님을 주인으로 모시고 살기로 결단했다면'이라는 의미이다.

"성령으로 행할지니"에서의 '행하다'에 해당하는 헬라어는 스토이케오 [130] (στοιχέω)인데 이는 '행렬을 지어 걸어가다'라는 의미이다. 즉 주인 되신 성령님이 앞서 가시면 그 뒤를 따라 묵묵히 걸어가면서 순종함으로 살아가라는 의미이다.

결국 이 구절은 내주하시는 성령님께 온전한 주권을 드리고 그분의 통치, 질서, 지배 하에서 주신 소명과 사명에 따라 매사 매 순간을 알차게 충성되게 살아가라는 말이다.

26 헛된 영광을 구하여 서로 격동하고 서로 투기하지 말지니라

"헛된 영광"의 헬라어는 케노독사스[131](κενόδοξας, adj)인데 이는 케노스

---

130 스토이케오(στοιχέω, to be in rows, to walk by rule/(from stoixos, "a row, line, or rank") - properly, walk in line, in strict accordance to a particular pace ("stride"); walk in cadence, "keep in step.")

131 케노독사스(κενόδοξας, adj, vainglorious, boastful/(from 2756 /kenós, "empty" and 1391 /dóksa, "glory") - properly, empty glory, i.e. self-deluded conceit driven by personal

(κενός, adj)와 독사(δόξα, nf)의 합성어이다. 여기서 '헛된 영광'이란 '하나님의 영광을 가로채는 교만' 혹은 '빈 영광, 허무한 영광'이라는 의미로서 신기루(蜃氣樓, mirage)같은 헛된 것(illusion, 환상)을 말한다. 곧 그리스도인들은 신기루 같은 빈 영광을 추구하지 말고 하나님의 영광을 가로채는 교만을 범치 말라는 의미이다. 한편 '헛된 영광'은 장차 성도들이 누리게 될 그날의 '찬란한 영광, 영원한 영광'과 대조되어 있다.

"격동하다"의 헬라어는 프로칼레오마이(προκαλέομαι, to call forth, challenge, I provoke, stimulate, challenge, call out)인데 이는 '불러내어 결투를 청하다'라는 의미이다. 소위 선의의 경쟁(competition in good faith or good will)이 아닌 약육강식(弱肉强食, the law of the jungle) 속의 불의의 경쟁(an unexpected competition)을 가리킨다.

"서로 투기하지 말지니라"에서의 "투기(φθόνος, 프도노스)는 앞서 21절에서 언급했듯이 시기(猜忌, ζῆλος, nm, nn, (a) eagerness, zeal, enthusiasm, (b) jealousy, rivalry))보다 훨씬 더 타인을 질시하고 멀리하는, 보다 더 적극적인 악한 행동을 가리킨다.

"delusions of grandeur"; "groundless conceit" (A-S); boasting "where there is nothing to boast about; . . . empty pride or conceit, mere pretentiousness" (F. F. Bruce, Commentary on Galatians, 257). It is only used in Gal 5:26)는 케노스(κενός, adj, properly, empty, void; hence, worthless ("null"), amounting to zero (of no value, profit)/(a) empty, (b) met: empty (in moral content), vain, ineffective, foolish, worthless, (c) false, unreal, pretentious, hollow)와 독사(δόξα, nf, opinion (always good in NT), praise, honor, glory, (from dokeō, "exercising personal opinion which determines value") - glory. 1391 /dóksa ("glory") corresponds to the OT word, kabo (OT 3519, "to be heavy"). Both terms convey God's infinite, intrinsic worth (substance, essence))의 합성어이다.

괴짜의사 Dr. Araw의
쉽고 바르게 읽는 갈라디아서 장편(掌篇) 강의, 개정판

예수 믿음과 하나님의 계명을 붙들라

레마 이야기 6

내 몸에
예수의 흔적을 가졌노라

예수님은 우리를 '대신하여(휘페르)' 모진 고난뿐만 아니라 온갖 모욕과 고초, 핍박과 수난 등 우리의 질고(疾苦 혹은 병고(病苦))와 슬픔을 당하셨다. 이사야서는 이렇게 말씀하고 있다.

"그가 찔림은 우리의 허물을 인함이요 그가 상함은 우리의 죄악을 인함이라 그가 징계를 받음으로 우리가 평화를 누리고 그가 채찍에 맞으므로 우리가 나음을 입었도다"_사 53:5

나는 상상한다. 우리의 주인 되신 예수님의 '이마와 머리'에 우리를 대신하여 쓰셨던 뾰족하게 돌출된 날카로운 가시관으로 인한 선명한 자국을…….

흔적 곧 스티그마[132](στίγμα, nn)이다.

2,000년 전(前) 십자가에 함께 못 박혔던 예수쟁이인 우리 또한 동일하게 '이마와 머리'에 그 스티그마를 갖고 살아간다. 그렇기에 '이마와 머리'에 예수님의 흔적과 동일한 스티그마를 가진 그리스도인이라면 '이상한 생각'이나 '머리로 죄를 지으려는 생각'과는 의도적으로라도 단호히 싸워야 한다. 곧 마음과 생각으로 죄를 짓지 않기 위해 피 흘리기까지 싸워야 하는 것이다.

나는 상상한다. 우리의 주인 되신 예수님의 '가슴과 등'에 우리를 대신하여 맞으셨던 5갈래로 나뉘어진 악랄한 채찍질로 인한 선명한 자국을…….

흔적 곧 스티그마(στίγμα, nn)이다.

당시 로마 군병의 채찍은 극에 달할 정도로 잔인했으며 악랄하고 가혹했다. 다섯 갈래로 나누어진 가죽 채찍 끝에는 날카로운 쇳조각이나 뼈조각이 붙어있었다. 그러다 보니 채찍을 내리치면 몸에 착 달라붙었다. 이후 채찍을 당기면 그때마다 날카로운 것에 의해 살조각은 사정없이 떨어져 나가곤 했다. 우리 인체의 '등과 가슴' 쪽은 살이 얇은 데다가 그 아래에는 갈비뼈가 있다. 그 뼈 바로 아래에는 두 겹의 늑막(parietal & visceral

---

132 스티그마(στίγμα, nn)는 a mark or brand/properly, a brand mark burned into the skin; (figuratively) "holy scars" that go with serving Jesus as Lord (used only in Gal 6:17)/στ -γματα, marks)이다.

pleura)이 있는데 그 사이에는 음압(negative pressure)이 존재하는 공간이 있다. 바깥쪽 늑막이 찢어지면 곧장 대기압(大氣壓, atmospheric pressure)에 의해 폐가 쪼그라들어버린다. 그때의 고통은 이루 말로 표현하기 힘들다. 예수님은 바로 우리를 '대신하여' 그렇게 채찍을 맞으셨고 그런 고통을 겪으셨던 것이다.

"그가 채찍에 맞으므로 우리가 나음을 입었도다"_사 53:5

2,000년 전(前) 십자가에 함께 못 박혔던 예수쟁이인 우리 또한 동일하게 '가슴과 등'에 그 스티그마를 갖고 살아간다. 그렇기에 '가슴과 등'에 예수님의 흔적과 동일한 스티그마를 가진 그리스도인이라면 그 '가슴'에 누군가에 대한 원한(怨恨)을 품고 살아서는 안 되는 것이다. 또한 우리의 '등'을 안락하고 쾌적한, 따스한 곳에 기대며 세상과 적당하게 타협하고 살아가는 것도 곤란하다. 오히려 예수님의 그 흔적을 가지고 있기에 우리의 '가슴'에는 예수 그리스도의 사랑을 품고 살아야 하며 '등'에는 상대가 지고가는 고되고 힘든 무거운 짐을 흔쾌히 나누어 질 수 있어야 한다.

나는 상상한다. 우리의 주인 되신 예수님의 '허리(옆구리)'에 우리를 대신하여 뾰족하게 돌출된 묵직하고도 날카로운 창으로 관통된 선명한 자국을······.

흔적 곧 스티그마(στίγμα, nn)이다.

당시 우리의 주인 되신 예수님은 우리를 대신하여 '허리'에 길고도 묵직한 창으로 찔림을 당하셨다. 우리는 부활하신 예수님의 그 '허리'에 선명하게 나 있는 깊은 창자국을 똑똑하게 보았다. 도마와 함께(요 20:27).

로마 군병이 들고 있던 그 창끝의 날카로움은 이루 말로 다할 수 없었다. 당시 건장한 신체의 훈련이 잘된 로마 군병은 있는 힘껏 예수님의 허리를 향하여 창을 들이 밀었을 것이다. 피터 폴 루벤스는, 그 창은 오른쪽 '허리'를 관통[133]하여 '횡격막(diaphragm)'을 거쳐 '심장(heart)'에까지 꽂혔을 것이라고 했다.

2,000년 전(前) 십자가에 함께 못 박혔던 예수쟁이인 우리 또한 동일하게 '허리(옆구리)'에 그 스티그마를 갖고 살아간다. 그렇기에 '허리(옆구리)'에 예수님의 흔적과 동일한 스티그마를 가진 그리스도인이라면 우리는 주님께 겸손하게 우리의 '허리'를 내어드려야 한다. 이는 마치 씨름에서 허리를 잡히게 되면 상대에게 곧장 패하듯이 우리는 예수님께만 '허리'를 내어드림으로 그분의 통치, 질서, 지배 하에 전적으로 순복(順服)함은 물론이요 나의 자아를 온전히 내려놓고 항복 선언을 해야만 한다.

나는 상상한다. 우리의 주인 되신 예수님의 '손과 발'에 우리를 대신하여 찔리셨던 길고도 뾰족한 대못으로 관통된 선명한 자국을…….

흔적 곧 스티그마(στίγμα, nn)이다.

당시 우리의 주인 되신 예수님은 우리를 대신하여 '손과 발'에 커다란 대못이 박히셨다. 바로 '나' 때문에……. 그로 인하여 주님의 손과 발에

---

133 피터 폴 루벤스(Peter Paul Rubens의 〈십자가에서 내려짐, Decent from the Cross, 1611-1614, 제단화, 안트베르펜 성모 마리아 대성당(Cathedral of Our Lady, Antwerp, 앤트워프 노트르담 성당), 벨기에〉 그림 참조

는 깊이 패인 선명한 못자국이 있다. 스티그마이다. 지금 있는 그 자리에서 잠시 눈을 감고 2,000년 전(前) 그 장소를 떠올려보라. 로마 군병의 손에 잡힌, 하늘 높이 올라갔다가 곧장 내리 꽂히던 그 망치의 하강에 따른 날카로운 쇳소리가 들리지 않는가? 나는 지금도 들리는 듯하며 생생하게 느껴지기도 한다.

그 두려움은 차치하고라도 엄청나게 굵은 대못이 손목과 발목을 관통할 때의 그 고통이란…….

정형외과 의사인 필자는 손목(wrist)의 정중앙에는 정중신경(median nerve)이, 그 좌우측 옆으로는 요골신경(radial nerve), 요골동맥(radial artery)과 척골신경(ulnar nerve), 척골동맥(Ulnar artery) 등등이 지나가는 것을 훤하게 알고 있다. 칼잡이(Orthopedic Surgeon)로서 이미 해부학은 철저하게 공부한 데다가 100여 차례 이상 신경접합술, 동맥문합술, 건 복원술을 경험하였기 때문이다. 또한 발목의 경우도 마찬가지이다. 엄지발가락과 다른 네 발가락 사이에는 심부 비골신경(Deep peroneal nerve)과 전 경골동맥(Anterior Tibial artery), 후방과 내측의 경골신경(Tibial nerve)과 후 경골동맥(Posterior Tibial artery), 그 분지인 비골동맥(Peroneal artery), 천 비골신경(Superficial peroneal nerve), 비복신경(Sural nerve) 등등이 있다.

이사야 53장 2절에 의하면 예수님은 "연한 순 같고 마른 땅에서 나온 줄기 같아서 고운 모양도 없고 풍채가 없었다"라고 되어있다. 그렇다면 당시의 굵은 대못은 손목을 지나고 있는 상기 세 신경과 그 해부학적 구조물들 모두를 건드렸을 것이다. 얼마나 아프셨을까? 또한 발목의 대못도 마찬가지이다.

2,000년 전(前) 십자가에 함께 못 박혔던 예수쟁이인 우리 또한 동일하게 '손과 발'에 그 스티그마를 갖고 살아간다. 그렇기에 '손과 발'에 예수님의 흔적과 동일한 스티그마를 가진 그리스도인이라면 우리는 그 '손'으로 아무 일이나 할 수 없고 더 나아가 그 손으로 아무렇게나 죄를 지을 수는 없다. 그 손으로 상대에 대한 폭력 행사는 더더욱 안되는 것이다.

갈 수 있다고 하여 그 '발'로 아무 곳에나 갈 수도 없다.

오로지 그 '손'으로 하는 모든 것에 주를 닮은 섬김이 있어야 한다. 오직 그 '발'은 복음과 십자가만을 자랑하는 아름다운 걸음이어야 할 것이다.

우리의 주인 되신 예수님과 동행하는 모든 곳에는 언제나 '스티그마타'가 존재한다라는 사실을 인식하고 예수쟁이인 우리는 해야할 것에는 보다 더 적극적으로 나아가고, 하지 말아야 할 것에는 최대한의 절제를 해야 할 것이다. 곧 우리의 신체 곳곳에는 그분을 닮은 스티그마타(στίγματα)가 있기에 '이럴 때 예수님이라면 어떻게 하실까'를 생각해야 한다라는 것이다.

예수님의 스티그마타(Stigmata, στίγματα, marks) 중 우리가 간과(看過, ignore, overlook)하기 쉬운 것에는 우리를 대신하며 겪으셨던 십자가 수난 전(前)의 온갖 종류의 멸시와 천대, 조롱, 비웃음, 침 뱉음, 뺨 맞음, 눈 가림 등등의 훨씬 더 가혹한 것들도 있다. 이는 어쩌면 십자가 처형보다 더 하면 더했지 결코 만만한 것이 아니었을 것이다. 사실 그것은 우리에게 있는 어떤 흔적들보다도 더 처절하리만치 가혹한 스티그마타(στίγματα, marks)일 수 있다. 그렇다면 예수쟁이인 우리 또한 세상 속에서 복음과 십자가로 살아가며 복음과 십자가만 자랑하다가 겪게 되는 비슷한 양상의 그 어떤 것에도 감사함으로 묵묵히 견뎌낼 수 있어야 한다.

"내 몸에 예수의 흔적을 가졌노라"_갈 6:17

이제 갈라디아서 장편(掌篇) 주석, 개정판 〈예수 믿음과 하나님의 계명을 붙들라〉의 마지막 장에 이르렀다. 전체 개요와 함께 앞선 부분들을 한 번 더 반복함으로 상기하고자 한다.

갈라디아서란 헬라어로 프로스 갈라테스(πρός Γαλάτης, sg, Γαλάται, pl, to Galatians)인데 이는 '갈라디아인들에게'라는 의미로서 남 갈라디아 지역에 흩어져 있던 여러 교회들에게 보낸 회람서신(回覽書信)으로 워낙 논쟁적이기에 '우뢰(雨雷, thunder) 서신'이라는 별명이 붙었다.

사도 바울의 1차 전도여행(AD 46-48)에 있어서 남 갈라디아 지역의 대표적 도시는 비시디아 안디옥(Antioch of Pisidia), 이고니온(양의 가슴, Iconium), 루스드라(양무리, Lystra), 그리고 마지막 기착지인 더베(Derbe) 등이었다. 이후 수리아 안디옥에 돌아와 재충전(AD 48-50)을 하던 중 남 갈라디아 지역으로부터 들려왔던 소식에 마음 아팠다. 그리하여 바울은 '바른 복음'에 대한 애정과 열정을 담아 수리아 안디옥 교회에서 갈라디아서를 기록한 후 발송함으로 '다른 복음'을 좇고 있던 갈라디아 지역의 여러 교회 교인들에게 다시 '바른 복음'으로 돌아오라고 호소했던 것이다.

예수를 믿어 구원을 얻은 모든 그리스도인들은 복음인 듯 보이나 성경이 말하지 않는 다른 구원자(요 14:6, 행 4:12)를 말하거나 성경이 전하지 않는 다른 구원 방법(율법적 행위 등 자기의 의를 첨가하는 행위종교 등)을 전하는 것에는 긴장해야 한다. 그것은 결코 '바른 복음'이 아니라 '다른 복음'이기에 바싹 경계해야 한다. 우리 그리스도인들에게는 '오직 말씀(Sola Scriptura)'뿐이며 '십자가 보혈(Blood on the Cross)'을 통한 '오직 예수(Solus Christus)', '오직 성령(Solus Spiritus)', '오직 믿음(Sola Fide)', '오직 은혜(Sola Gratia)'일 뿐이다. 그리하여 오직 하나님께만 영광(Soli Deo Gloria)돌릴 뿐이다.

갈라디아서는 전체 6장 149구절로 되어있는 간결하면서도 논쟁적인 책이며 유대주의적 율법주의자들을 향한 강력한 경고를 담은 '우뢰 서신'이다.

1장 1-9절에서 바울은 자신의 사도권(사도직)에 대한 신적기원(神的基源, 하나님의 권위)을 강조하며 하나님과 예수 그리스도로 말미암아 사도가 되었음을 천명하였다. 이어 1장 11-12절에서는 자신이 전했던 '바른 복음'에 대한 신적기원(神的基源, 하나님의 권위)을 강조하며 사도로서 자신이 전한 복음만이 지극히 정당하다(1:11-2:21)라고 주장했다. 그러면서 자신이 전한 '바른 복음'으로 다시 돌아올 것과 예수 그리스도의 은혜를 통해 불러주셨던 하나님의 은혜를 너무나 쉽게 떠나버린 갈라디아 교인들(1:6)에게 다시 제자리로 돌아와 바른 '복음의 진리(갈 2:16)'를 따라 살 것을 촉구(2:14, 4:12-6:10)했다.

1장 10절에서는 적어도 그리스도의 종(그리스도인)이라면 사람의 눈치를 보지 않고 하나님의 눈치를 살펴야 하며 사람의 기쁨을 구하는 것이 아니라 하나님만을 기쁘게해야 함을 강조하였다. 그런 태도가 바로 '참된 그리스도인' 곧 '그리스도의 종'의 모습이라고 했다. 그러나 계속적으로 사람의 눈치를 살피게 되면 하나님을 기쁘시게 할 수도 없을 뿐만 아니라 그리스도의 종도 아님을 강력하게 경고하고 있다.

뒤이어 1장 13절에서는 자신의 출생 배경과 지난날의 잘못을 고백한 후 2장 21절까지 '사도직'과 '바른 복음'에 대한 변증(apologia)으로의 긴 이야기(narrative)를 서술하고 있다.

특히 1장 13-14절에는 바울이 회심(conversion, AD 35년)하기 전(前) 유대교(바리새파 중 힐렐학파, Hillel the Elder, BC 60-AD 20, 가말리엘 문하)에 열심일 때 하나님의 교회를 잔해하고 더 나아가 잔멸(행 8:3, 뤼마이노마이, λυμαίνομαι, v, I outrage, maltreat, corrupt, defile)하기까지 저질렀던, 방향이 한참이나 엇나갔던, 지나친 열심들(빌 3:5-6, 행 7:58-8:3)에 대해 아픈 마음과 회개하는 마음을 기술하였다.

1장 15절-16절 상반절에서는 바울 자신을 택정하고 부르신(소명, Calling) 성부하나님께서 그리스도 예수를 이방에 전하라는 사명(Mission)을 주신 것을, 16절 하반절-24절까지는 그 소명(Calling, 부르심)과 사명(Mission, 보내심)에 대한 '즉각적인 반응'으로 회심하자마자 3년(AD 35-38년)동안 다메섹에서 치열하게 복음을 전했던 일을 기술하고 있다.

2장에 들어가서는 1-10절에 바울의 예루살렘 방문에 대해 적고 있다. 그는 생전에 예루살렘을 5차례 방문(갈 1:18절 설명 참조)했는데 이곳은 그중 2번째인 바나바와 함께 디도를 데리고 그곳에 갔을 당시를 회상하고 있는 것이다. 이때에는 수리아 안디옥 교회가 헌신한 구제헌금을 가지고(행 11:28-29, 12:25) 예루살렘을 방문했다가 돌아왔다. 그 당시 예루살렘에서 바울은 자신이 지금까지 전했던 '복음에 대한 검증'과 '자신의 사도직에 대해 예루살렘 교회(베드로, 야고보, 요한)로부터 인정받았던 것'을 밝히고 있다.

2장 11-21절까지에는 수리아 안디옥에서 있었던 일을 기록하고 있다. 당시 신앙의 대선배격인 게바가 그곳을 방문했는데 그때 "복음의 진리를 따라 바로 행하지 아니함을 보고" 면전에서 책망했던 것을 적고 있다. 바울은 시간과 장소를 가리지 않고 '바른 복음의 진리'를 위해서라면 상대를 가리지 않았던 것이다.

그리하여 바울은 '바른 복음, 복음의 진리'를 강조하며 "사람이 의롭게 되는 것은 율법의 행위에서 난 것이 아니요 오직 예수 그리스도를 믿음으로 말미암는다(갈 2:16)"라는 것을 다시 힘있게 상기시켰다. 또한 그들에게 미혹되어 '다른 복음'에의 길에 서 있다면 그런 어리석은 판단과 행위에서 즉시 돌이키라고 외치고 있다.

그는 아브라함의 믿음을 예로 들면서 '아브라함의 믿음'이란 혈통(할례)에 의한 '아브라함으로 인하여(on account of Abraham)'가 아니라 하나님의 '여겨주신(허락하신, 주신, 객관적) 믿음'을 소유한 '아브라함과 같은 믿음 안에서(in Abraham)'의 택정함을 입은 자임을 강조했다. 이는 아브라함이 '(주신, 허락하신, 객관적)믿음'으로 복(선민, 믿음의 조상)을 받게 된 것이지 할례나 혈통등 '믿음의 행위(반응한, 고백한, 주관적 믿음)'로 유대인의 국부가 된 것이 아니라는 말이다. 더 나아가 '할례받은 유대인'이든 '할례 없는 이방인'이든 상관없이 누구든지 율법적 행위(롬 3:19-20)가 아닌 아브라함처럼 '택정함을 입은 모든 자들'은 동일하게 '믿음으로 의롭게 된다'는 것을 강조했다. 그러므로 3장 9절은 이렇게 결론을 내고 있다.

"그러므로 믿음(πίστις)으로 말미암은 자는 믿음(πιστός)이 있는 아브라함과 함께 복을 받느니라"_갈 3:9

상기 구절에는 '믿음'이라는 단어가 두 번 나온다. 앞의 '믿음'은 피스티스(πίστις)로서 만세 전에 하나님의 은혜로 택정된 자에게 때가 되면 주시는(허락하시는) 객관적 믿음을, 뒤에 나오는 '믿음(πιστός)'은 신실하시고 미쁘신 하나님께서 그렇다라고 여겨주시는 믿음을 말한다.

3장 11절에서도 반복하여 강조하고 있는 데 이는 하박국 2장 4절의 인용이다.

"또 하나님 앞에서 아무나 율법으로 말미암아 의롭게 되지 못할 것이 분명하니 이는 의인이 믿음(πίστις)으로 살리라 하였음이니라"_갈 3:11

"보라 그의 마음은 교만하며 그의 속에서 정직하지 못하니라 그러나 의인은 그 믿음(אֱמוּנָה, nf, 에무나, firmness, steadfastness, fidelity/from אָמַן, 아만, v, to confirm, support)으로 말미암아 살리라"_합 2:4

계속하여 3-4장에서는 바울 자신이 전했던 '복음의 진리' 즉 '바른 복음'의 정당성을 설파하고 있다. 이때 '율법과 언약(약속)', '약속대로 유업을 이을 자와 몽학선생(초등교사, 후견인과 청지기)', '자유하는 여인 사라와 계집종 하갈', '자유하는 여자의 아들(약속의 자녀) 이삭과 계집종의 자녀(육체을 따라 난 자) 이스마엘'을 비유로 들어 대조 비교하면서 갈라디아 교인들에게 하나님의 아들, 곧 오직 그리스도 예수 믿음과 하나님의 계명만을 붙들라고 했다. 동시에 "다시 약하고 천한 초등학문 곧 율법"으로 되돌아가 율법에 종노릇하도록 미혹하는 무리들인 유대주의적 율법주의자들에게는 강한 경고를 보내고 있다.

바른 복음, 복음의 진리 사도 바울	다른 복음, 거짓 복음 거짓 선지자 유대주의적 율법주의자
6대 언약(약속)	율법
약속대로 유업을 이을 자	몽학선생 (초등교사, 후견인과 청지기)
자유하는 여인 사라	계집종 하갈
자유하는 여자의 아들 (약속의 자녀) 이삭	계집종의 자녀 (육체을 따라 난 자) 이스마엘

특별히 4장에는 '누가 진정한 아브라함의 후손인가'라는 문제에 대해 선명하게 기술하고 있다.

4장 1-11절까지에는 '아들이라 할지라도 어린 시절에는 종의 지도와 보호 하에 지내야만 한다'라고 하며 '때'가 되어 장성해져야만 아들에로 의 신분이 온전히 회복되어 그때부터 비로소 진정한 유업을 이을 자가 된다라고 했다. 이는 당시 사회의 '교육에 대한 관습'을 알아야만 이해할 수가 있다. 당시 어렸을 때(15-25세경)에는 주인의 아들이라도 몽학선생인 후견인과 청지기의 지도와 영향력 아래에 있었다. 그러다가 '때'가 되면 비로소 유업을 이을 자가 되었다. 이를 비유로 들면서 '율법' 역시 때가 되기까지 곧 '예수 그리스도가 오시기까지'의 초등교사(몽학선생, 후견인, 청지기) 역할을 하는 것일 뿐임을 말씀하고 있다.

4장 12-20절에는 이전에 나와 막역한 관계에 있던 너희가 비록 지금 은 거짓 순회전도자에 의해 잠시 미혹되었다 할지라도 반드시 다시 돌아 올 것을 확신한다라고 하며 바울은 자신의 진심을 다해 갈라디아 교인들을 설득하고 있다.

마지막 4장 21-31절에는 사라와 하갈의 논증을 통해 율법의 행위를 지켜 구원(의롭게 됨)에 이르고자 하는 것은 그저 율법 아래 있고사 하는, 약속의 유업을 얻지 못하는, 육체를 따라 난 자 곧 계집종의 자녀일 뿐임을 강조하고 있다. 한편 '오직 믿음'으로 의롭게 되어 구원을 얻는 것은 율법에서 해방된, 유업을 얻을 약속의 자녀, 자유하는 여자의 자녀와 같다라고 말씀하고 있다.

사라-하갈의 비유적인 이야기에 대해 갈라디아에 갔던 거짓 순회전도자들인 유대주의적 율법주의자들의 관점과 관심, 바울의 구속사적 관점과 관심을 다음의 표를 통해 비교하면서 찬찬히 묵상을 하면 도움이 될 것이다. (다음 페이지 표 참고)

5-6장은 갈라디아서의 결론 부분으로서 '하나님의 백성으로서의 합당한 삶', 즉 '분명한 정체성'을 가지고 하나님의 '부르심과 보내심'을 따라 '살아가라(페리파테오, $\pi\varepsilon\varrho\iota\pi\alpha\tau\acute{\varepsilon}\omega$, 고전 7:17, 20, 24)'는 강한 권면을 담고 있다. 이를 네 부분으로 나누면 다음과 같다.

첫째는 5장 1-12절인데 '그리스도께서 우리로 자유케 하려고 자유를 주셨으니 이제 후로는 굳세게 서서 다시는 종의 멍에를 메지 말라'고 하셨다. 여기서 '종의 멍에를 메는 삶'이란 할례를 받음으로 다시 율법 아래로 들어가 율법 준수, 계명 준수, 절기 준수, 할례, 음식법, 제사법, 정결법, 나그네 환대법 등등 율법의 영향력 아래에서 율법에 얽매여 종노릇하며 살아가는 삶을 가리킨다.

사라(이삭) – 하갈(이스마엘)의 이야기	
유대주의적 율법주의자들 관점 거짓 순회전도자들의 관심	구속사적 관점 바울의 관심
아브라함의 첫째 아들인 이스마엘은 유업을 잇지 못했다. – 이방인의 조상이 됨 아브라함의 둘째 아들인 이삭은 유업을 이었다. – 그 이삭은 유대인의 조상이 됨	사라: 아브라함 아내이며 '택정함'을 입어 자유를 얻은 여인 이삭: 아브라함의 둘째 아들이나 '택정함'을 입어 유업을 이음 하갈: 아브라함 아내이나 '유기'되어 자유를 얻지 못한 여인(계집종) 이스마엘: 아브라함의 첫째 아들이나 '유기'되어 유업을 잇지 못함
유대교 중심의 정체성에 관심 (할례와 율법, 계명, 절기 준수, 제사법) 이방인을 향한 바울의 복음 : '이스마엘 계통의 복음'이라 치부함	이삭: 약속의 자녀, 하나님의 성령으로 난 사람(갈 4:29) 이스마엘: 육체의 자녀, 육신으로 난 사람 곧 하나님의 언약(약속)에 관심
창 21:10 "쫓아내라"를 오역 바울이 이방에 전했던 복음을 이스마엘, 하갈에 비유–이방 기독교라고 치부하며 쫓아내라고 속임 사라, 이삭, 유대인들, 유대주의자들, 모세율법, 시내산, 예루살렘, 예루살렘 모교회; 이들이 아브라함의 유업을 잇는 구속사의 합법적인 본류라고 주장	위에 있는 예루살렘; 하나님의 약속을 '믿음으로' 의지하는 모든 그리스도인들 (영적 이스라엘)의 참 어머니, 거룩한 성 새 예루살렘 지금 있는 예루살렘; 율법과 혈통을 중시하는 혈통적 유대인들의 어머니 예루살렘 모교회

바울이 전한복음:
1) 자유와 약속에 기초
   그러므로, 갈라디아지역의 이방교인 또한 약속의 자녀, 자유하는 여인의 후손들
   즉 영적인 아브라함의 후손임
2) 유대주의자들의 육신적 혈통과 인간적 전승에 기초한 것들
   모두 다 거짓임

결국 율법을 행함으로 의롭게 되는 것이 아니라는 것이다. 오히려 모든 그리스도인들은 율법을 주신 하나님의 본래 목적인 '생명을 살리기 위함(롬 7:10)'이라는 그 은혜에 감사하며 살아야 한다.

둘째는 5장 13-24절인데 '그리스도 예수의 사람들은 육체와 함께 그 정욕과 탐심을 십자가에 못 박은' 사람임을 기억하라고 하셨다. 즉 성령님을 주인으로 모시고 그분의 통치, 질서, 지배 하에서 살아가되 13-16절은 '자유와 사랑의 섬김'이라는 성도의 삶의 원리에 대해, 17-24절까지는 성령님의 지배를 따른 삶과 육을 따른 삶의 결과를 비교하며 제시한 후 왜 성령을 따라 살아야 하는지에 대해 말씀하고 있다.

셋째는 5장 25절에서 6장 10절까지인데 그런 너희는 성령님을 주인으로 모시고 살며 성령님의 통치 하에서 행하여야만 한다라고 말씀하고 있다. 그러므로 이제 후로는 전인적이고도 총체적 삶에 대해 성령님께 온전한 주권을 드리고 그분의 통치, 질서, 지배 하에서 순간순간의 인도함을 따라 성령의 풍성한 열매를 맺는 삶을 살아야 함을 강조하였다.

결언 부분으로서 마지막 넷째인 6장 11-18절까지를 가리켜 많은 학자들은 '갈라디아서 전체의 요약' 혹은 갈라디아서를 이해하는 '해석학적인 열쇠'라고 했다.[134] 즉 예수를 믿어 영적 죽음에서 영적 부활로 새 삶(영생)을 누리게 된 갈라디아 교인들에게 주인 되신 성령님의 통치 하에서 하나님의 백성다운 전인적이고도 총체적인 삶을 살라는 것이다.

오직 믿음의 바탕 위에서 현재형 하나님나라를 누리고 미래형 하나님

---

134 How 주석 42권, 갈라디아서 어떻게 설교할 것인가, p282, 305 재인용

나라에의 소망 곧 '입성과 영생'을 소유하고 예수 그리스도의 사랑을 실천하며 살라는 것이다.

참고로 갈라디아서의 결언 부분인 5-6장에 나타난 "하라(Do) 계명(미쯔바 아쎄, Mitzvot aseh, posirive commandments, 248)"과 "하지 말라(Do Not) 계명(미쯔바 로 타아쎄, Mitzvot lo taaseh, negative commandments, 365)"을 요약하면 다음과 같다.

'미쯔바(מצוות, Mitzvot)'란 율법학자에 의해 규정된 계율(commandments)인데 선행, 자선 행위, 바른 행동들에 관한 규정으로서 613계명(Hebrew: תרי"ג מצוות, romanized: taryag mitzvot, 타리야그 미쯔바, Gematria '타리야그'의 숫자값 613, (tav = 400, raish = 200, yud = 10, and gimel = 3))이 있다.

하라(미쯔바 아쎄) Mitzvot aseh **Doing Good**	하지 말라(미쯔바 로 타아쎄) Mitzvot lo taaseh **Do Not**
사랑으로 서로 종노릇하라(5:13) 성령을 좇아 행하라(5:16) 성령의 인도를 받으라(5:18) 자신을 돌아보라(6:1) 짐을 서로 지라(6:2) 그리스도의 법을 성취하라(6:2) 자기의 일을 살피라(6:4) 좋은 것을 함께 하라(6:6) 기회 있는 대로 착한 일을 하라(6:10)	율법에 매이지 말라(5:1) 멸망으로 이끄는 죄를 짓지 말라(5:15) 서로 격동하고 투기하지 말라(5:26) 시험받지 말라(6:1) 스스로 속이지 말라(6:7) 선을 행하다가 낙심하지 말라(6:9)

한편 대부분의 그리스도인들에게는 율법에 대한 혼동과 오해가 있다. 그것은 다름 아닌 율법에 대한 태도이다. 어떤 이는 그래도 율법을 지켜야 한다고 말하는가 하면 어떤 이는 율법을 지켜서는 안 된다고 말한다. 이를 필자의 개념으로 정리하면 다음과 같다.

전자의 경우 하나님의 은혜로 주신 '생명을 살리는' 율법에 대해 감사하며 아버지의 뜻(마음)을 잘 분별함으로 지금도 그 율법을 기억하고 기념하는 것이 필요하기에 율법을 버리지 말아야 한다라고 하는 것이다. 후자의 경우에는 율법적 행위를 통해 의롭게 되겠다고 하는 우(遇)를 범하지 말아야 한다라는 것이다.

결국 율법을 주신 하나님의 마음을 잘 알고 지금도 기념(기억)하며 지키되 그 율법만이 하나님의 계시라고 하면서 율법적 행위를 통해 의에 도달(유대주의적 율법주의)하려고 해서는 안 된다라는 것이다. 그렇다고 하여 예수님 오신 이후로 율법은 더 이상 필요 없다고 하면서 율법 폐기론이나 율법 무용론, 심지어는 반(反) 율법적, 무(無) 율법적 태도를 가지는 것도 아니라는 것이다. 이는 율법을 대하는 올바른 태도가 아니다.

율법에 대한 바울의 부정적인 뉘앙스의 입장과 긍정적인 뉘앙스의 입장을 성경을 통해 요약하면 다음과 같다.[135] 이는 율법은 긍정적이다라든지 부정적이다라고 하는 말이 아니다.

---

135 갈라디아서 주석, 이레서원, 최갑종, 2016. P410-411

율법을 바라보는 바울의 시각(view point)	
부정적인 뉘앙스(nuance)	**긍정적인 뉘앙스(nuance)**
의롭게 되는 것은 율법으로 주어지지 않는다. (갈 2:16, 21, 3:11, 롬 3:28)	율법은 신령한 것은 사실이다. (롬 7:12)
율법은 약속(언약)보다 후대에 주어졌으며 약속(언약)보다 열등하며 약속(언약)을 폐하지 못한다. (갈 3:15-23)	율법은 거룩하다. (롬 7:14)
율법은 죄를 깨닫게 할 뿐이며 죄를 해결하지는 못한다. (롬 3:20, 7:7-8, 고전 15:56)	율법은 진리와 지식의 근간이다. (롬 2:20)
율법은 사람을 저주와 사망에 이르게 한다. (롬 7:9-10)	하나님이 모세를 통해 신탁하셨던 율법은 본래 살리는 것, 곧 생명을 위한 것이다. (갈 3:12, 롬 7:10, 10:5)
율법은 그것을 지키지 못하는 자에게 저주를 가져온다(갈 3:21).	율법은 믿음을 통해 폐기되지 않고 오히려 확립(완성)된다(롬 3:31).
율법은 범죄와 죄를 가중시킨다. (갈 3:19, 롬 5:20, 7:5, 8-13)	율법은 사랑으로 계속 성취되어야 한다. (갈 5:14, 롬 13:8, 10)
율법은 생명을 가져다주지 못한다(갈 3:21).	율법은 성령의 열매와 반대되지 않는다(갈 5:23).
	율법은 생명과 성령의 법이다(롬 8:2).
	율법은 성취되어야 할 그리스도의 법이다(갈 6:2).
율법은 죄와 사망의 법이다(롬 8:2).	율법은 우리를 그리스도에게로 인도하는 몽학선생이다(갈 3:24).
율법에 대해 그리스도인은 죽었다(갈 3:21). -〉 율법으로부터 그리스도인은 해방되었다(갈 3:25, 5:1, 롬 7:6). ⇒ 그리스도는 율법의 마침(완성)이다(롬 10:4).	

율법(롬 5:13-20, 갈 2:16-21, 히 7:19-28)은 하나님의 은혜로 천사를 통해 모세라는 중보의 손을 빌려 인간에게 주신 것이다. 그리하여 인간은 그 율법을 통해 죄를 깨닫게 되었고 영원히 저주받을 죄인임을 자각하게 되었다. 이후 구원자이신 예수님의 '절대 필요성'을 알게 된 것이다. 그렇기에 율법은 죄인 된 인간을 예수님께로 인도하는 초등교사이다.

요한복음 1장 16절의 "은혜위에 은혜러라"는 율법을 주신 것도 하나님의 은혜이나 율법을 완성하신 은혜와 진리 가운데의 '예수 그리스도는 은혜 위에 은혜'라는 의미이다.

한편 옛 언약을 예표하는 율법과 예수 그리스도의 새 언약의 성격을 표(p69-70, 248)를 통해 비교하면 다음과 같다.[136]

옛 언약인 율법과 예수 그리스도 새 언약의 비교	
옛 언약(율법)	예수 그리스도의 새 언약
옛 계명(율법); 새 언약의 그림자 아담 언약, 노아 언약, 아브라함 언약 모세언약, 다윗언약	새 계명; 옛 언약(율법)의 실체 =예수 그리스도의 새 언약 1)성취-초림 2)완성-재림
시내산 (율법-율법적 행위로 구원) 모세의 율법	시온산 (약속-복음: 은혜, 믿음으로 구원) 예수 그리스도의 생명의 성령의 법
지상의 예루살렘 : 현세적, 현실적 유대인들	천상의 예루살렘 : 내세적, 미래형 하나님나라 소망
육체를 따라 난 자 : 혈통(선민)으로서의 유대인	약속을 따라 난 자 : 유대인이든 이방인이든 '오직 믿음'으로 구원
계집종의 아들 : 율법의 속박, 종노릇 죄와 사망의 법	자유하는 여인의 아들 : 복음으로 인간을 자유케 함 생명과 성령의 법
율법적 행위, 할례 속박, 멍에, 종 됨 저주, 죽음 육, 죄 세상의 초등원리	복음: 오직 믿음, 은혜, 약속 자유, 유업을 이을 자 생명, 삶, 복 영혼, 의, 그리스도, 성령 사랑의 원리
1)도덕법(moral law); 십계명 2)시민법(civil law); 유대인을 이방인과 구분하는 할례, 음식법, 유월절 3)제의법(ceremonial law); 번제, 소제, 화목제, 속죄제, 속건제 등	신약; 구약의 율법이 예수 그리스도에 의해 완성되었으나 여전히 신약교회 안에서도 유효함 (예)안식일→주일 할례→세례와 마음의 할례 성전법→성령의 전에 대한 제사→마음이 살아있는 제사(예배)로

---

136   갈라디아서 주석, 이레서원, 최갑종, 2016. p408

6-1 형제들아 사람이 만일 무슨 범죄한 일이 드러나거든 신령한 너희는 온유한 심령으로 그러한 자를 바로잡고 네 자신을 돌아보아 너도 시험을 받을까 두려워하라

"사람이 만일 무슨 범죄한 일이 드러나거든"에서의 '범죄한 일'에 해당하는 헬라어는 파라프토마[137](παράπτωμα, nn)이며 동사 파라핍토(παραπίπτω)에서 파생되었는데 파라(παρά, 아래로)와 핍토(πίπτω, 떨어지다)의 합성어이다. 곧 '아래로 떨어지다'라는 의미이며 '있어야 할 곳에서 벗어나 있는 상태'로서 '무의식적으로' 혹은 '육체의 연약함으로' 불법적 행위에 가담한 것(Hendriksen, Robertson)을 가리킨다.

"신령한 너희"란 '그리스도 예수의 사람들', '성령을 좇아 사는 사람들'을 가리킨다. 그런 성도 된 우리는 스스로 자중(自重, 말이나 행동, 몸가짐 따위를 신중하게 하다)해야 함은 물론이요 혹여라도 연약하여 어찌할 수 없어 범죄한 자를 대하여는 배척하지 말고 더 나아가 그러한 자를 온유한 심령으로 권면함이 마땅하다. 동시에 자신 또한 연약한 인간임을 알고 반면교사(反面教師, 부정적인 것을 보고 긍정적으로 개선할 때 그 부정적인 것을 지칭)로 삼아야 할 것이다.

"온유한 심령"에서의 '온유'에 해당하는 헬라어는 프라우테스

---

137 파라프토마(παράπτωμα, nn, a false step, a trespass, a falling away, lapse, slip/ (from 3895 /parapíptō, see there) - properly, fall away after being close-beside, i.e. a lapse (deviation) from the truth; an error, "slip up"; wrong doing that can be (relatively) unconscious, "non-deliberate.")는 파라핍토(παραπίπτω, (from 3844 /pará, "from close-beside" and 4098 /píptō, "to fall") - properly, fall away, after being close-beside; to defect (abandon))에서 파생되었으며 파라(παρά, 아래로)와 핍토(πίπτω, 떨어지다)의 합성어이다.

(πραΰτης, nf)[138]인데 이는 '잘 훈련된, 잘 절제된, 잘 다스려진, 잘 치유된'이라는 의미이다. "바로잡다"의 헬라어는 카타르티조[139](καταρτίζω)인데 이는 정형외과의사인 내게 익숙한 단어로서 '골절(Fracture)이나 탈구(Dislocation)된 뼈를 잘 맞추어(reduction) 원래의 자리로 회복하다'라는 의미이다. 결국 "온유한 심령으로 그러한 자를 바로잡고"라는 말은 주인 되신 성령님의 질서 하에서 잘 훈련되고 절제된 성숙한 각자가 되어 육체의 연약함으로 혹은 무의식적으로 범죄한 자들이 회복될 수 있도록 도와주라는 말이다.

"너도 시험을 받을까 두려워하라"는 것은 지체들에게 권면하다가 자칫하면 '교만'에 빠질 수 있음에 주의하라는 것이다. 그렇기에 마태복음 7장 3절에는 자신의 눈 속에 있는 들보는 보지 못하고 형제의 눈 속에 있는 티를 빼려 하는 우(愚)를 범하지 말라고 말씀하셨다.

"어찌하여 형제의 눈속에 있는 티는 보고 네 눈속에 있는 들보는 깨닫지 못하느냐 보라 네 눈속에 들보가 있는데 어찌하여 형제에게 말하기를 나로 네 눈속에 있는 티를 빼게하라 하겠느냐 외식하는 자여 먼저 네 눈

---

138   프라우테스(πραΰτης, nf, mildness, gentleness, humility/ praýtēs (compare 4236 / praótēs, another feminine noun which is also derived from the root pra-, emphasizing the divine origin of the meekness) - meekness ("gentle strength") which expresses power with reserve and gentleness/ For the believer, meekness (4240 /praýtēs, "gentle-force") begins with the Lord's inspiration and finishes by His direction and empowerment. It is a divinely-balanced virtue that can only operate through faith (cf. 1 Tim 6:11; 2 Tim 2:22-25)

139   카타르티조(καταρτίζω, to complete, prepare/(a) I fit (join) together; met: I compact together, (b) act. and mid: I prepare, perfect, for his (its) full destination or use, bring into its proper condition (whether for the first time, or after a lapse)/ (from 2596 / katá, "according to, down," intensifying artizō, "to adjust," which is derived from 739 / ártios, "properly adjusted") - properly, exactly fit (adjust) to be in good working order, i.e. adjusted exactly "down" to fully function)

속에서 들보를 빼어라 그 후에야 밝히 보고 형제의 눈속에서 티를 빼리라"_마 7:3-5

2 너희가 짐을 서로 지라 그리하여 그리스도의 법을 성취하라

이 구절은 그리스도의 법을 성취할 수 있는 '방법의 문제'를 거론한 것이 아니다. 오히려 그리스도인으로서 가져야 할 '바른 의식', '올바른 질서 확립', '삶의 원리'를 강조한 것이다. 곧 예수쟁이로서 내가 무엇을 하고 안 하고의 문제가 아니라 내가 예수님 앞에서 '어떤 존재로 살아가야 할 것인가'에 초점을 맞추라는 것이다.

"너희가 짐을 서로 지라"에서의 '짐'에 해당하는 헬라어는 바로스[140] (βάρος, nn)인데 이는 '한 사람이 쉽게 감당할 수 없는 무거운 짐'이라는 의미이다. 다른 성경에서는 '수고와 고통(마 20:12)', '중한 것(고후 4:17)'이라고 표현했다. 한편 "짐을 서로 지라"에서의 "지라"에 해당하는 헬라어는 바스타조(βαστάζω, to take up, (a) I carry, bear, (b) I carry (take) away)인데 이는 현재 능동태 명령법으로 '앞으로도 계속하여 지속적으로 지라'는 권면이다. 결국 예수 그리스도 안에서 한 피 받아 한 몸이 된, 지체된 이들의 '수고와 고통' 등등 '홀로 감당하기 어려운 짐'을 지금도 앞으로도 계속하여

---

140 바로스(βάρος, nn, properly, a weight; (figuratively) real substance (what has value, significance), i.e. carries personal and eternal significance/βαρύς, adj, (an adjective, also used substantively) – properly, heavy (weighty); (figuratively) what is grievous (burdensome), pressing down on a person with oppressive force. Such a grievous burden makes a person unable to function (enjoy free movement))

나누어 지라는 말이다.

"그리스도의 법을 성취하라"는 것은 '상대의 입장을 먼저 생각함과 동시에 상대의 상황을 내 입장으로 받아들이라'는 것이다. 결국 '그리스도의 법'이란 예수 그리스도께서 십자가 보혈을 통해 우리에게 보여주시고 가르쳐주신 '그 지극하신 사랑'을 가리킨다.

참고로 헤르만 리델보스(Herman Ridderbos)는 이 구절에서의 '그리스도의 법'을 가리켜 '모세의 법'이라고 해석했다. 왜냐하면 '사랑의 실천과 율법', '성령의 덕목과 모세의 율법'은 서로 모순되지도 반대되지도 않기 때문(5:14, 23)이라고 했다.

예수 그리스도는 율법을 폐하러 온 것이 아니다. 오히려 그 율법을 완성하러 오신 분이시다. 따라서 예수께서 오셔서 모세의 율법을 성취하셨다고 하여 그 율법을 폐하여야 한다는 것은 사실이 아니다. 율법이 '정죄의 법'인 것은 사실이나 그 율법을 통해 '생명의 성령의 법(롬 8:2)', '그리스도의 법(갈 6:2)'의 절대 필요성과 중요성을 알게 되었다. 그것이 바로 율법을 주신 하나님이 목적이었다. 결국 율법은 생명을 살리는(롬 7:10) 법이었던 것이다.

우리가 기억해야 할 것이 있다. 예수 그리스도를 믿는 그 '오직 믿음'의 '완전성, 충분성'으로 말미암아 구원이 확실히 보장된다고 할지라도 율법은 율법대로의 역할이 있다라는 것이다. 그러므로 믿음이 율법을 폐하는 것이 아니라 도리어 율법을 굳게 세우는 것이다.

"그런즉 우리가 믿음으로 말미암아 율법을 폐하느뇨 그럴 수 없느니라 도리어 율법을 굳게 세우느니라"_롬 3:31

3 만일 누가 아무 것도 되지 못하고 된 줄로 생각하면 스스로 속임이니라

이 구절은 스스로 대단한 존재라고 착각하거나 대단한 척하는 교만한 자들을 풍자하고 있는 말씀이다. 소위 '그릇된 진리, 다른 복음'을 전하는 '거짓 선지자들'을 향한 조롱의 말인 것이다.

"스스로 속임이니라"에서의 '속이다'에 해당하는 헬라어는 프레나파타오[141](φρεναπατάω)이며 명사 프렌아파테스(φρεναπάτης, nm)에서 파생되었는데 이는 프렌(φρήν)과 아파테(ἀπάτη, nf)의 합성어로서 '스스로 마음을 타락시키다'라는 의미이다. 곧 스스로를 '속임'의 결과 종국적으로는 자신이 멸망에 이르게 된다(잠 16:18, 약 4:6)는 것을 경고하고 있다.

4 각각 자기의 일을 살피라 그리하면 자랑할 것이 자기에게만 있고 남에게는 있지 아니하리니

141　프레나파타오(φρεναπατάω, I deceive the mind, impose upon/(from 5424 /phrḗn, "inner-outlook regulating behavior" and 538 /apatáō, "deceive by distorting") – properly, to act from a distorted perspective (warped sense of reality) which "redefines reality" (facts) – i.e. to fit one's self-deception (used only in Gal 6:3))는 프렌아파테스(φρεναπάτης, nm, self-deceiving, a deceiver, seducer/(from 5424 /phrḗn, "outlook from insignt" and 538 /apatáō, "deceive") – properly, deceivers, leading others into their delusions – especially exploiting those with a narrow mind (used only in Tit 1:10))에서 파생되었다. 이는 프렌 (φρήν, midriff, heart, intellect, thought, understanding/properly, "the midriff (diaphragm), the parts around the heart" (J. Thayer); (figuratively) visceral (personal) opinion; what a person "really has in mind," i.e. inner outlook (mind-set, insight) that regulates outward behavior)과 아파테(ἀπάτη, nf, deceit, deception, deceitfulness, delusion/a false impression, made to deceive or cheat – i.e. deceit motivated by guile and treachery (trickery, fraud))의 합성어이다.

"각각 자기의 일을 살피라"는 것은 1절에서의 '네 자신을 돌아보아 너도 시험을 받을까 두려워하라'는 말씀과 동일한 의미로서 현실에서 일어나는 실제적인 행동거지(行動擧止)들을 잘 점검하라는 것이다. 한편 "살피다"의 헬라어는 도키마조[142](δοκιμάζω)인데 이는 '금을 제련하는 과정 중 원석에서 순금을 뽑아내다'라는 의미로 이 단어의 형용사가 도키모스(δόκιμος)이며 동사 데코마이(δέχομαι)에서 파생되었다.

참고로 로마서 12장 2절에서는 '살피다'라는 말이 '분별하다'라는 의미로 번역되었다. 결국 "각각 자기의 일을 살피라"는 것은 원석에서 순금을 뽑아내듯 정교하게 자신의 일을 살피고 자신 주변에서 일어나고 있는 일들에 대해 '세미하게 분별하라', '자세히 살피라'는 말이다.

"자랑할 것이 자신에게만 있고 남에게는 있지 아니하리니"라는 것은 '자신에게는 엄격하고 타인에게는 관용하며 자신의 일거수일투족(一擧手一投足)에서 경거망동(輕擧妄動)하지 말라'는 것을 가리킨다. 곧 모든 그리스도인들은 죄와 싸우되 피 흘리기까지 싸운 것과 악에서 승리한 것에만 자랑하라는 것이다. 더 나아가 그것조차도 오로지 하나님의 은혜였음을 인정하고 찬양하며 모든 것은 순전히 하나님의 능력 덕분이었음을 흔쾌히 인정하고 자랑하는 것(고후 1:12)만이 그리스도인으로서의 마땅한 태도임을 알아야 한다라는 것이다.

"우리가 세상에서 특별히 너희에게 대하여 하나님의 거룩함과 진실함

---

142 도키마조(δοκιμάζω, I put to the test, prove, examine; I distinguish by testing, approve after testing; I am fit/(from 1384 /dókimos, "approved") - properly, to try (test) to show something is acceptable (real, approved); put to the test to reveal what is good (genuine))

으로써 하되 육체의 지혜로 하지 아니하고 하나님의 은혜로 행함은 우리

양심의 증거하는 바니 이것이 우리의 자랑이라"_고후 1:12

5 각각 자기의 짐을 질 것임이니라

6장 2절에서의 '짐'에 해당하는 헬라어 바로스(βάϱος)는 한 사람이 감
당할 수 없는 무거운 짐으로 '혼자 감당할 수 없어 서로 나누어져야 할
짐'을 가리킨다. 반면에 이곳 5절에서의 "짐"에 해당하는 헬라어는 포르
티온[143](φορτίον, nn)인데 이는 군인들이 행군 시 '자신이 홀로 감당해야 할
짐'을 말한다. 결국 2절과 5절을 통하여는 성도 각 개인이 각자에게 맡
겨진 일과 의무를 홀로 잘 감당하고 성실하게 수행해야한다라는 것이다.
동시에 나와 사역을 함께하는 상대의 짐까지도 기꺼이 나누어 질 수 있
어야 한다라는 의미이다.

6 가르침을 받는 자는 말씀을 가르치는 자와 모든 좋은 것을 함께 하라

이 구절에서는 "가르침을 받는 자"가 즐거움으로 동시에 자원함으로
'가르치는 자'와 더불어 '모든 좋은 것'을 함께할 것에 대해 말씀하고 있
다. 여기서 "말씀을 가르치는 자"라는 것은 당시 갈라디아 교회 내의 성

143　포르티온(φορτίον, nn, a burden; the freight of a ship/properly, a burden which must
be carried by the individual, i.e. as something personal and hence is not transferrable, i.e. it
cannot "be shifted" to someone else)

경교사나 전임사역자 혹은 순회전도자들을 가리킨다. 결국 그들에 대한 사례비와 일상 생활적 배려 즉 의식주와 복지에 대해 말씀하고 있는 것이다. 한편 "모든 좋은 것"이란 물질적인 요소(80%)뿐만 아니라 영적인 요소(20%) 둘 다를 내포(롬 15:27)하고 있다.

"저희가 기뻐서 하였거니와 또한 저희는 그들에게 빚진 자니 만일 이 방인들이 그들의 신령한 것을 나눠 가졌으면 육신의 것으로 그들을 섬기는 것이 마땅하니라"_롬 15:27

"모든 좋은 것을 함께 하라"에서의 '함께 하라'에 해당하는 헬라어는 코이노네오[144](κοινωνέω)인데 이는 '어려움을 같이 하라(벧전 4:13)', '영적으로 친교를 나누라(고전 1:9)', '물질을 통용하라(빌 4:15)' 등등 상기의 모두를 아우르는 말이다.

7 스스로 속이지 말라 하나님은 만홀히 여김을 받지 아니하시나니 사람이 무엇으로 심든지 그대로 거두리라

"하나님은 만홀히 여김을 받지 아니하시나니"에서의 '만홀히 여기다'에 해당하는 헬라어는 뮈크테리조[145](μυκτηρίζω)인데 이는 '코를 추켜올리는 행위'로서 상대를 '비웃고 조롱하고 경멸하다'라는 의미이다. 즉 율법

---

144 코이노네오(κοινωνέω, (a) I share, communicate, contribute, impart, (b) I share in, have a share of, have fellowship with/to participate (share in), as an associate ("partaker"))

145 뮈크테리조(μυκτηρίζω, to turn up the nose or sneer at/(from **myktēr**, "nose") – properly, to turn up the nose, turning away to sneer; (figuratively) mock, scornfully disdain (contemptuously reject))

적 행위를 통해 자기 의를 드러내는 것은 마치 '하나님의 은혜를 만홀히 여기는', '하나님을 비웃고 조롱하고 경시하는 태도'라는 의미이다.

"사람이 무엇으로 심든지 그대로 거두리라(마 7:1-2, 16, 눅 16:25)"는 것은 하나님의 성품 중 사랑과 공의의 속성 둘 다를 내포하는 말이다. 곧 사랑의 속성상 더 많은 것으로 거두되 30배, 60배, 100배의 결실이 될 것을 말한다. 반면에 공의의 속성이라는 것은 "콩 심은 데 콩 나고 팥 심은 데 팥 난다"라는 것으로 과정에 따른 심판을 의미한다. 이 구절에서는 '심판'의 의미가 훨씬 더 강하다.

한편 이 구절에서 가장 초점을 두어야 하는 말은 "그대로"라는 단어로서 여기에 이 구절의 방점이 있다.

As one sows, so shall he reap.

Every herring must hang by its own gill.

Garbage in, garbage out.

An onion will not produce a rose.

즉 사람이 무엇으로 심든지

'그대로'

거두게 되는 것이다.

참고로 아모스 5장 24절은 "오직 공법을 물같이, 정의를 하수같이 흘릴찌로다"라고 말씀하셨다. 여기서의 '공법'이란 쩨다카 곧 공의(צְדָקָה, nf, righteousness/צֶדֶק, nm, rightness, righteousness)라는 의미로서 '사랑'의 의미이다. 반면에 '정의'란 미쉬파트 곧 심판(מִשְׁפָּט, judgment)을 의미한다. 결국 인간사 모든 일에는 하나님의 공의 곧 하나님의 사랑이 물같이 흐르게 되며 그에 따른 하나님의 심판 또한 아랫 물인 하수같이 끊이지 않고 하나님의 때에 하나님의 방법으로 반드시 있을 것이라는 말이다.

8 자기의 육체를 위하여 심는 자는 육체로부터 썩어진 것을 거두고 성령을 위하여 심는 자는 성령으로부터 영생을 거두리라

"자기의 육체를 위하여 심는 자"가 가리키는 것은 5장 13, 16-17절의 '자신의 육체의 기회를 삼는 사람', '육체의 욕심을 부리며 살아가는 사람', '육체의 소욕대로 사는 사람"을 말한다. 이는 '유대주의적 율법주의자'들을 꼬집고 있는 말이다. 결국 그들은 "육체로부터 썩어진 것"을 거둘 뿐이다.

"썩어진 것을 거두고"에서의 '썩어진 것'에 해당하는 헬라어는 프도라 [146] (φθορά, nf)인데 이와 대조되는 헬라어 단어가 조엔(ζωὴν, 영생)이다. 전

---

146 프도라(φθορά, nf, corruption, destruction, decay, rottenness, decomposition/(from 5351 /phtheírō) – destruction from internal corruption (deterioration, decay); "rottenness, perishableness, corruption, decay, decomposition" (Souter))"이다. 이와 대조되는 단어가 "영생"인데 이의 헬라어는 조엔(ζωὴν, life, life (physical and spiritual). All life (2222 /zōḗ), throughout the universe, is derived – i.e. it always (only) comes from and is sustained by God's self-existent life. The Lord intimately shares His gift of life with people, creating each in His image which gives all the capacity to know His eternal life/αἰώνιον,eternal, αἰώνιος, adj, age-long, and therefore: practically eternal, unending; partaking of the character of that which lasts for an age, as contrasted with that which is brief and fleeting/ (an adjective, derived from 165 /aiṓn ("an age, having a particular character and quality") – properly, "age-like" ("like-an-age"), i.e. an "age-characteristic" (the quality describing a particular age); (figuratively) the unique quality (reality) of God's life at work in the believer, i.e. as the Lord manifests His self-existent life (as it is in His sinless abode of heaven). "Eternal (166 /aiṓnios) life operates simultaneously outside of time, inside of time, and beyond time – i.e. what gives time its everlasting meaning for the believer through faith, yet is also time-independent) 이다.

자(썩어진 것, 프도라, φθορά)의 경우 육체의 죄악을 따라 발생되어지는 '부패함, 타락함, 무가치함(고전15:42)'을 가리킨다. 이로 인해 결국 '영원한 멸망, 영벌, 둘째 사망, 영원한 죽음, 죽지도 않고 세세토록 밤낮 괴로움'을 당하게 될 것이다. 반면에 후자(영생, 조엔 아이오니온, ζωὴν αἰώνιον)의 경우 '죽음이 없는 영원한 삶', '삼위하나님과 더불어 미래형 하나님나라에서 그분 만을 찬양하며 경배하는 삶', '가치 있는 삶'을 누리게 될 것이다.

그러므로 이 구절에서 "썩어진 것"을 추구하게 되면 종말론적인 '멸망과 심판'에 이르게 된다. 그렇기에 이를 '버리라'고 한 것이다. 반면에 "성령을 위하여 심는 자"는 "성령으로부터" 종말론적인 '구원과 영생'에 이르게 된다. 그렇기에 계속 내주(內住)하시는 주인 되신 성령님의 통치와 지배, 질서 하에 머물라고 말씀하고 있는 것이다.

현재를 살아가는 인간의 삶은 장차 우리가 누릴 미래의 삶과 결코 무관하지 않다. 왜냐하면 종말론적인 미래의 삶은 오늘의 삶에서 시작되고 오늘의 삶으로부터 결정되기 때문이다. 결국 우리가 예수를 믿어 영적 죽음에서 영적 부활이 되면 그 순간부터 영생에 들어감은 물론이요 현재형 하나님나라를 누리는 것이며 육신적 '죽음'이라는 '이동, 옮김(아날뤼시스)'을 통해 미래형 하나님나라에서 영생을 계속하여 누리게 됨으로 지금부터 앞으로도 그리고 영원까지 영생을 누리게 되는 것이다.

영생(eternal life)이란 예수 그리스도 안에서 삼위일체 하나님과 함께 영원히 살아가는 것을 말한다. 그렇기에 그리스도인은 예수를 믿은 이후에는 그 즉시 영적 부활 상태가 되어 오늘의 삶이 미래의 삶으로 영원히 연결되게 된다. 이것이 바로 기독교의 신비(mystery)이다.

결국 예수를 믿은 후 이 땅(현재형 하나님나라)에서 유한된 한번 인생을 살다가 '육신적 죽음'을 당하게 되면 이후 즉시 부활체로 살아나(고전 15:42-44) 미래형 하나님나라에서 계속하여 영생을 누리게 된다. 이때 인간이라면 반드시 한 번은 맞게 되는(히 9:27) '육신적 죽음'은 단지 현재형 하나님나라에서 미래형 하나님나라에로의 '이동 혹은 옮김(ἀνάλυσις, nf, departure (from this life), 아날뤼시스)'일 뿐이다. 그리하여 예수를 믿은 즉시로 '영생'에 들어가게 되는 것과 육신적 죽음 후에 즉시로 부활체로 부활된다라는 그 오묘한 신비(μυστήριον, mystery, secret doctrine)를 알게 되면 비록 동일한 육신적 제한을 가진 인간이라 할지라도 예수쟁이인 우리에게는 '순교'라는 죽음이 훨씬 더 가깝게 느껴질 수가 있다.

9 우리가 선을 행하되 낙심하지 말지니 피곤하지 아니하면 때가 이르매 거두리라

"우리가 선을 행하되 낙심하지 말지니"에서의 '선을 행하되'에 해당하는 헬라어는 칼온 포이운테스(καλὸν ποιοῦντες, in well doing)이다. 결국 '선을 행하되 낙심하지 말라'는 것은 '윤리 도덕적'이면서 착하게 살아가는 '율법적인 행위'를 의미하는 것이라기보다는 '하나님의 은혜'로, '오직 믿음'으로 구원받았으니 돌발상황과 엄청난 환경이 몰려온다 할지라도 동요되지 않고 흔들리지 않으며 꿋꿋하게 살아가는 모습으로 해석함이 타당하다.

"선을 행하되"라는 것에서의 '선'이란 '예수, 그리스도, 생명' 곧 '복음'을 가리키는 것으로 '선을 행하되'라는 것은 '복음과 십자가로' 살아가고

'복음과 십자가만' 자랑하는 것을 말한다. 그렇기에 여기서 사용된 "선"의 헬라어는 칼로스[147](καλός, adj, 히 13:18)인데 이는 6장 6절과 10절의 "좋은 것", "착한 일"과 그 의미가 상통한다.

참고로 '좋은, 착한'의 또 다른 헬라어로가 아가도스(ἀγαθός, adj, 성령님께 지배되어진)이다. 예를 들면 '선한 양심(벧전 3:16, 3:21, 딤전 1:5)'의 헬라어는 아가덴 쉬나이데쉰(ἀγαθήν συνείδησιν/συνειδήσεως ἀγαθῆς)이다. 이는 성령님께 지배되어진 양심을 말한다.

그렇기에 상기의 두 단어(칼로스와 아가도스)를 연결하면 그 뜻이 선명해진다. 즉 육신을 가진 한번의 인생에서 '선을 행한다'라는 것은 유일한 '길이요 진리요 생명'이신 예수 그리스도를 자랑하는 '복음 전파의 삶'과 주인 되신 성령님의 통치와 지배, 질서 하의 인도하심, 그분의 능력에 의지하여 '그렇게 살아감'을 의미한다. 결국 '선을 행한다'라는 말에는 물질적인 요소(성령님의 통치 하의 윤리 도덕적 행위와 삶)와 영적인 요소(복음과 십자가로 살아가고 복음과 십자가만 자랑하는 것) 둘 다가 함의되어 있다.

한편 인간이 "선을 행하며 낙심하지 않으려면" 타락한 죄성을 지닌 우리의 힘만으로는 도저히 불가능하다. 그러므로 우리 안에 내주하시는 주인 되신 성령님께 온전한 주권을 드리고 그분의 통치, 질서, 지배 하에

---

147 칼로스(καλός, adj, beautiful, as an outward sign of the inward good, noble, honorable character; good, worthy, honorable, noble, and seen to be so./attractively good; good that inspires (motivates) others to embrace what is lovely (beautiful, praiseworthy); i.e. well done so as to be winsome (appealing))는 6장 6, 10절의 "좋은 것", "착한 일"과 의미가 상통한다. 한편 '좋은, 착한'의 헬라어는 아가도스(ἀγαθός, adj, intrinsically good, good in nature, good whether it be seen to be so or not, the widest and most colorless of all words with this meaning./inherently (intrinsically) good; as to the believer, 18 (agathós) describes what originates from God and is empowered by Him in their life, through faith)이다.

순복(順服)하면서 매사 매 순간 그 일을 해 나가는 것이 필요이다.

"피곤하지 아니하면"에 해당하는 헬라어는 메 엥카코멘(μὴ ἐνκακῶμεν, not we should grow weary, ἐκκακέω, v, faint, be weary/(from 1537/ek, "out from and to" and 2556/kakós, "inwardly bad")인데 이는 '도중에 자포자기(自暴自棄)하여 포기하지 아니하면', '도중에 늘어지지 아니하면(give up)'이라는 의미이다. 참고로 격투기에서는 '피곤하더라도 가드를 끝까지 내리지 아니하면'이라는 의미로 사용된다.

결국 어떤 일이든지 끝까지 인내함으로 나아가려면 자신의 힘이 아닌 주인 되신 성령님의 질서와 지배, 통치 하에 들어가 그분을 붙들고 그분께만 완전한 주권을 드리며 살아가야 한다라는 것이다.

"때가 이르매"에 해당하는 헬라어는 카이로 가르 이디오(καιρῷ γὰρ ἰδίῳ, in time for due)인데 이는 '적절한 시기' 곧 '예수님의 백보좌 심판대 앞에 서게 되는 그날'이 이르매라는 의미이다.

"거두리라"에서 '거두다'의 헬라어는 데리조(θερίζω, to reap)인데 이 구절에서는 수동태로 사용되어 있으며 '하나님께서 반드시 그렇게 해 주시겠다'라는 의미이다. 이는 '여름'을 의미하는 중성 명사 데로스(θέρος, summer)에서 파생된 단어로서 '열정(enthusiasm, intensive passion)'을 상징한다. 결국 '거두리라'는 것은 '반드시 거두게 될 것'이라는 의미로서 우리의 힘이나 노력이 아니라 '여호와의 열심이 이 일을 이루리라(왕하 19:31, 사 9:7, 37:32)'는 의미이다.

10 그러므로 우리는 기회 있는 대로 모든 이에게 착한 일을 하되 더욱 믿음의 가정들에게 할지니라

초림의 예수님은 십자가 상에서 모든 것을 다 이루신(가상 7언[148] 인 '다 이루었다', 테텔레스타이) 후 당신의 새 언약을 성취하셨다. 구원자이신 그 초림의 예수를 그리스도 메시야로 믿은 사람들은 누구 할 것 없이 모두 다 장차 모든 것을 완성하실 재림의 예수를 소망하며 목놓아 기다린다. 그러면서 유한되고 제한된 일회의 직선 인생 동안 성령님의 통치 하에서 '성령의 열매를 맺는 삶' 곧 '예수님의 성품을 닮은 삶'을 살아가기 위해 몸부림친다. 그때 특별히 모든 이들에게 사랑을 실천하되 특히 '지체된' 믿음의 권속들, 믿음의 가정들에게 '먼저' 사랑, '서로' 사랑을 적극적으로 실천하며 살아가야 할 것이다. 더 나아가 진정한 '사랑'의 의미를 '영혼 구원'을 위한 복음 전파에까지 확대해 나가야 할 것이다.

"기회 있는 대로"에 해당하는 헬라어는 호스 카이론 에코멘(ὡς καιρὸν ἔχομεν, as occasion we have)인데 이는 '기회가 주어질 때는 지체하지 않고 항상 재빨리'라는 의미로서 성도들에게 보다 더 '적극적인 태도'를 주문하고 있는 것이다.

11 내 손으로 너희에게 이렇게 큰 글자로 쓴 것을 보라

"큰 글자로 쓴 것"이라고 한 것에 대하여는 해석이 분분하다. 그러나

---

148 가상 7언이란 십자가상에서 예수님께서 운명하시기 전 말씀하셨던 것을 말한다. 눅 23:34, 눅 23:43, 요 19:26-27, 막 15:34, 요 19:28, 요 19:30, 눅 23;46이다.

갈라디아서를 바울의 손으로 쓴 것("내 손으로"라는 것은 기록자임을 드러내는 것)에 방점이 있음을 염두에 둔다면 해석이 비교적 분명해진다.

곧 큰 글자로 쓴 이유는 첫째, 그가 지녔던 안질(Eye disease) 즉 육체의 가시(고후 12:7-9, 갈 4:13, 15)로 인한 시력의 저하 때문이다. 둘째, 갈라디아 교인들이 '다른 복음'을 향해 속히 떠나가버린 것에 대해 그들을 사랑했던 바울은 '안타까움과 간절함'에서 큰 목소리를 드러내기 위해 "큰 글자로 쓴 것"이라고 강조한 것이다.

둘 다 가능한 해석이나 필자의 경우 이 구절에서는 후자의 의미가 좀더 가깝다고 생각된다.

12 무릇 육체의 모양을 내려 하는 자들이 억지로 너희로 할례 받게 함은 저희가 그리스도의 십자가를 인하여 핍박을 면하려 함뿐이라

이 구절에서 "육체의 모양을 내려 하는 자들"이란 '유대주의적 율법주의자들'을 가리킨다. 그들은 마치 '육체의 할례'가 구원에 이르게 하는 '대단한 것'이라도 되는 양하며 연약한 자들을 속였던 것이다.

"억지로 너희로 할례 받게 함은"이라는 말 속에는 그들의 꼼수 즉 간계(奸計, 간사한 꾀, duplicity, cunning, 잔머리, 권모술수)와 음흉한 강요(强要, pressure)가 들어 있음을 폭로하는 말이다.

"그리스도의 십자가를 인하여 (동족 유대인들로부터 받게 될) 핍박을 면하려 함"이라는 것은 유대주의자들(거짓 순회전도자들) 또한 '예수 그리스도의 복음과 십자가만'을 전한다면 자기의 동족 유대인들로부터 핍박을 당할 것이기에 이를 모면하려고 '할례'를 슬쩍 끼워넣어 갈라디아 교인들로 하여금 '할례'를 받게 함으로 동족 유대인들로부터의 핍박을 피하려는 수작이었다라는 의미이다.

당시 '예수 그리스도의 십자가를 믿으면 구원이 된다'라고 인정하게 되면 유대인들로부터 엄청난 박해뿐만 아니라 출교, 심지어는 목숨의 위협까지도 받았다. 결국 유대주의자들은 이를 모면하기 위해 잔꾀를 내었는데 곧 양쪽에 발을 걸친 행위, 즉 믿음에 더하여 '할례'와 '모세 율법의 준수', 계명 준수', '유대절기의 준수' 등등을 강요했던(행 15:10-11) 것이다.

"그런데 지금 너희가 어찌하여 하나님을 시험하여 우리 조상과 우리도 능히 메지 못하던 멍에를 제자들의 목에 두려느냐 우리가 저희와 동일하게 주 예수의 은혜로 구원을 받는 줄을 믿노라 하니라"_행 15:10-11

13 할례 받은 저희라도 스스로 율법은 지키지 아니하고 너희로 할례 받게 하려 하는 것은 너희의 육체로 자랑하려 함이니라

유대주의적 율법주의자들은 '율법의 정신'보다는 '율법의 형식'을 더 중시했다. 그런 그들은 '율법의 제도' 속에서 개인적 명예와 이익을 추구했던 것이다.

참고로 '율법의 정신'이란 율법이 주어진 기능과 목적 즉 율법은 구원의 수단이 아니라 사랑의 실천적 삶이며 더 나아가 죄인 됨을 자각하여 메시야의 절대 필요성을 알도록 하기 위함이다.

한편 유대주의자들은 '율법 준수'를 외치면서도 그들 스스로는 아무렇지도 않게 율법을 어기기 일쑤였다. 지독한 '내로남불(Naeronambul)'의 극치이다. 오늘날의 '586'(60년대에 태어나 80년대 학번으로 50대의 나이 혹은 '386' 곧 1990년대에 등장한 용어이기에 당시 30대의 나이에 80년대 학번, 60년대에 출생)운동권, 극좌파들의 행태에서 쉽게 볼 수 있다. 예수님은 그런 유대주의적 율법주의자들을 향해 '외식하는 자들(마 23:23, 27)', '독사의 자식들(마 23:33)', '하나님의 율법을 폐하는 자들(마 15)'이라고 야단을 치셨다.

"너희의 육체로 자랑한다"라는 말은 저들이 갈라디아 교회 교인들을 미혹하여 받게 했던 '할례의 숫자(교인 수)'를 들먹이며 마치 자신들의 '사역의 대단함'이나 '큰 업적'으로 생각하면서 자랑하려는 의도라고 바울은 폭로하고 있다.

14 그러나 내게는 우리 주 예수 그리스도의 십자가 외에 결코 자랑할 것이 없으니 그리스도로 말미암아 세상이 나를 대하여 십자가에 못 박히고 내가 또한 세상을 대하여 그러하니라

이 구절은 결론을 맺는 갈라디아서 전체의 핵심구절 중 하나이다. 동시에 모든 그리스도인들의 삶의 지향점이기도 하다.

"그러나 내게는 우리 주 예수 그리스도의 십자가 외에 결코 자랑할 것이 없다"라고 한 바울의 고백은 진정한 그리스도인들이라면 자발적으로 해야 할 가장 멋진 고백이요 최고로 아름다운 삶의 태도이다.

이는 '내게 있는 모든 자랑거리 중 최고의 것이 십자가'라는 의미를 훨

씬 뛰어넘는다. 그렇기에 다음과 같이 해석함이 마땅하다. 아무리 헤아리고 또 헤아려보아도 '모든 것'이 다 헛되고 헛되지만(전 1:2) '유일하게 자랑할 것'이 있다면 '오직 예수 그리스도의 십자가뿐(고전 1:17-18)'이라는 의미이다. 곧 모든 자랑거리 중에 최고의 것이 아니라 '오직 예수 그리스도만' 자랑하겠다라는 의미이다. 그렇게 바울은 '십자가 외에 결코 자랑할 것이 없다'라고 천명하며 고린도전서 1장 23-24절에서도 동일하게 밝히고 있다.

"우리는 십자가에 못 박힌 그리스도를 전하니 유대인에게는 꺼리끼는 것이요 이방인에게는 미련한 것이로되 오직 부르심을 입은 자들에게는 유대인이나 헬라인이나 그리스도는 하나님의 능력이요 하나님의 지혜니라"_고전 1:23-24

이렇게 바울이 당당하게 자신있게 '복음과 십자가만 자랑하겠다'라며 천명(闡明, clarify, define one's standpoint)한 이유가 고린도전서 1장 18절에 잘 나타나있다.

"십자가의 도가 멸망하는 자들에게는 미련한 것이요 구원을 얻는 우리에게는 하나님의 능력이라"_고전 1:18

한편 "그리스도로 말미암아 세상이 나를 대하여 십자가에 못 박히고"라는 문장은 언듯 이해가 어려울 뿐만 아니라 난해한 구절이기도하다. 그러나 반복하여 곱씹어보면 그 이해가 선명해진다. 곧 이 문장을 '내가 예수 그리스도를 세상에 전하는 것은 곧 세상이 그 예수님과 함께 십자가에 못 박히는 것'이라고 해석하면 이해가 쉽다. 결국 예수 그리스도의 복음을 받아들인다라는 것에는 예수님과 함께 십자가에서 죽고 예수님과 함께 죽음으로부터 살아난다라는 의미가 내재되어 있는 것이다.

예수님과 함께 2,000년 전 바로 그 십자가에 못 박힘으로 예수님과 연합(Union with Christ, 하나 된)되었던 바울이었기에 세상(세상 사람들)에 예수를 전함으로 그들(세상 사람들) 또한 십자가에 못 박히는 것이 됨으로 예수님과 하나(Union with Christ)가 되는 것이다.

바울은 예수 그리스도와 함께 자신의 옛 삶을 십자가에 못 박음으로 율법에 종속되어 있던 모든 것들에서 해방(자유하게)되었고 이후 세상적 명예, 정욕 등 모든 것을 배설물로 여길 수 있게 되었다(빌 3:8). 그런 바울은 예수님의 부활 시 함께 살아났다. 그리하여 예수님의 부르심(소명)과 보내심(사명)을 따라 평생을 사도(아포스톨로스, 보내심을 받은 자)로 살며 "예수 그리스도의 십자가만 자랑'했던 것이다.

바울은 "그리스도의 대사(고후 5:18-20)"로서 아직도 영적 어둠 가운데 하나님과는 분리되어 있는 '세상'을 '하나님과 화목하게 하는', 자신에게 허락하신 그 직책에 걸맞게 '세상'을 향해 목숨 걸고 복음을 전했던 것이다. 그런 그는 '세상'을 십자가에 못 박아버린 것이다. 가만히 보면 '십자가에의 못 박힘(죽음)'에는 십자가로부터의 삶(부활과 영생)이 동시에 내포되어 있음을 알 수 있다.

"내가 또한 세상을 대하여 그러하니라"는 것은 세상이 복음 전도자인 나를 십자가에 못 박는다면(핍박을 가한다면) 나는 기꺼이 십자가에 못 박히겠다라는 의미이다. 바울의 경우 일생의 자랑이 있다면 '예수님과 함께' 십자가에 못 박혔던 것이다. 그렇기에 세상이 나를 십자가에 못 박겠다면 언제든지 '땡큐'라는 의미이다.

이 구절에서의 '세상'이란 '율법, 할례, 육, 이 세대, 이 세상의 초등학
문, 옛 삶, 세상 사람들'을 가리킨다. 그러므로 '세상'과 구별된 우리 그
리스도인들은 '세상에 있지 않은' 그리고 '세상과 더불어 살지 않는' 사
람들인 것이다.

한편 예수 그리스도의 십자가 죽음과 부활을 통과한 후 새 생명을 얻
게 된 사람을 가리켜 그리스도인(행 11:26, Χριστιανός, nm, a Christian)이라 칭
한다. 이들을 가리켜 '복음, 구원, 의(義), 자유, 영생'에 이르게 된 자라고
하며 '하나님의 자녀 됨', '아브라함의 자녀 됨 곧 영적 이스라엘', '성령
을 따라 사는 자'라고 한다.

15 할례나 무할례가 아무 것도 아니로되 오직 새로 지으심을 받은 자뿐이니라

이 구절은 할례든 무할례든 율법에 의거한 인간의 행위로 인하여는 결
코 의롭다 칭함을 받을 수가 없다라는 말이다. 결국 오직 예수 그리스도
의 십자가 보혈의 대속적 사랑을 '믿음'으로 받아들여야만 의롭게 된다
(갈 5:6)라는 것이다.

"새로 지으심을 받은 자"라는 것은 고린도후서 5장 17절의 "새로운 피
조물"과 18절의 "세상을 하나님과 화목하게 하는 직책을 받은 자"를 가
리키는 말로서 이들이 바로 예수님 안에서 거듭난 자들(요 3:3, 5, 15-16)
이다.

16 무릇 이 규례를 행하는 자에게와 하나님의 이스라엘에게 평강과 긍휼이 있을지어다

"규례"의 헬라어는 카논[149](κανών, nm)인데 이는 '곧은 장대' 혹은 '측정 가능한 자(ruler)'라는 의미이다. 이 구절에서는 '성도가 믿음으로만 거듭날 수 있다라는 '바른 복음'인 기독교의 '기본 교리'에 더하여 성도의 신앙과 삶의 기준이 되는 '법칙(고후 10:13, 15)'까지를 포함하여 '규례'라고 말하고 있다. 그러므로 "이 규례를 행하는 자"라는 것은 '바른 복음'을 붙들고 끝까지 '오직 믿음'으로 살아가는 갈라디아교회 교인을 가리킨다.

"하나님의 이스라엘"이란 '영적 이스라엘(영적 유대인, 이면적 유대인, 롬 2:29)'을 가리키는데 이는 예수 그리스도를 믿음으로 구원된, 유대인이든 헬라인이든 상관없이, 모든 성도들(롬 9:7, 26, 요 1:47)을 말한다. 참고로 '하나님의 이스라엘'이라는 말은 당대의 유대 문헌(the 18th Benedictions, 테필라, 쉐모네 에스레/카디쉬, 애도자의 기도)에 자주 사용되었던 말이기도 하다.

"평강과 긍휼"이란 하나님의 무궁하신 '은혜'와 깊은 관계를 가진 말이다. '평강'의 히브리어는 샬롬(헬라어 에이레네)인데 이는 하나님과의 바른 관계와 친밀한 교제, 하나님과의 하나 됨, 하나님 안에서의 안식을 누림과 하나님 안에서만 견고함, 번영(prosperity), 평화(화평, peaceful)를 의미한다.

'긍휼'의 헬라어는 엘레오스[150](ἔλεος, nm, nn)이며 히브리어는 헤세드

---

149 카논(κανών, nm, (lit: a level, ruler), a rule, regulation, rule of conduct or doctrine, (b) a measured (defined) area, province/properly, a rod (bar) used as a measuring standard, originally, a cane or reed used as a standard of measure; (figuratively) a rule; a standard or norm (see Gal 6:16))

150 엘레오스(ἔλεος, nm, nn, mercy, pity, compassion/(translating OT 2617 /**kataisxýnō**, "covenant-loyalty, covenant-love" in the OT-LXX over 170 times) - properly, "mercy" as it

(דֶּסֶּד, favour, goodness, kindness)이다. 결국 하나님과 우리가 '샬롬의 관계'일 때 '평강과 긍휼'의 하나님께서는 우리에게 더할 수 없는 '풍성한 은혜'를 허락하신다. 그 은혜(카리스)를 통해 우리의 삶에는 넘치는 기쁨(카라)이 생기며 그럼에도 불구하고 감사(유카리스테오)를 할 수 있기 때문이다.

17 이 후로는 누구든지 나를 괴롭게 말라 내가 내 몸에 예수의 흔적을 가졌노라

이 구절에서 바울은 자신의 '사도권에 대한 의심'과 더불어 구원에 있어서 '할례(율법적 행위)의 시행' 여부에 관한 논쟁에 대해 종지부(終止符)를 찍고 있다. '이 후로는' 이러한 문제를 더 이상 꺼내지 말라고 얘기하고 있다.

바울의 1차(AD 46-48년) 전도여행의 결과 복음화되었던 갈라디아 지역의 여러 교회는 비록 바울에게는 육체적으로 힘들었던 만큼(행 13:50, 14:19)이나 애착도 컸던 곳이다.

"내가 내 몸에 예수의 흔적을 가졌노라"에서의 '내 몸'이 의미하는 바는 하나님이 기뻐하시는 거룩한 산 제사, 산 제물(living a sacrifice, θυσίαν ζῶσαν), 영적 예배(spiritual worship, λογικὴν λατρείαν, the reasonable service)로서의 '삶(롬 12:1, 고후 4:10)'을 가리킨다. 또한 "흔적"의 헬라어는 스티그마 [151](στίγμα, nn)인데 이는 '고대사회에서 주인이 노예에게 자신의 소유권을

---

is defined by loyalty to God's covenant)

151   스티그마(στίγμα, nn, a mark or brand/properly, a brand mark burned into the skin; (figuratively) "holy scars" that go with serving Jesus as Lord (used only in Gal 6:17)/ στίγματα, marks)

나타내기 위해 찍었던 낙인(불도장)'을 말한다. 결국 바울은 자신이 '예수의 소유'임을 고백하고 있다. 한편 '흔적'에는 '절대 순종', '절대 충성'이라는 의미가 내포되어 있다.

사도로 부름을 받았던 바울은 예수의 소유(하나님나라 소속, 하나님의 자녀)가 된 이후 예수님이 지녔던 흔적들(타 스티그마타, τὰ στίγματα, the marks), 즉 고통과 고난의 상처들(머리에 가시관, 손발에 못자국, 허리에 창자국, 가슴과 등에 채찍질, 온갖 조롱과 멸시, 천대, 뺨 맞음, 침 뱉음, 눈가림 등)을 간직하고 한평생을 주인 되신 예수님의 신실한 종으로 순종하며 복종하며 충성되게 살다가(고후 11:22-27) AD 68년 순교의 제물이 된 후 하늘나라로 갔다.

18 형제들아 우리 주 예수 그리스도의 은혜가 너희 심령에 있을지어다 아멘

"너희 심령에"라고 쓴 것은 '율법적 행위에'라는 말과 대조하기 위함이다. 한편 이 구절과 비슷한 축도가 로마서 16장 27절, 계시록 22장 21절에도 나타나 있다.

"지혜로우신 하나님께 예수 그리스도로 말미암아 영광이 세세무궁토록 있을찌어다 아멘"_롬 16:27

"주 예수의 은혜가 모든 자들에게 있을찌어다 아멘"_계 22:21

헤 카리스 투 큐리우 이에수 크리스투 메타 (투 푸뉴마토스 휘몬), 판톤 하기온, 아멘

Ἡ χάρις τοῦ Κυρίου Ἰησοῦ Χριστοῦ μετὰ (τοῦ πνεύματος ὑμῶν), πάντων ἁγίων, Ἀμήν

에필로그 (나가면서)

. . . .

갈라디아서를 떠올릴 때마다 의미뿐만 아니라 비슷한 음역이기도 한 '갈라치기'가 생각나서 혼자 빙그레 웃곤 한다. 물론 '갈라치기'는 부정적 의미도 있으나 긍정적 의미도 있다. 왜냐하면 '누구에 의해 어떻게 사용되어지느냐'에 따라 다르기 때문이다.

못된 지도자들은 자신의 지지층을 결집시키기 위해 소위 '분열의 정치'로서 갈라치기를 한다. 바둑의 고수는 상대를 제압하기 위해 갈라치기를 한다. 지난날의 역사에서는 전쟁 시 상대를 제압하기 위해 장군들은 정면을 돌파하여 둘로 나누어 버리는 갈라치기를 했다고 한다. 나폴레옹이 그러했고 징기스칸이 그랬다고 한다. 필자는 주석을 씀에 있어서 가끔씩은 갈라치기를 한다.

필자는 늘 삼위하나님과 함께한다. '삼위일체'를 한마디로 정의하기란 완전하지는 않지만, 나는 '다른 하나님(기능론적 종속성)', '한 분 하나님(존재론적 동질성)'이라고 개념을 정했다. 그렇게 개념(Conceptualization)을 정립했고 그렇게 가르쳐왔다. 그런 나는 언제 어디서나 삼위하나님만을 찬양하고 경배한다. 육신의 장막을 벗는 그날까지 삼위하나님께만 영광(Soli Deo Gloria) 돌릴 것이다.

필자는 '복음과 십자가만 자랑'한다. 그 십자가를 지고 주님을 따르는 삶이 좋다. 너무 좋다. 흔히 오해하는 것은 '십자가를 지고 주님을 따르라'고 하면 무거운 짐을 등에 지고 견디다 못해 쓰러지는 상상을 하곤 한다. 이는 오해에서 기인한 것이다.

십자가는 그런 유의 짐이 아니다. '십자가를 지고 간다'라는 것은 삼위하나님을 주인으로 모시고 삼위하나님의 인도하심을 받고 삼위하나님과 매사 매 순간 함께하고 삼위하나님의 동행하심을 따라 살아가는 것을 말한다. 그러므로 나는 십자가 없이는 한 순간도 버티지 못한다. 십자가만큼은 놓지 않으려고 몸부림친다.

내게는 매사 매 순간 앞서가시며 인도하시는 나하흐(엑사고, ἐξάγω, נָחָה)의 성부하나님이 계신다. 너무 좋다. 든든하다. 더 이상의 백(A Powerful Backer)이 있으랴…….

일천한 지식에 한숨짓고 엄청 몰려오는 환자의 진료와 시술, 그리고 이어지는 새벽의 수술에 쫓기고 지쳐 멍한 표정으로 허공을 쳐다보며 포기하려 할 때마다 함께하셨던 에트(אֵת, 임마누엘)의 성자하나님이 계시니 좋다. 너무 좋다. 든든하다. 더 이상의 백(A Powerful Backer)이 있으랴…….

체력의 열세로 자주 자주 짜증내며 더 이상은 아무 것도 안 하겠다고 고집 부릴 때마다 뒤에서 밀어주시며 당신의 의도대로 가게 하시는 할라크(הָלַךְ, Πράξεις Πνεύματος, 프락세이스 프뉴마토스)의 성령하나님이 좋다. 너무 좋다. 든든하다. 더 이상의 백(A Powerful Backer)이 있으랴…….

이런 삼위하나님은 예수 그리스도의 십자가(+)속에서 당신들을 생생하게 보여주신다.

'매사 매 순간'

그렇기에 나는 십자가만 '꼭' 붙들고 살아간다.

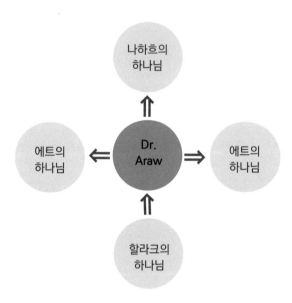

지난 몇 년을 하루에 5시간 정도씩 꾸준히 줄기차게 글을 써왔다. 마침 COVID-19가 덮쳐 일체의 집회를 중단했기에 가능했다. 필자에게는 기회였고 나는 그 기회를 온전히 잡았다. 이 시기를 통과하며 소수의 목회자, 전문인들과의 성경공부 모임은 계속했다.

그동안 요한계시록 장편(掌篇) 주석 〈예수 그리스도 새언약의 성취와 완성〉, 갈라디아서 장편(掌篇) 주석 〈오직 의인은 믿음으로 말미암아 살리라

〉, 히브리서 장편(掌篇) 주석 〈오직 믿음, 믿음, 그리고 믿음〉, 로마서 장편(掌篇) 주석 〈살아도 주를 위하여 죽어도 주를 위하여〉, 요한복음 장편(掌篇) 주석 〈은혜 위에 은혜러라〉는 책들을 출간했다.

그리고는 조금 지쳤다. 그러나 삼위하나님께서는 다시 일으켜 주시고 회복시켜 주셔서 단숨에 갈라디아서 장편(掌篇) 주석, 개정판 〈예수 믿음과 하나님의 계명을 붙들라〉와 사도행전 장편(掌篇) 주석 〈오직 성령이 임하시면〉의 초고를 마치게 하셨고 창세기 〈태초에 하나님이 천지를 창조하시니라〉의 원고(1권 창세기의 파도타기, 2권 창세기의 디테일 누리기, 가칭)를 거의 완성하게 하셨다. 그저 할렐루야이다.

이번에 공저자인 황의현 전도사(이롬 글로벌 사장)와 갈라디아서 개정판을 집필하면서 그가 너무 많은 고생을 했다. 첨삭(添削)을 주도하며 나와의 생각을 공유했다. 열띤 토론을 거치기도 했다. 그는 이전 책의 결정적인 오류도 몇 가지 발견했다. 우리는 주요 참고도서를 반복해서 읽고 또 읽었다. 그러다가 새롭게 다가온 많은 풍성한 영감을 나누기도 했다.

또한 성경을 한 구절씩 찬찬히 읽어내려가다가 이전에 듣지 못했던 하나님의 음성을 듣고 함께 나누었다. 그리하여 이전에 미처 발견하지 못했던 놀랍고 새로운 금맥을 발견하기도 했다. 우리는 새로운 금맥을 조금씩 더 발견하게 되면서부터 금광의 위치도까지 대략 그릴 수 있게 되었다. 우리에게 주신 말씀의 금맥은 세상의 어느 정금보다도 더 귀한 것이어서 기쁨과 감사가 넘쳐났다. 그러다보니 이번 개정판 장편(掌篇) 주석 〈예수 믿음과 하나님의 계명을 붙들라〉의 경우 풍성한 은혜 속에 단숨에 마칠 수 있었다. 모든 것이 하나님의 은혜이다.

할렐루야! 할렐루야! 할렐루야!

무한하신 하나님의 은혜!

언제나 나의 입장을 우선하시는 하나님의 자비!

실수와 허물을 탓하지 않으시는 하나님의 무한하신 긍휼!

언제나 차고 넘치는 아버지 하나님의 크신 사랑!

돌이켜 보면 실수와 허물이 많은 나를 불러주시고(소명, Calling) 긴 과정을 거쳐 훈련시키시면서 '보드라운' 사역지에로 보내주심(사명, Mission)에 그저 감사할 뿐이다. 동역자로서 공저자 황의현 전도사(이룸 글로벌 사장)를 보내주신 것도 감사이다.

미처 준비되지 못하여 당황스러워할 때마다 얼른 다가오셔서 손잡아 주시고 격려해주신 내 주 되신 하나님을 찬양한다. 그러고 보면 세상에는 학자도 많고 교수도 목회자도 정말 많다. 곳곳에 실력파들이 산재해 있다. 그러나 그 중에 괴짜의사인 나를 택하심에 그저 감사할 뿐이다. 성경교사로 불러 주시고 보내주심에 그저 감지덕지(感之德之)이다.

특히 이번 갈라디아서 장편(掌篇) 주석 개정판 〈예수 믿음과 하나님의 계명을 붙들라〉를 찬찬히 점검하는 동안 필자는 '바른 복음의 진리'와 '십자가 보혈'에 가슴 뭉클했으며 눈물도 많이 훔쳤다. 복음에의 감동과 함께 진한 복음의 맛도 느낄 수 있었다. 그래서 나는 다시 결단하고 선포한다.

'복음과 십자가로' 살아가고 '복음과 십자가만' 자랑하리라!

비록 "배에는 쓰다"라고 할지라도 육신의 장막을 벗는 그날까지 묵묵히 그렇게 살아갈 것이다.

그들이 듣든지 아니 듣든지.

때를 얻든지 못 얻든지.

지금도 나는 현재형 하나님나라에서 영생을 누리며 살아가고 있다. 행복하다. 누구나 한 번은 맞게 되는 육신적 죽음 이후에는 곧장 부활체로 변하여(고전 15:42-44) 미래형 하나님나라에서 삼위하나님과 함께 영생을 누릴 것이다. 가슴 벅차다.

그렇게

그날을 소망하며 힘차게 달려가리라.

"나의 달려갈 길과 주 예수께 받은 사명 곧 하나님의 은혜의 복음 증거하는 일을 마치려 함에는 나의 생명을 조금도 귀한 것으로 여기지 아니하노라"_행 20:24

"내가 선한 싸움을 싸우고 나의 달려갈 길을 마치고 믿음을 지켰으니 이제 후로는 나를 위하여 의의 면류관이 예비되었으므로 주 곧 의로우신 재판장이 그 날에 내게 주실 것이요 내게만 아니라 주의 나타나심을 사모하는 모든 자에게니라"_딤후 4:7-8

참고도서

1. 『갈라디아서(Rhetoric of 'Ethos' and 'Pathos')』, 이레서원, 최갑종 지음, 2016, p4-696

2. 『강해로 푸는 갈라디아서』, 디모데,

3. 『게제니우스 히브리어 아람어사전』, 이정의 옮김, 생명의 말씀사, 2007.

4. 『그랜드 종합주석』, 성서교재간행사(15권), 1993. p497-612

5. 『두란노 HOW주석 42 갈라디아서』, 목회와 신학 편집부, 두란노 2012), p11-306

6. 『로고스 스트롱코드 히브리어 헬라어사전(개정4판)』, 로고스편찬위원회, 2011.

7. 『성경 히브리어』, PAGE H. KELLEY, 류근상, 허민순 옮김, 크리스챤출판사, 1998.

8. 『스트롱코드 헬라어사전』, 로고스편찬위원회, 로고스, 2009.

9. 『신약성경 헬라어 문법』, S. M. BAUGH, 김경진 옮김, 크리스챤출판사, 2003.

10. 『존더반 신약주석』, 토마스 R. 슈라이너 지음, 김석근 옮김, 2017, p11-434

11. 『직독직해를 위한 헬라어 400 단어장』, 박철현, 솔로몬, 2017.

12. 『직독직해를 위한 히브리어 400 단어장』, 박철현, 솔로몬, 2016.

13. 『핵심 성경히브리어』, 김진섭, 황선우 지음, 크리스챤출판사, 2013.

14. 『하나님나라』, George Eldon Ladd, 원광연 옮김, CH북스(리스천 다이제스트), 2018

15. 『하나님나라』, 헤르만 리델보스, 오광만 옮김, 솔로몬, 2012

16. 『하나님나라 복음』, 김세윤, 김회권, 정형구 지음, 새물결플러스, 2017

〈기타 참고 도서〉

1. Oxford Learner's THESAURUS, A dictionary of synonyms, OXFORD, 2008.

2. 구약 탐험, 찰스 H. 다이어 & 유진 H. 메릴 지음, 마영례 옮김, 디모데, 2001.

3. 기독교강요(상, 중, 하), 존 칼빈 지음, 김종흡, 신복윤, 이종성, 한철하 공역, 생명의 말씀사, 1986.

4. 내가 속히 오리라, 이필찬 지음, 이레서원, 2006

5. 내가 자랑하는 복음, 마틴 로이드 존스, 강봉재 옮김, 복있는사람, 2008

6. 넬슨성경개관, 죠이선교회, 2012

7. 만화 요한계시록 1, 2, 백금산 글/김종두 그림, 부흥과 개혁사

8. 바벨탑에 갇힌 복음, 행크 해네그래프 지음, 김성웅 옮김, 새물결플러스, 2010.

9. 바이블 키(구약의 키), 김성수 지음, 생명의 양식, 2015

10. 바이블 키(신약의 키), 송영목 지음, 생명의 양식, 2015

11. 복음과 하나님의 계획, 그레엄 골즈워디, 김영철 옮김, 성서유니온, 1994

12. 복음과 하나님의 구원(로마서강해3), 존 파이퍼 지음, 주지현 옮김, 좋은 씨앗, 2013

13. 복음과 하나님의 나라(로마서강해), 존 파이퍼 지음, 주지현 옮김, 좋은 씨앗, 2013

14. 복음과 하나님의 나라, 그레엄 골즈워디, 김영철 옮김, 성서유니온, 1988

15. 복음과 하나님의 백성(로마서강해6), 존 파이퍼 지음, 주지현 옮김, 좋은 씨앗, 2013

16. 복음과 하나님의 사랑(로마서강해4), 존 파이퍼 지음, 주지현 옮김, 좋은 씨앗, 2013

17. 복음과 하나님의 은혜(로마서강해2), 존 파이퍼 지음, 주지현 옮김, 좋은 씨앗, 2013

18. 복음과 하나님의 의(로마서강해1), 존 파이퍼 지음, 주지현 옮김, 좋은 씨앗, 2013

19. 복음과 하나님의 주권(로마서강해5), 존 파이퍼 지음, 주지현 옮김, 좋은 씨앗, 2013

20. 복음은 삶을 단순하게 한다, 이선일 지음, 더메이커, 2018

21. 복음은 삶을 선명하게 한다, 이선일 지음, 더메이커, 2019

22. 복음의 진수, 프란시스 쉐퍼 지음, 조계광 옮김, 생명의 말씀사, 2014

23. 성경 배경주석(신약), 크레이그 키너, 정옥배외 옮김, IVP, 1998.

24. 성경배경주석(창세기-신명기), 존 월튼, 빅터 매튜스, 정옥배 옮김, IVP, 2000.

25. 성경을 어떻게 읽을 것인가, 고든 D 피외 1인 지음, 오광만, 박대영 옮김, 성서유니온, 2014

26. 성경통독(통박사 조병호의), 조병호, 통독원, 2004, 2017

27. 성경파노라마, 테리 홀 지음, 배응준 옮김, 규장, 2008

28. 성경해석, 스코트 듀발-J.다니엘 헤이즈 지음, 류호영 옮김, 성서유니온, 2009

29. 성경해석학, 권성수 지음, 총신대학출판부, 1991

30. 성령을 아는 지식, 제임스 패커지음/홍종락 옮김, 홍성사, 2002.

31. 세계개혁교회의 신앙고백서, 본문 및 해설, 이형기, 한국장로교출판사, 1991, 2003

32. 순례자의 노래, 스탠리 존스 지음, 김순현 옮김, 복있는사람, 2007.

33. 쉽게 읽는 진정한 기독교, 윌리엄 윌버포스 지음/조계광 옮김, 생명의 말씀사, 2001.2009

34. 신천지 요한계시록 해석 무엇이 문제인가, 이필찬 지음, 새물결플러스, 2020(5쇄)

35. 아가페 성경사전, 아가페 성경사전 편찬위원회, 아가페출판사, 1991.

36. 영성을 살다, 리처드 포스터, 게일 비비 지음, 김명희, 양혜원 옮김, IVP, 2009.

37. 요한계시록 40일 묵상 여행, 이필찬 지음, 이레서원, 2018(4쇄)

38. 요한계시록 Interpretation, 유진 보링 지음, 한국 장로교 출판사, 2011

39. 요한계시록 신학, 라챠드 보쿰 지음, 이필찬 옮김, 한들출판사, 2013(7쇄). P15-133

40. 요한계시록 어떻게 읽을 것인가, 이필찬 지음, 성서유니온, 2019(개정 2판 2쇄). p7-198

41. 요한계시록, 이달지음, 한국 장로교 출판사, 2008

42. 이 책을 먹으라, 유진 피터슨, 양혜원 옮김, IVP, 2006.

43. 책별로 성경을 어떻게 읽을 것인가, 고든 D 피외 1인 지음, 길성남 옮김, 성서유니온, 2016

44. 첫째는 유대인에게, 대렐보크-미치 글래이저 공동편집, 김진섭 옮김, 이스트윈드, 2009

45. 최신 구약개론(제2판), 트렘퍼 롱맨 외, 박철현 옮김, 크리스챤다이제스트, 2009.

46. 평신도를 위한 쉬운 요한계시록 1, 양형주 지음, 브니엘, 2020. p12-382

47. 프란시스 쉐퍼전집(1-5), 기독교철학 및 문화관, 프란시스 쉐퍼, 생명의 말씀사, 1994.

48. 하나님 나라를 욕망하라, 제임스 스미스 지음, 박세혁 옮김, IVP, 2016.

49. 한 권으로 읽는 기독교, 앨리스터 맥그래스, 황을호, 전의우 옮김, 생명의 말씀사, 2017

50. 한 눈에 보는 성경 조직신학, 안명준, 성경말씀사관학교, 2014

51. 현대신학연구, 박아론, 기독교문서선교회, 1989.

〈인터넷 참고 자료〉

1. 네이버 지식백과(라이프성경사전)

2. 구글(위키백과)

3. Bible Hub app